Fundame *Accounting*

U0689018

高等院校经济管理类新形态系列教材

山东省潍坊市第二十次社会科学优秀成果二等奖

基础会计

（附微课 第2版）

☐ 杨桂洁 李沛泽 主编

☐ 张倩 王建军 副主编

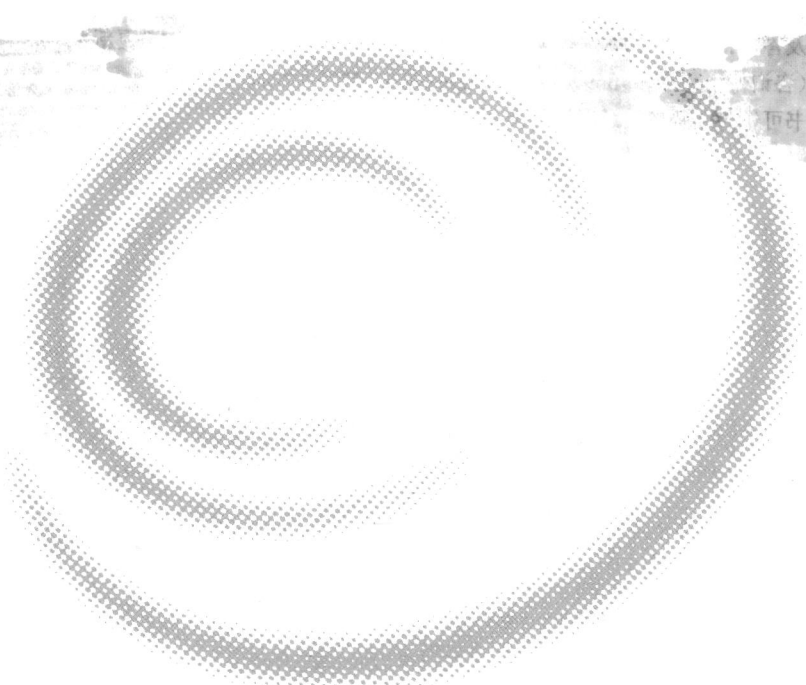

人民邮电出版社

北京

图书在版编目（CIP）数据

基础会计：附微课 / 杨桂洁，李沛泽主编.
2版. -- 北京：人民邮电出版社，2025. --（高等院校
经济管理类新形态系列教材）. -- ISBN 978-7-115
-65786-2

Ⅰ. F230

中国国家版本馆 CIP 数据核字第 2024SR4633 号

内 容 提 要

本书基于会计核算工作过程进行框架设计，全书按照会计核算工作过程选取、序化教学内容，不仅以单一完整案例贯穿会计核算全过程，而且采用仿真凭证、账簿、报表展示业务，同时安排了相应的教学做一体化训练，以突出仿真性和互动性。

本书主体分为两篇：第一篇是会计入门知识，介绍会计人员必备的基本知识，其中企业基本经济业务的核算以一个完整的小型案例为载体来进行讲解；第二篇是会计核算框架，以滨海股份有限公司一个会计期间全部经济业务的账务处理流程为主线，依次介绍了会计核算工作过程中期初、日常、期末、最终的会计业务。

本书附册提供了教学模拟案例的原始凭证，供学生实操时裁剪使用。

为便于教学，本书配有教学大纲、电子教案、电子课件、各类题目参考答案、补充习题及答案、模拟试卷及答案、教学模拟案例答案等教学资料，索取方式参见附录中的"更新勘误表和配套资料索取示意图"（咨询 QQ：602983359）。

本书可作为本科院校经济管理类专业的专业基础课教材，也可作为会计入门人员的自学参考书。

◆ 主　　编　杨桂洁　李沛泽
　　副主编　张　倩　王建军
　　责任编辑　万国清
　　责任印制　胡　南

◆ 人民邮电出版社出版发行　　北京市丰台区成寿寺路 11 号
　　邮编　100164　　电子邮件　315@ptpress.com.cn
　　网址　https://www.ptpress.com.cn
　　三河市中晟雅豪印务有限公司印刷

◆ 开本：787×1092　1/16
　　印张：13　　　　　　　　　2025 年 1 月第 2 版
　　字数：360 千字　　　　　　2025 年 1 月河北第 2 次印刷

定价：59.80 元（附凭证册）

读者服务热线：(010)81055256　印装质量热线：(010)81055316
反盗版热线：(010)81055315
广告经营许可证：京东市监广登字 20170147 号

第2版前言

"基础会计"作为会计专业的入门引导课和工商管理类非会计专业的专业基础课，主要面向会计核算工作全过程，为学生搭建会计核算工作整体框架，培养学生的基本会计核算能力、基本职业判断能力及全盘账务处理能力，让学生对会计工作有系统性的认识。

本书定位于高等教育本科层次，按照《企业会计准则》《企业会计准则——应用指南》和当前会计与税法改革的新政策编写，书中全部教学材料与当前会计与税法的改革情况完全吻合。

为更好地落实立德树人这一根本任务，编者团队在深入学习党的二十大报告后，在本书再版时对局部内容进行了微调，更新了素质教育指引等配套教学资料。

一、教学改革

几十年来，我们探索了多种教学模式，以求能培养出高素质的会计人才和更好地提升非会计专业学生的会计意识。反思几十年来的教学改革经历，以下几点值得关注。

（1）以会计核算工作过程为主线组织教学并选取、序化教学内容，以具体工作任务为载体，将相关知识和会计核算方法融于实际的会计核算工作中。这种方法较以理论知识为核心、以会计核算方法为主线的学科内容体系更容易让学生掌握会计核算工作的整体框架。

（2）融教、学、做于一体，争取让学生做到学中做、做中学，辅以单一的实例贯穿全书，且突出仿真性和互动性，以实现工学结合。这样安排教学，能最大限度地加深读者对所学知识的掌握程度。

（3）会计工作实践性很强，会计教学应争取会计行业企业专家、会计工作人员的支持，他们不仅能帮助我们提升教学内容的实用性，而且在他们的帮助下实现的各种"仿真"教学更能大幅度提升学生学习的能动性。我们在会计教学中长年与潍坊新东方会计代理有限公司合作，受益良多。

二、编写思路

基于"基础会计"课程教学改革实践，我们按以下思路组织教材的编写。

（1）变"发珍珠"为"做项链"。"基础会计"课程传统的教材与教学方式是依次教学生一些零散的知识、一项项分散的技能，这就像发给学生一颗颗珍珠。分散的珍珠容易丢，零散的知识与技能也容易忘，会计初学者很难将学到的零散知识与技能系统化，也很难将其有机融入整个会计核算过程中，即很难将"珍珠"串成"项链"。我们以完整的会计核算案例贯穿本书始终，老师引领学生穿"珍珠"做"项链"，不仅能让学生明白单项知识与技能之间的逻辑关系，也能为学生搭建起会计核算工作的整体框架。

（2）变"学后做"为"做中学"。传统的教学方式是先教后做，教师教得抽象，学生做得吃力。而我们的做法是：把学生置于模拟仿真的工作环境中，让学生模拟顶岗实习，使学生在做的过程中掌握操作方法和技能，并在操作过程中产生知识需求时为其引入相关的理论知识，从而做到"教学做一体化"，实现理论与实践的高度融合，以提高教学效果和学生的学习兴趣。

三、本书框架结构

本书舍弃了"理论知识与方法+实训与练习"的框架设计，将主体内容设计成会计入门知识和会计核算框架两篇：第一篇中的"企业基本经济业务的核算"以资金运动过程为主线，以一个完整的会计核算案例为载体来组织教学；第二篇以会计核算实操流程为主线，将零散的理论知识与方法技能全部融入一个完整的会计核算案例中组织教学，每项业务的实操又分为"示范操作"和"自己动手"两部分，这样可以让学生在示范操作的引领下，在真实的凭证、账簿和报表中独立完成各项核算任务，最终提交一套完整的会计档案资料。

对于重要的知识点和单项操作技能，本书在每章后设计了"教学做一体化训练"项目，以有针对性地加强训练。书后附有"滨海股份有限公司"模拟案例的原始凭证，供学生在实际操作时使用。

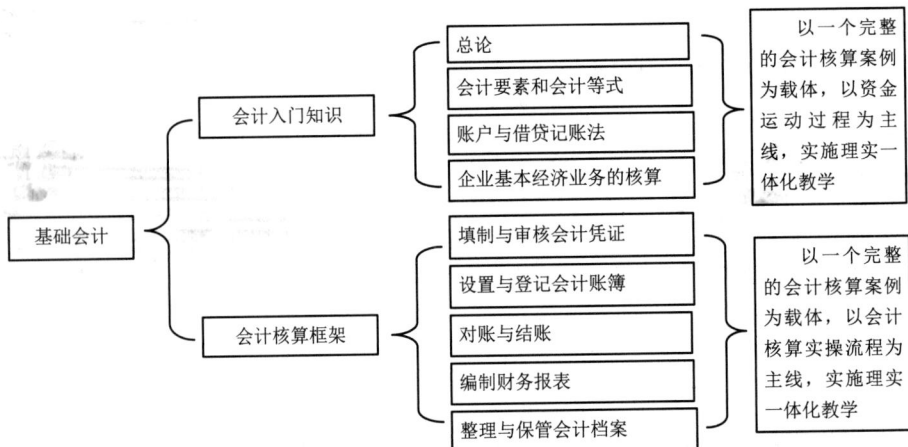

四、教学建议

和大多数同行一样，编者同时教授会计专业与非会计专业的基础会计课程，专业与非专业的学生基础和教学目标有较大差异。编者结合自己的教学实践提出了两点建议，仅供各位同行参考。

（1）对于非会计专业，可略讲或选讲难度较大的理论知识与方法，如存货计价方法、难度较大的业务核算等。对于教学模拟案例，建议由教师引领学生共同完成，以教师为主导，学生参与学习即可。如感觉本书所附滨海股份有限公司模拟案例难度仍然较大，可改用本书配套资料中所附的更简单的模拟案例。

（2）对于会计专业，可根据学生的接受程度和学时多少自主选讲相应的理论知识与方法。对于教学模拟案例，建议由教师引领学生共同完成，以学生动手操作为主，教师引导和点评为辅。本书配套教学资料中有补充习题，可供各位用书老师在教学中参考。

本书由杨桂洁教授、李沛泽老师任主编，张倩老师和王建军老师任副主编。宋菡君总经理、魏少丽老师、杜恒老师参加了编写。

由于编者水平有限且编写时间仓促，书中难免有疏漏和不妥之处，敬请广大读者批评指正，意见与建议可随时发到主编邮箱 ygjwf@126.com，我们期望与同行多交流教学经验，谢谢！

杨桂洁

目　录

第一篇　会计入门知识

第二篇　会计核算框架

操作裁剪用凭证

第一篇　会计入门知识

本部分主要内容

第一章 总 论

【学习目标】

【知识目标】

理解会计的含义、职能和目标，熟悉会计核算方法；理解会计基本假设，了解会计计量属性和会计信息的质量要求，掌握权责发生制和收付实现制；了解会计法规体系；熟悉会计机构的设置和会计人员的配备。

【能力目标】

能认知会计的含义和会计核算方法；能运用权责发生制和收付实现制进行业务核算。

第一节 会 计 概 述

会计是随着人类社会生产的发展和经济管理的需要而产生、发展并不断完善起来的。经济越发展，会计越重要。

一、会计的产生和发展

会计起源于社会生产实践，是社会生产发展到一定阶段的产物。随着社会经济的发展，会计的内容和形式也在不断地变化和完善。

视野拓展
中国会计发展历史

在人类社会早期的生产活动中，会计只是生产职能的附带部分。原始社会的"结绳记事""刻木记事"等方式便是最早的会计雏形。

当社会生产力发展到一定水平后，剩余产品出现，需要记录和计量的内容多了起来，会计逐渐从生产职能中分离出来。

据史料记载，西周时期"会计"一词便开始使用，对财务收支采取了"月计岁会"的办法。到西汉时，出现了"计簿"或"簿书"的账册，并使用"入""出"作为记账符号。到了宋代，开始出现"四柱"结算法。官厅会计把钱粮的收支分为四个部分（旧管、新收、开除和实在）来反映财产的增减变化，称为"四柱"，相当于现代会计中的期初结存数、本期收入数、本期支出数和期末结存数。根据四柱结算法编造的账簿称为"四柱清册"（旧管＋新收－开除＝实在）。明末清初，产生了"龙门账"，把全部账目分为四部分，即"进、缴、存、该"，分别相当于现代会计中的收入、支出、资产和负债。它们之间的关系为"进－缴＝存－该"，期末编制"进缴表"（利润表）和"存该表"（资产负债表）。

遗憾的是，源远流长的中式会计文化和发明创造，由于经济发展的限制没能得

★ 提炼点睛 ★

我国会计发展的里程碑

西周："会计""月计岁会"

西汉："计簿""入、出"

宋代："四柱清册"（旧管＋新收－开除＝实在）

明清：龙门账（进－缴＝存－该）

到流传和推广。我国在清朝后期从国外引进了借贷复式记账法。

中华人民共和国成立后，我国会计工作得到了很大发展。国家先后制定和出台了一系列与国际接轨的会计法规，我国的会计工作出现了很多新变化。

二、会计的含义、职能和目标

（一）会计的含义

现代会计是以货币为主要计量单位，采用专门方法和程序，对企业和行政、事业单位的经济活动过程及其结果进行连续、系统、全面、综合的核算和监督，以如实反映受托责任履行情况和提供有用经济信息为主要目的的经济管理活动。本书未特别说明时，均以企业会计为对象进行介绍。

在会计界，由于人们对会计有不同的认识，因而对会计的定义也不尽相同。在实际工作中，应从以下几个方面来理解会计的含义。

1. 会计以货币为主要计量单位

货币是会计的主要计量单位，但不是唯一计量单位。除货币计量外，会计还运用实物量和劳动量作为辅助计量单位，如"千克""工时"等。

2. 会计具有连续性、系统性、全面性、综合性的特点

会计的连续性是指对经济业务的记录是连续的，逐笔、逐日、逐月、逐年，不能间断；会计的系统性是指对会计对象要按科学的方法进行分类，进而系统地加工、整理和汇总，以便向有关方面提供所需要的各类信息；会计的全面性是指对每个会计主体所发生的全部经济业务都应该进行记录和反映，不能有任何遗漏；会计的综合性是指在登记时，要进行分类整理，使之系统化，而不能杂乱无章，并通过价值量进行综合、汇总，以完整地反映经济活动的过程和结果。

3. 核算和监督是会计的两个基本职能

会计核算贯穿于经济活动的全过程，是会计最基本的职能。它是指会计以货币为主要计量单位，对特定主体的经济活动进行确认、计量、记录和报告，从而为有关各方提供会计信息。会计监督是指对特定主体经济活动和相关会计核算的合法性、合理性进行审查，即以一定的标准和要求利用会计所提供的信息对各单位的经济活动进行有效的指导、控制和调节，以达到预期的目的。

4. 反映受托责任履行情况和提供有用经济信息是会计的目标

向财务报告使用者提供对决策有用的信息和反映企业管理层受托责任的履行情况，是我国会计的两个主要目标。

（二）会计的职能

会计的职能是由会计的本质特征所决定的固有、直接的功能，包括基本职能和拓展职能。会计的基本职能为会计核算与会计监督；会计的拓展职能包括评价经营业绩、预测经济前景、参与经济决策等。

1. 会计核算职能

会计核算职能是指会计对客观经济活动进行确认、计量、记录，并进行汇总、报告，即通常所说的"记账、算账、报账"。会计确认是指按照规定的标准和方法，确定是否将企业的经济

活动记入会计凭证、账簿并列入会计报表的过程。会计计量是指运用一定的计量单位和借助计量属性，确定被记录项目金额的过程。会计记录是指将经过确认和计量的信息在会计特有的载体上予以登记的过程。会计报告是指将日常记录的会计信息归类整理后编制成财务会计报告，以便将会计信息提供给使用者的过程。各单位必须根据实际发生的经济业务事项进行会计核算，填制会计凭证，登记会计账簿，编制财务会计报告。

2024 年新修订的《中华人民共和国会计法》规定，各单位应当对下列经济业务事项办理会计手续，进行会计核算：①资产的增减和使用；②负债的增减；③净资产（所有者权益）的增减；④收入、支出、费用、成本的增减；⑤财务成果的计算和处理；⑥需要办理会计手续、进行会计核算的其他事项。

2. 会计监督职能

会计监督可分为单位内部监督、国家监督和社会监督等三部分，三者共同构成了"三位一体"的会计监督体系。单位内部的会计监督职能是指会计机构、会计人员对其特定主体经济活动和相关会计核算的真实性、完整性、合法性和合理性进行审查，使之达到预期经济活动和会计核算目标的功能。会计的国家监督是指财政、审计、税务、人民银行、证券监管、保险监管等部门依照有关法律、行政法规规定对各有关单位会计资料的真实性、完整性、合法性等实施的监督检查。会计的社会监督是指以注册会计师为主体的社会中介机构等实施的监督活动。

会计监督的内容主要有：①对原始凭证进行审核和监督；②对伪造、变造、故意毁灭会计账簿或者账外设账行为，应当制止和纠正；③对实物、款项进行监督，督促建立并严格执行财产清查制度；④对指使、强令编造、篡改财务报告行为，应当制止和纠正；⑤对财务收支进行监督；⑥对违反单位内部会计管理制度的经济活动，应当制止和纠正；⑦对单位制定的预算、财务计划、经济计划、业务计划的执行情况进行监督等。

> **总结与说明：** 会计核算和会计监督的关系十分密切，两者相辅相成。会计核算是会计监督的基础，而会计监督是会计核算的保障。两者必须结合起来发挥作用，才能正确、及时、完整地反映经济活动，有效地提高经济效益。如果没有可靠、完整的会计核算资料，会计监督就没有客观依据；反之，若只有会计核算而没有会计监督，就难以保证会计核算所提供信息的质量。
>
> 随着社会经济的发展和经济管理的现代化，会计的职能也会发生变化，一些新的职能会不断出现。一般认为，除了会计核算和会计监督两个基本职能之外，会计还有评价经营业绩、预测经济前景、参与经济决策等多种职能。

（三）会计的目标

会计目标，是要求会计工作完成的任务或达到的标准。会计的基本目标是向财务报告使用者提供企业财务状况、经营成果和现金流量等有关的会计资料和信息，反映企业管理层受托责任履行情况，有助于财务报告使用者作出经济决策，以不断提高企事业单位乃至经济社会整体的经济效益和效率。

"受托责任观"与"决策有用观"是目前关于会计目标的两大主流观点。"受托责任观"认为，会计的目标是反映受托责任的履行情况；"决策有用观"认为，会计的目标是向财务报告使用者提供有助于他们作出合理经济决策的信息。实际上，这两种观点是相互联系、相互补充的；若将它们相互融合，则更有利于全面科学地认识会计的目标。

我国财务报告的主要目标有两个：一是向财务报告使用者提供对决策有用的信息，二是反映企业管理层受托责任的履行情况。

三、会计核算方法

会计方法包括会计核算方法和会计管理方法。会计核算方法是对发生的经济交易或事项进行连续、系统、全面、综合的确认、计量、记录和报告所采用的方法。会计管理方法又分为会计预测方法、会计控制方法、会计分析方法、会计检查方法等。会计管理方法在其他课程中介绍，下面主要介绍会计核算方法。

1. 设置会计科目和账户

设置会计科目和账户，是对会计对象具体内容进行分类核算和监督的一种专门方法。会计对象包含的内容纷繁复杂，设置会计科目和账户就是根据会计对象具体内容的不同特点和经济管理的不同要求，选择一定的标准进行分类，并事先规定分类核算项目，在账簿中开设相应的账户，以获得所需要的核算指标。

2. 复式记账

复式记账是指对每一项经济业务都要在两个或两个以上相互联系的账户中进行登记的一种方法。复式记账一方面能全面、系统地反映经济业务引起资金运动增减变化的来龙去脉，另一方面能通过账户之间的平衡关系，检查会计记录的正确性。

3. 填制和审核会计凭证

任何单位发生的会计事项都必须取得原始凭证，证明其经济业务的发生或完成。应将原始凭证送交会计人员进行审核，主要审核其填制的内容是否完备、手续是否齐全、业务的发生是否合理合法等。原始凭证经审核无误后，才能编制记账凭证。记账凭证经审核无误后，才能据以登记账簿。原始凭证和记账凭证统称为会计凭证。填制和审核会计凭证是会计核算的一种专门方法，它能保证会计记录的完整性和可靠性，提高会计核算质量。

4. 登记账簿

账簿是具有一定格式，用来记账的簿籍。登记账簿就是根据会计凭证，采用复式记账法，把经济业务分门别类、内容连续地登记在有关账簿中的方法。借助于账簿，能将分散的经济业务进行分类和汇总，从而系统地向使用者提供每一类经济活动的完整资料，使其了解一类或全部经济活动发展变化的全过程，更加适应经济管理的需要。另外，账簿中所记录的各种数据资料也是编制财务报表的重要依据。所以，登记账簿是会计核算的主要方法。

5. 成本计算

成本计算是按照一定对象归集和分配生产经营过程中发生的各种费用，以便确定各成本计算对象的总成本和单位成本的一种专门方法。正确地进行成本计算，可以考核生产经营过程中的费用支出水平，同时又是确定企业盈亏和制定产品价格的基础，并可为企业进行经营决策提供重要依据。

6. 财产清查

财产清查是通过对各项财产物资、货币资金进行实物盘点，对往来款项进行核对，以查明实存数同账存数是否相符的一种专门方法。通过财产清查，可以查明各项财产物资、债权债务、所有者权益的情况，促进企业加强物资管理，保证财产的完整性，并能为编制会计报表提供真实、准确的资料。

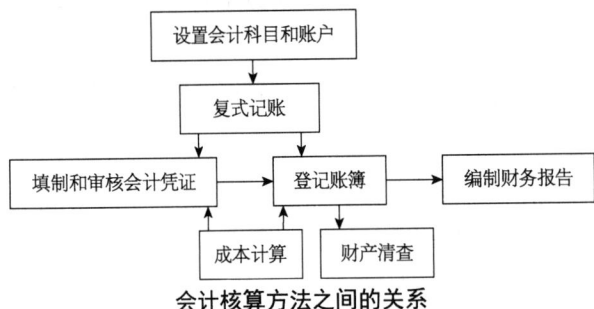

7. 编制财务报告

财务报告是企业根据账簿记录的数据资料，定期编制的、总括反映企业在一定期间的财务状况、经营成果及其现金流量变动情况的报告文件。财务报告对分散在账簿中的日常核算资料进行了加工整理，可为国家有关部门、投资者、经营管理者等企业利益相关者提供对决策有用的会计信息。

★提炼点睛★

会计核算方法之间的关系

总结与说明：上述会计核算的各种方法相互联系、密切配合，构成一个完整的核算方法体系。这些方法在会计核算工作中相互配合运用：首先根据企业的经济业务设置会计科目和账户；经济业务发生后，填制和审核会计凭证；根据审核无误的会计凭证，运用复式记账法登记会计账簿；对生产经营过程中各种费用进行成本计算；对账簿记录通过财产清查加以核实，保证账实相符；期末，根据账簿记录编制财务报告。

第二节　会计基础知识

一、会计基本假设

会计基本假设，是对会计核算时间和空间范围以及所采用的主要计量单位等所作的合理假定，是企业会计确认、计量、记录和报告的前提。会计假设对于履行会计职能、实现会计目标要求等具有重要的作用和意义。会计基本假设包括会计主体、持续经营、会计分期和货币计量。

微课

会计基本假设

1. 会计主体

会计主体，是指会计工作服务的特定对象，是企业会计确认、计量、记录和报告的空间范围。会计核算应当集中反映某一特定企业的经济活动，并将其与其他经济实体区别开来。

值得注意的是，会计主体与法律主体并非对等概念。一般来说，会计主体不一定是法律主体，但法律主体必然是会计主体。会计主体可以是独立法人，也可以是非法人；可以是一个企业，也可以是企业内部的一个特定部门，如车间等；可以是单一企业，也可以是由几个企业组成的企业集团。

★提炼点睛★

会计主体与法律主体的关系

2. 持续经营

持续经营，是指在可以预见的未来，企业将会按当前的规模和状态继续经营下去，不会停业，也不会大规模削减业务。

持续经营假设使会计原则建立在非清算基础之上，为企业选择适用的会计原则和会计方法、进行财产计价和收益确定提供了理论依据。

当然，持续经营只是一个假设，任何企业在经营过程中，都存在破产清算、不能持续经营的风险。企业一旦进入清算阶段，就应当改按清算会计处理。

3. 会计分期

会计分期，是指将一个企业持续经营的经济活动划分为一个个持续的、长短相同的期间，以便分期结算账目和编制财务会计报告。

会计期间分为年度和中期，我国的会计年度自公历每年的 1 月 1 日起至 12 月 31 日止。会计中期是指短于一个完整的会计年度的报告期间，包括半年度、季度和月度。

会计分期为会计核算确定了时间范围。

4. 货币计量

货币计量，是指会计主体在会计确认、计量、记录和报告时主要以货币作为计量单位，来反映会计主体的生产经营活动过程及其结果。

货币是商品的一般等价物，是衡量一般商品价值的共同尺度，选择货币作为共同尺度进行计量，具有全面、综合反映企业的生产经营情况及其结果的作用。其他计量单位，如重量、长度、容积、台、件等，只能从一个侧面反映企业的生产经营情况，难以对不同性质、不同种类、不同质量的交易或事项按照统一的计量单位进行会计确认、计量、记录和报告，难以汇总和比较。采用货币计量单位进行会计核算和会计监督不排斥采用其他计量单位，其他计量单位可以对货币计量单位进行必要的补充和说明。例如，原材料的实物量度（吨、千克等）可以补充说明原材料的储存、耗费等经管责任的落实状况。

货币计量前提还包括币值不变这一假定，即假定企业在不同时期的每一单位货币或同量货币具有完全相同的价值。

总结与说明：会计核算的四项基本假设具有相互依存、相互补充的关系。会计主体确立了会计核算的空间范围，持续经营与会计分期确立了会计核算的时间长度，而货币计量则为会计核算提供了必要手段。没有会计主体，就不会有持续经营；没有持续经营，就不会有会计分期；没有货币计量，就不会有现代会计。

二、会计核算基础

会计核算基础，是指会计确认、计量、记录和报告的基础，具体包括权责发生制和收付实现制。

【例 1.1】 甲公司某年 3 月销售给乙公司一批产品，价格为 40 000 元，5 月收到货款。甲公司 6 月支付租入生产设备 7 月、8 月租金 6 000 元。对于上述业务，如何确定收入和费用的归属期间？是计入发生当月，还是计入收付当月？这必须事先明确采用哪一种会计核算基础。

微课

会计核算基础

1. 权责发生制

权责发生制也称应计制或应收应付制，是指收入、费用的确认应当以收入、费用的实际发生作为确认的标准，以合理确认当期损益的一种会计核算基础。

权责发生制要求，凡是当期已经实现的收入和已经发生的费用，无论款项是否收付，都应当作为当期的收入和费用；凡是当期未实现的收入和未发生的费用，即使款项已在当期收付，也不应当作为当期的收入和费用。权责发生制主要从时间上规定会计确认的基础，其核心是根据权责关系的实际发生期间来确认收入和费用。

【例1.2】 例1.1中，在权责发生制下，甲公司3月实现销售收入40 000元，虽然款项当月未收到，但仍作为3月的收入；6月虽然支付了6 000元，但该租金费用发生在7月、8月，应分别计入7月、8月。

2. 收付实现制

收付实现制也称现金制或实收实付制，是以收到或支付现金作为确认收入和费用的标准，是与权责发生制相对应的一种会计核算基础。

收付实现制要求，凡是本期收到的收入和支付的费用，不管是否应归属本期，都作为本期的收入和费用；反之，凡是本期未收到的收入和未支付的费用，即使应归属本期，也不能作为本期的收入和费用。即收付实现制是根据实际收到的现金和实际支付的现金确定本期的收入和费用，与权责发生制正好相反。

★ 提炼点睛 ★

权责发生制和收付实现制的要点比较如下。

权责发生制以当期"应当收到"和"应当支付"的金额确认收入和费用，而不管是否收到或是否支付。

收付实现制以当期"实际收到"和"实际支付"的金额确认收入和费用，而不管是否归属本期。

【例1.3】 例1.1中，在收付实现制下，甲公司5月收到货款40 000元，虽然该款项属于3月实现的销售收入，但仍作为5月的收入；6月提前支付租金费用6 000元，虽然该租金费用实际发生在7月、8月，但仍作为6月的费用。

在我国，政府会计由预算会计和财务会计构成。其中，预算会计采用收付实现制，国务院另有规定的，依照其规定；财务会计采用权责发生制。

3. 权责发生制和收付实现制下会计处理结果的差异

权责发生制和收付实现制是相对应的两种会计核算基础。相较于收付实现制，权责发生制下会计处理较为复杂，两者的会计处理结果存在一定的差异。在交易或者事项的发生时间与相关款项收付时间不一致时产生两种会计核算基础下确认的利润差额。

三、会计计量属性

会计计量属性是指会计要素的数量特征或外在表现形式，反映了会计要素金额的确定基础，主要包括历史成本、重置成本、可变现净值、现值和公允价值等。

（1）历史成本。历史成本又称实际成本，指的是为取得或制造某项财产物资实际支付的现金或现金等价物。例如，某企业购置固定资产，价款5万元，以银行存款支付，不考虑其他因素，该固定资产按历史成本计价，金额为5万元。

（2）重置成本。重置成本又称现行成本，是指按照当前市场条件，重新取得同样的一项资产所需要支付的现金或者现金等价物金额。例如，在企业资产清查中，盘盈一台机器设备，其同类设备市场价为 5 万元，该设备按重置成本计价，金额为 5 万元。

（3）可变现净值。可变现净值指的是在正常的经营活动中，以预计售价减去进一步加工成本和预计销售费用以及相关税费后的净值。例如，某公司期末库存商品的账面价值为 100 万元，同期市场售价为 80 万元，估计销售该种库存商品需要发生销售费用等相关税费为 10 万元，该种库存商品按照可变现净值计价为 70（80 − 10）万元。

（4）现值。现值指的是对未来现金流量以恰当的折现率进行折价后的价值，是考虑货币时间价值的一种计量属性。例如，某公司一项固定资产原值为 10 万元，累计折旧为 2 万元，预计未来现金流量的现值为 5 万元，该固定资产按照现值计价金额为 5 万元。

（5）公允价值。公允价值是指市场参与者在计量日发生的有序交易中，出售一项资产所能收到或者转移一项负债所需要支付的价格。一般交易性金融资产、交易性金融负债、可供出售金融资产会采用公允价值计量。例如，某年 6 月，某公司从二级市场购入 A 公司股票 5 万股，该年 12 月 31 日该股票的收盘价为每股 1 元，该项资产该年 12 月 31 日按照公允价值计价金额为 5 万元。

四、会计信息质量要求

会计信息质量要求是对企业财务报告所提供会计信息质量的基本要求，主要包括可靠性、相关性、可理解性、可比性、实质重于形式、重要性、谨慎性和及时性等。

（1）可靠性。可靠性要求企业以实际发生的交易或事项为依据进行确认、计量和报告，如实反映相关信息，保证会计信息真实可靠、内容完整。

（2）相关性。相关性要求企业提供的会计信息应当与信息使用者的经济决策需要相关，有助于他们对企业情况进行评价和预测。相关性是以可靠性为基础的，会计信息在可靠性的前提下，应尽可能满足相关性的要求。

（3）可理解性。可理解性要求企业提供的会计信息应当清晰明了，便于使用者理解和使用。

（4）可比性。可比性要求企业提供的会计信息应当相互可比，保证同一企业不同时期可比、不同企业相同会计期间可比。可比性要求包括两层含义：纵向可比和横向可比。纵向可比是指同一企业不同时期可比，横向可比是指不同企业相同会计期间可比。

（5）实质重于形式。实质重于形式要求企业应当按照交易或事项的经济实质进行会计确认、计量和报告，不应仅以其法律形式为依据。

（6）重要性。重要性要求企业提供的会计信息应当反映与企业财务状况、经营成果和现金流量有关的所有重要交易或事项。对于重要的会计事项，必须按照规定的会计方法和程序进行处理，并在财务报告中予以充分、准确的披露；对于次要的会计事项，在不影响使用者作出正确判断的前提下，可适当简化处理。

（7）谨慎性。谨慎性要求企业对交易或事项进行会计确认、计量和报告时，应保持应有的谨慎，不应高估资产或者收益，也不应低估负债或者费用。它是指某些经济业务有几种不同会计处理方法和程序可供选择时，在不影响合理选择的前提下，宁可预计可能的损失，不可预计可能的收益。

（8）及时性。及时性要求企业对已经发生的交易或事项，应当及时进行确认、计量和报告，不得提前或延后。

第三节　会计法律法规体系

会计法律法规体系是会计工作规范的总称。会计法律法规体系按权威性和法律效力区分，可分为如下四个层次：第一层次是指由全国人民代表大会及其常务委员会统一制定的会计法律，如《中华人民共和国会计法》；第二层次是指由国务院制定的会计行政法规，如《总会计师条例》《企业财务会计报告条例》等；第三层次是指财政部统一制定的会计部门规章，如《企业会计准则》、会计制度等；第四层次是指由国务院其他部门、中央军委后勤保障部，以及各省、自治区、直辖市等地方制定的适用于本部门、本地实际情况的会计工作管理的规定、办法、规则、通知等。以下仅简要介绍前三个层次的法律法规。

一、会计法律

会计法律是指由全国人民代表大会及其常务委员会经过一定立法程序制定，调整我国经济生活中会计行为关系的法律规范的总称。

现行的《中华人民共和国会计法》是我国会计法律制度中层次最高的法律规范，也是会计法律规范体系中层次最高、最具有法律效力的法律规范。它是会计工作的根本大法，是制定其他会计法律法规、会计规章制度的依据，也是指导我国会计工作的最高准则，其他任何会计法律法规都不得与之相违背。

我国会计法律的立法宗旨是规范会计行为，保证会计资料真实、完整，加强经济管理和财务管理，提高经济效益，维护社会主义市场经济秩序。国家机关、社会团体、企事业单位和其他组织必须按照会计法律办理会计事务。

二、会计行政法规

会计行政法规是指由国务院制定并发布，或者由国务院有关部门拟订并经国务院批准发布，调整经济生活中某些方面会计关系的法律规范。它是根据《中华人民共和国会计法》制定的，是对会计法律的具体化或某个方面的补充。我国现行的会计行政法规主要是由国务院发布的《总会计师条例》《企业财务会计报告条例》等。

《总会计师条例》主要对总会计师的职责、权限、任免与奖惩等作出规定；《企业财务会计报告条例》主要对企业财务会计报告的构成、编制、对外提供、法律责任等作出规定。

三、会计部门规章

会计部门规章是指由国务院主管全国会计工作的行政部门——财政部，对会计工作制定的规范性文件。属于会计部门规章的主要有企业会计准则、小企业会计准则和会计制度等。

1. 企业会计准则

企业会计准则主要适用于上市公司、金融机构、国有企业等大中型企业。我国企业会计准则体系自 2006 年正式发布以来，财政部在坚持国际趋同和服务国内实践基础上，形成了由基本准则、具体准则、准则解释和会计处理规定构成的基本制度安排。其中，基本准则在企业会计准则体系中起统驭作用，是具体准则制定的依据，主要规范财务报告目标、会计基本假设、会计基础、会计信息质量要求、会计要求、财务报告等内容；具体准则规范企业各项具体业务事项的确认、计量和报告；准则解释对企业实务中出现的、具体准则未作出明确规定的新事项、新问题进行规范；会计处理规定是对企业会计准则体系的补充，满足国家宏观经济管理、国内实务发展、加强准则实施等需要。

目前，我国企业会计准则体系主要包括1项基本准则、42项具体准则及其应用指南、17项企业会计准则解释、10余项会计处理规定（包括3项报表格式文件和5项企业产品成本核算制度）。

📖 视野拓展

《企业会计准则——基本准则》总则部分指出：企业应当对其本身发生的交易或者事项进行会计确认、计量和报告；企业会计确认、计量和报告应当以持续经营为前提；企业应当划分会计期间、分期结算账目和编制财务会计报告；会计期间分为年度和中期，中期是指短于一个完整的会计年度的报告期间；企业会计应当以货币计量；企业应当以权责发生制为基础进行会计确认、计量和报告。

会计信息质量要求部分从可靠性、相关性、可理解性、可比性、实质重于形式、重要性、谨慎性和及时性八个方面对会计信息质量提出了具体要求。

会计要素部分对资产、负债、所有者权益、收入、费用和利润等六个会计要素进行了界定。

会计计量部分指出，企业在对会计要素进行计量时，一般应当采用历史成本，采用重置成本、可变现净值、现值、公允价值计量的，应当保证所确定的会计要素金额能够取得并可靠计量。

财务会计报告部分指出，财务会计报告包括会计报表及其附注和其他应当在财务会计报告中披露的相关信息和资料。会计报表至少应当包括资产负债表、利润表、现金流量表等报表。

2．小企业会计准则

小企业会计准则主要适用于符合《中小企业划型标准规定》所规定的小型企业标准的企业，但以下三类小企业除外：①股票或债券在市场上公开交易的小企业；②金融机构或其他具有金融性质的小企业；③企业集体内的母公司和子公司。

目前，我国小企业会计准则主要包括《小企业会计准则》（财会〔2011〕17号）和针对某些特定行业某项或某类业务的会计处理规定，如《律师事务所相关业务会计处理规定》。

📖 视野拓展

由于篇幅所限，本书不会涉及更多会计法规条文，而且本书也不可能及时反映法规的变动，如需查询法规条文或更新动态，推荐使用以下几种方法。

（1）便捷查询。在网络百科（如百度百科）以法规名称为关键词搜索相关词条最便捷，如"企业会计制度""中华人民共和国会计法"。读者需注意网络百科可能更新较慢，也可能有差错。

（2）新变化查询。法规最新变化宜直接查询法规颁布者网站，如《中华人民共和国会计法》由全国人民代表大会常务委员会审议通过，可通过中国人大网"立法工作"栏目关注最新动态；《企业会计准则》由财政部公布，财政部会计司"政策发布""政策解读"两个栏目会有最新、最权威的信息。

（3）法规库查询。财政部会计司网站相关栏目下资料繁多，一一查询甚是不便，中国会计学会网站"法规资料库"栏目、中国会计网"法规"栏目对相关法规进行了归类，使用起来比较方便。需要注意的是法规库中资料可能陈旧，还可能有过期法规。

3．会计制度

会计制度是进行会计工作应遵循的规则、方法和程序的总称。根据《中华人民共和国会计法》的规定，我国国家统一的会计制度，由财政部制定；各省、自治区、直辖市以及国务院业务主管部门，在与《中华人民共和国会计法》和国家统一会计制度不相抵触的前提下，可以制定本地区、本部门的会计制度或者补充规定。财政部从 1992 年起陆续颁布行业会计制度，其中《小企业会计制度》《民间非营利组织会计制度》《村集体经济组织会计制度》等三项新会计制度于 2005 年 1 月 1 日起正式实施。

第四节　会计机构和会计人员

一、会计机构

2024 年新修订的《中华人民共和国会计法》规定，各单位应当根据会计业务的需要，依法采取下列一种方式组织本单位的会计工作：一是设置会计机构；二是在有关机构中设置会计岗位并指定会计主管人员；三是委托经批准设立从事会计代理记账业务的中介机构代理记账；四是国务院财政部门规定的其他方式。

国有的和国有资本占控股地位或者主导地位的大、中型企业必须设置总会计师。总会计师的任职资格、任免程序、职责权限由国务院规定。

会计机构内部应当建立稽核制度。出纳人员不得兼任稽核、会计档案保管和收入、支出、费用、债权债务账目的登记工作。

二、会计人员

1. **与会计人员有关的规定**

《中华人民共和国会计法》第三十六条规定：会计人员应当具备从事会计工作所需要的专业能力。担任单位会计机构负责人（会计主管人员）的，应当具备会计师以上专业技术职务资格或者从事会计工作三年以上经历。

《中华人民共和国会计法》第三十八条规定：因有提供虚假财务会计报告，做假账，隐匿或者故意销毁会计凭证、会计账簿、财务会计报告，贪污、挪用公款，职务侵占等与会计职务有关的违法行为被依法追究刑事责任的人员，不得再从事会计工作。

2. **会计专业技术职务资格**

会计专业技术职务是区分会计人员业务技能的技术等级。会计专业技术职务分为初级会计师、会计师和高级会计师。初级会计师为初级技术职务，会计师为中级技术职务，高级会计师为高级技术职务。

会计专业技术职务资格分为初级资格、中级资格和高级资格等三个级别。初级会计师和会计师资格的取得实行全国统一考试制度，高级会计师资格的取得实行考试与评审相结合的制度。初级会计师资格考试科目包括《初级会计实务》和《经济法基础》，参加初级资格考试的人员，必须在一个考试年度内通过全部科目的考试，才能获得初级资格证书。会计师资格考试科目包括《中级会计实务》《财务管理》《经济法》，参加中级资格考试的人员，必须在连续两个考试年度内通过全部科目的考试，才能获得中级资格证书。

教学做一体化训练

一、单项选择题

1. 我国会计行为的最高法律规范是（   ）。
   A. 会计法　　　　　　B. 基本会计准则　　C. 具体会计准则　　D. 会计制度

2. 下列项目中，属于会计基本职能的是（   ）。
   A. 计划职能、核算职能　　　　　　B. 预测职能、监督职能
   C. 核算职能、监督职能　　　　　　D. 决策职能、监督职能

3. 据史料记载，（   ）时期"会计"一词便开始使用，对财务收支采取了"月计岁会"的办法。
   A. 西周　　　　　　　B. 西汉　　　　　　C. 宋代　　　　　　D. 明末清初

4. 下列不是会计计量属性的是（   ）。
   A. 历史成本　　　　　B. 重置成本　　　　C. 可变现净值　　　D. 沉没成本

5. 要求企业以实际发生的交易或事项为依据进行确认、计量和报告的是（   ）的要求。
   A. 相关性　　　　　　B. 可靠性　　　　　C. 可比性　　　　　D. 重要性

二、多项选择题

1. 下列属于会计信息质量要求的有（   ）。
   A. 相关性　　　　　　B. 可靠性　　　　　C. 可比性　　　　　D. 重要性

2. 下列属于会计基本假设的有（   ）。
   A. 会计主体　　　　　B. 持续经营　　　　C. 会计分期　　　　D. 货币计量

3. 会计核算基础主要有（   ）。
   A. 权责发生制　　　　B. 收付实现制　　　C. 会计准则　　　　D. 会计制度

4. 会计管理方法分为（   ）。
   A. 会计预测方法　　　B. 会计控制方法　　C. 会计分析方法　　D. 会计检查方法

5. 下列各种方法，属于会计核算方法的有（   ）。
   A. 填制和审核凭证　　B. 登记账簿　　　　C. 编制会计报表　　D. 编制财务预算

三、判断题

1. "受托责任观"与"决策有用观"是目前关于会计目标的两大主流观点。　　　（　　）

2. 一般来说，会计主体不一定是法律主体，但法律主体必然是会计主体。　　　（　　）

3. 《企业会计准则》规定，企业会计应当以权责发生制为基础。　　　　　　　（　　）

4. 企业只能采用货币作为计量单位进行会计核算。　　　　　　　　　　　　　（　　）

5. 企业对于已经发生的交易或事项，应当及时进行确认、计量和报告，不得提前或延后。

　　　　　　　　　　　　　　　　　　　　　　　　　　　　　　　　　　（　　）

第二章 会计要素和会计等式

【学习目标】

【知识目标】

熟悉会计对象，掌握会计要素的特征和分类；掌握经济业务与会计等式的关系。

【能力目标】

能识别会计要素，判断经济业务的类型。

第一节 会计对象和会计要素

一、会计对象

任何工作都有其特定的工作对象，会计工作也不例外。一般来说，会计对象就是指会计工作所要核算和监督的内容。具体来说，会计对象是指企事业单位在日常经营活动或业务活动中所表现出的资金运动，即资金运动构成了会计核算和会计监督的内容。

首先，资金运动是客观的。资金运动的客观性是指企事业单位的资金都要经过资金的投入、运用和退出这样一个运动过程，这个过程不因企业所处的国家或地区的不同而不同。也正因为资金运动的客观性，才使会计成为一种国际性的"商业语言"。其次，资金运动是抽象的。资金运动的抽象性是相对于具体的会计核算而言的，因为在会计实务中，任何经济活动所引起的资金运动都必须具体化直至量化，若仅有"资金运动"这样一个抽象的概念，那么会计核算的对象是无法落到实处的。这就需要对抽象的资金运动做进一步的分类，于是就产生了会计要素。

微课
会计对象与会计要素

二、会计要素

会计要素是指对会计对象按经济性质所做的基本分类，是会计核算和监督的具体对象和内容，即会计对象的具体化。会计要素是组成会计报表的基本单位。我国《企业会计准则——基本准则》规定，企业会计要素包括六类，即资产、负债、所有者权益、收入、费用和利润。其中，资产、负债和所有者权益等三项会计要素是构成资产负债表的会计要素，也称为资产负债表要素，它们是反映企业财务状况的会计要素，是静态要素；收入、费用和利润等三项会计要素是构成利润表的会计要素，也称为利润表要素，它们是反映企业经营成果的会计要素，是动态要素。事业单位会计要素分为五大类，即资产、负债、净资产、收入和支出。本书主要介绍企业会计要素。

（一）资产

资产是指企业过去的交易或者事项形成的、由企业拥有或者控制的、预期会给企业带来经济利益的资源。

1. 资产的特征

根据资产的定义，资产具有以下几个特征。

（1）资产预期会给企业带来经济利益。该特征是指资产直接或者间接导致现金和现金等价物流入企业的潜力。这种潜力可以来自企业日常的生产经营活动，也可以是非日常活动；带来的经济利益可以是现金或者现金等价物，或可以转化为现金或者现金等价物的形式，或可以减少现金或者现金等价物流出的形式。

（2）资产应为企业拥有或者控制的资源。资产作为一项资源，应当由企业拥有或者控制，具体是指企业享有某项资源的所有权，或者虽然不享有某项资源的所有权，但该资源能被企业所控制，如融资租赁固定资产。

（3）资产是由企业过去的交易或事项形成的。企业过去的交易或事项包括购买、生产建造行为、其他交易或事项。资产必须是现时的资产，而不是预期的资产，预期在未来发生的交易或事项不形成资产。

2. 资产的确认条件

将一项资源确认为资产，需要符合资产的定义，还应同时满足以下两个条件。

（1）与该资源有关的经济利益很可能流入企业。由于经济环境瞬息万变，与资源有关的经济利益能否流入企业或者能够流入多少实际上具有不确定性。因此，资产的确认还应与对经济利益流入企业的不确定性程度的判断结合起来。

（2）该资源的成本或者价值能够可靠地计量。只有当有关资源的成本或者价值能够可靠地计量时，资产才能予以确认。

3. 资产的分类

资产按其流动性大小可分为流动资产和非流动资产。

（1）流动资产。流动资产是指预计在一个正常营业周期内变现、出售或耗用，或者主要为交易目的而持有，或者预计在资产负债表日起1年内（含1年）变现的资产，以及自资产负债表日起1年内交换其他资产或清偿负债的能力不受限制的现金或现金等价物。流动资产主要包括货币资金、交易性金融资产、应收票据、应收账款、预付款项、其他应收款、存货等。

（2）非流动资产。非流动资产是指流动资产以外的资产，主要包括债权投资、长期股权投资、固定资产、在建工程、无形资产等。

（二）负债

负债是指由企业过去的交易或事项形成的、预期会导致经济利益流出企业的现时义务。

1. 负债的特征

根据负债的定义，负债具有以下几个特征。

（1）负债是企业承担的现时义务。负债必须是企业承担的现时义务，这是负债的一个基本特征。其中，现时义务是指企业在现行条件下已承担的义务。未来发生的交易或者事项形成的义务不属于现时义务，不应当确认为负债。

（2）负债预期会导致经济利益流出企业。预期会导致经济利益流出企业也是负债的一个本质特征。只有在企业履行义务时会导致经济利益流出企业的，才符合负债的定义；如果不会导致企业经济利益流出，就不符合负债的定义。

（3）负债是由企业过去的交易或者事项形成的。负债应当由企业过去的交易或者事项所形成。换句话说，只有过去的交易或者事项才形成负债，企业在未来的承诺、签订的合同等交易或者事项不形成负债。

2. 负债的确认条件

将一项现时义务确认为负债，需要符合负债的定义，还应同时满足以下两个条件。

（1）与该义务有关的经济利益很可能流出企业。导致经济利益流出企业是负债的一个本质特征。在实务中，企业履行义务所需流出的经济利益具有不确定性，尤其是与推定义务相关的经济利益通常需要依赖大量的估计。因此，负债的确认应当与对经济利益流出企业的不确定性程度的判断结合起来。

（2）未来流出的经济利益的金额能够可靠地计量。负债的确认在考虑经济利益流出企业的同时，对于未来流出的经济利益的金额应当能够可靠计量。

3. 负债的分类

负债按其流动性大小可分为流动负债和非流动负债。

（1）流动负债。流动负债是指将在1年（含1年）或者超过1年的一个营业周期内清偿的债务，或者自资产负债表日起1年内应予以清偿的债务，以及企业无权自主地将清偿推迟至资产负债表日后1年以上的债务。流动负债主要包括短期借款、应付账款、应付票据、预收账款、应付职工薪酬、应交税费、其他应付款和1年内到期的非流动负债等。

（2）非流动负债。非流动负债是指流动负债以外的负债，主要包括长期借款、应付债券、长期应付款等。

（三）所有者权益

所有者权益是指企业资产扣除负债后由所有者享有的剩余权益。

1. 所有者权益的特征

根据所有者权益的定义，所有者权益具有以下几个特征。

（1）在一般情况下（发生减资、清算除外），企业不需要偿还所有者权益。

（2）在企业清算时，债权人拥有优先清偿权，只有在偿还所有负债后，所有者权益才能返回给所有者。

（3）所有者凭借所有者权益能够参与利润的分配。

2. 所有者权益的来源

所有者权益的来源包括所有者投入的资本、其他资本公积、其他综合收益以及留存收益等。

（1）所有者投入的资本。所有者投入的资本是指所有者投入企业的资本部分，它包括实收资本（或股本）和资本溢价（或股本溢价）两部分。

（2）其他资本公积。其他资本公积是指除资本溢价（或股本溢价）项目以外所形成的资本公积，其中主要是直接计入所有者权益的利得和损失。

（3）其他综合收益。其他综合收益是指企业根据会计准则规定未在当期损益中确认的各项利得和损失。

（4）留存收益。留存收益是指企业历年实现的净利润留存于企业的部分，包括盈余公积和未分配利润两部分。

一般情况下，未实现部分的损益性交易通过其他综合收益核算，未实现的权益性交易通过其他资本公积核算。

3. 所有者权益的构成

通常，所有者权益包括实收资本、资本公积、其他综合收益、盈余公积和未分配利润。

（1）实收资本（或股本）。实收资本（或股本）是指投资者按照企业章程、合同或协议的约定，实际投入企业的资本，即企业的注册资本或股本。

（2）资本公积。资本公积包括投资者投入资本超过注册资本或者股本部分的金额（即资本溢价或者股本溢价）和其他资本公积。

（3）盈余公积。盈余公积是指企业按税后利润的一定比例提取的法定盈余公积，以及按投资者确定的比例从税后利润中计提的任意盈余公积。

> 利得是指由企业非日常活动所形成的、会导致所有者权益增加的、与所有者投入资本无关的经济利益的流入。
>
> 损失是指由企业非日常活动所发生的、会导致所有者权益减少的、与向所有者分配利润无关的经济利益的流出。

★提炼点睛★

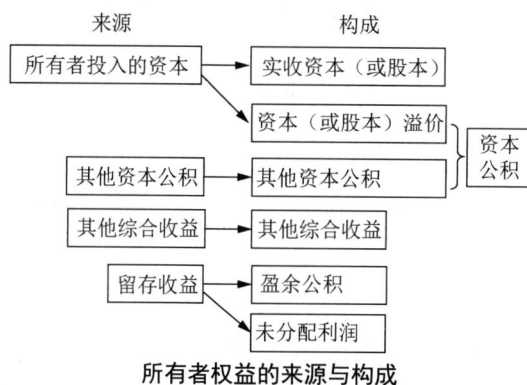

所有者权益的来源与构成

（4）未分配利润。未分配利润是指企业历年来结存的尚未分配的税后利润。

4. 所有者权益的确认条件

所有者权益体现的是所有者在企业中的剩余权益，因此，所有者权益的确认和计量主要依赖资产和负债的确认和计量。例如，企业接受投资者投入的资产，在该资产符合资产确认条件时，就相应地符合所有者权益的确认条件；当该资产的价值能够可靠计量时，所有者权益的金额也就可以确定。

（四）收入

收入是指企业在日常活动中形成的、会导致所有者权益增加的、与所有者投入资本无关的经济利益的总流入。

1. 收入的特征

根据收入的定义，收入具有以下几个特征。

（1）收入源于企业的日常经营活动，而不是由偶尔的交易或事项产生的。以制造业为例，产品销售、原材料销售、固定资产出租等活动流入的经济利益，与日常活动有关，属于收入；但出售固定资产的净收益，由于不属于企业日常活动，所以其流入的经济利益不属于收入，而称为利得。

（2）收入可能表现为企业资产的增加或负债的减少，或

> 可以借助要素之间的关系理解"收入会导致企业所有者权益的增加"这一特征：①收入使资产增加时，资产↑－负债＝所有者权益↑；②收入使负债减少时，资产－负债↓＝所有者权益↑；③收入使资产增加，同时使负债减少时，资产↑－负债↓＝所有者权益↑。

两者兼而有之。

（3）收入会导致企业所有者权益的增加。由于收入是经济利益的总流入，所以能引起所有者权益的增加。但是，收入与相关的成本费用相配比后，则可能增加所有者权益，也可能减少所有者权益。

（4）收入只包括本企业经济利益的流入，不包括为第三方或客户代收的款项。企业为第三方或客户代收的款项，如增值税、代收利息等，一方面会增加企业的资产，另一方面会增加企业的负债，因此不会增加企业的所有者权益，不能作为本企业的收入。

2. 收入的确认条件

当企业与客户之间的合同同时满足下列条件时，企业应当在客户取得相关商品控制权时确认收入。

（1）合同各方已批准该合同并承诺将履行各自义务。

（2）该合同明确了合同各方与所转让商品或提供劳务相关的权利和义务。

（3）该合同有明确的与所转让商品或提供劳务相关的支付条款。

（4）该合同具有商业实质，即履行该合同将改变企业未来现金流量的风险、时间分布或金额。

（5）企业因向客户转让商品或提供劳务而有权取得的对价很可能收回。

3. 收入的分类

收入按企业从事日常活动的性质不同，可分为销售商品收入、提供劳务收入和让渡资产使用权收入。

收入按企业经营业务的主次不同，可分为主营业务收入和其他业务收入。

（五）费用

可以借助要素之间的关系理解"费用会导致所有者权益的减少"这一特征：①费用使资产减少时，资产↓=负债＝所有者权益↓；②费用使负债增加时，资产－负债↑＝所有者权益↓；③费用使资产减少，同时使负债增加时，资产↓－负债↑＝所有者权益↓。

费用是指企业在日常活动中发生的、会导致所有者权益减少的、与向所有者分配利润无关的经济利益的总流出。

1. 费用的特征

对比其他会计要素，费用具有以下几个特征。

（1）费用是企业在日常活动中发生的，而不是在偶尔的交易或者事项中发生的。

（2）费用可能表现为资产的减少或负债的增加，或者是两者兼而有之。

（3）费用会导致所有者权益的减少。

（4）费用是与向所有者分配利润无关的经济利益的总流出。

2. 费用的确认条件

费用的确认除了应当符合其定义外，还至少应当符合以下三个条件。

（1）与费用相关的经济利益很可能流出企业。

（2）经济利益流出企业的结果会导致资产的减少或者负债的增加。

★ **提炼点睛** ★

费用包括能计入成本的费用和不能计入成本的费用。能计入成本的费用构成商品或劳务的营业成本；不能计入成本的费用称为期间费用，直接计入当期损益。

（3）经济利益的流出额能够可靠计量。

3．费用的分类

费用按照其和收入的关系可分为营业成本和期间费用。

（1）营业成本。营业成本是指企业销售商品或提供劳务的成本。营业成本按照企业所销售商品或提供劳务在企业日常活动中所处的地位，可以分为主营业务成本和其他业务成本。

（2）期间费用。期间费用包括管理费用、销售费用和财务费用。管理费用是指企业行政管理部门为了组织和管理生产经营活动而发生的各种费用；销售费用是指企业在销售商品和提供劳务等日常活动中发生的除营业成本以外的各项费用以及专设销售机构的各项经费；财务费用是指企业筹集生产经营所需资金而发生的费用。

（六）利润

利润是指企业在一定会计期间的经营成果。

1．利润的构成

利润包括收入减去费用后的净额、直接计入当期利润的利得和损失等。

收入减去费用后的净额，反映企业日常活动的业绩，表现为营业利润。

直接计入当期利润的利得和损失是指应当计入当期损益、会导致所有者权益发生增减变动、与所有者投入资本或者向所有者分配利润无关的利得和损失。它反映了企业非日常活动的业绩，表现为营业外收入和营业外支出。

> 利润总额＝营业利润＋（营业外收入－营业外支出）

2．利润的确认条件

利润反映的是收入减去费用、利得减去损失后的净额。因此，利润的确认主要依赖于收入和费用，以及利得和损失的确认，其金额的确定也主要取决于收入、费用、利得和损失金额的计量。

★ **提炼点睛** ★

资产、负债和所有者权益是反映财务状况的三个要素，是构成资产负债表的会计要素，是静态要素；收入、费用和利润是反映财务成果的三个要素，是构成利润表的会计要素，是动态要素。

第二节 会计等式

会计等式，又称会计恒等式、会计方程式或会计平衡公式，是表明会计要素之间基本关系的等式。

一、会计等式的表达形式

企业要从事生产经营活动，必须拥有或控制一定数额的资产。这些资产要么来源于债权人提供的资金，形成企业的负债；要么来源于所有者投入的资本，形成企业的所有者权益。因负债是债权人的权益，所以在会计上负债和所有者权益又合

称为权益。资产表明企业拥有或控制的资源，权益表明这些资源的来源。

从数量上来看，企业有一定数额的资产，就必然有一定数额的权益。因此，企业的资产总额与权益总额永远保持平衡关系，即资产＝权益。这种平衡关系随着企业所处经营期间的不同，其表现形式有所不同。

1. 反映财务状况的会计等式（静态）

在企业经营初期，由于会计要素中只有资产、负债和所有者权益，因此会计等式为

$$资产 = 负债 + 所有者权益$$
$$资产 = 债权人权益 + 所有者权益$$
$$资产 = 权益$$

这是最基本的会计等式，又称第一会计等式，是资金的静态表现。它是设置账户、进行复式记账和编制资产负债表的基础。权益是资产的来源，资产是权益的存在形态，两者必然相等。

2. 反映经营成果的会计等式（动态）

随着企业经营活动的进行，企业会产生相应的成本费用并取得收入。企业在一定时期内的收入扣除相关的成本费用后，即为企业的利润，于是出现了反映经营成果的会计等式，即

$$收入 - 费用 = 利润$$

这一等式被称为第二会计等式，是资金运动的动态表现。它是编制利润表的基础。

3. 扩展的会计等式（动静结合）

企业获得利润，表明企业资产增加；同时利润是属于所有者的，获得利润意味着所有者权益的增加。反之，如果企业发生亏损，则企业资产减少，同时所有者权益也减少。将利润或亏损并入基本会计等式，就出现了第三个会计等式，即

$$资产 = 负债 + 所有者权益 + （收入 - 费用）$$

这是一个动态反映企业财务状况和经营成果关系的会计等式。从这个会计等式可以看出，企业的经营成果最终会影响企业的财务状况。利润会使企业的资产和所有者权益增加、亏损则会使企业的资产和所有者权益减少。

二、经济业务的发生对会计等式的影响

在生产经营过程中，企业会不断地发生各种经济业务。这些经济业务的发生会对有关的会计要素产生影响，却不会破坏上述会计等式的平衡关系。因为一个企业的经济业务虽然数量繁多，但归纳起来不外乎表 2.1 所示的九种基本业务，根据其对会计等式两边的不同影响，进而归纳为四种类型。

表 2.1　经济业务对会计等式的影响

经 济 业 务	会计等式左边：资产	会计等式右边：权益	类　　型
（1）引起一项资产和一项负债同时等额增加的经济业务	增加	增加	（1）引起会计等式两边项目同时等额增加的经济业务
（2）引起一项资产和一项所有者权益同时等额增加的经济业务			
（3）引起一项资产和一项负债同时等额减少的经济业务	减少	减少	（2）引起会计等式两边项目同时等额减少的经济业务
（4）引起一项资产和一项所有者权益同时等额减少的经济业务			

经济业务	会计等式 左边：资产	会计等式右 边：权益	类 型
（5）引起一项资产增加，另一项资产同时等额减少的经济业务	增减	不变	（3）引起会计等式左边项目同时等额增减、右边不变的经济业务
（6）引起一项负债增加，另一项负债同时等额减少的经济业务	不变	增减	（4）引起会计等式右边项目同时等额增减、左边不变的经济业务
（7）引起一项所有者权益增加，另一项所有者权益同时等额减少的经济业务			
（8）引起一项负债增加，一项所有者权益同时等额减少的经济业务			
（9）引起一项所有者权益增加，一项负债同时等额减少的经济业务			

【例 2.1】 光明有限责任公司 20×0 年 1 月 1 日的资产负债情况（单位：万元）为

$$资产 = 负债 + 所有者权益$$

$$200 = 60 + 140$$

该公司 20×0 年 1 月发生如下经济业务：①从银行取得短期借款 40 万元，存入开户银行；②购买原材料 20 万元，用银行存款支付；③用银行存款归还前欠某公司货款 30 万元；④以短期借款抵付应付账款 10 万元；⑤资本公积转增资本 50 万元；⑥收到甲企业投入的设备 1 台，价值 10 万元；⑦丙企业收回投资 20 万元，以存款支付；⑧乙企业代本公司偿还货款 10 万元，作为对本公司的投资；⑨向股东分配利润 30 万元，但尚未支付。根据上述经济业务，分析它们对会计等式的影响情况。

（1）第 1 项经济业务的发生，使公司的负债（短期借款）增加了 40 万元，同时也使公司的资产（银行存款）增加了 40 万元。它对会计等式的影响为

	资产	＝负债	＋所有者权益
该项经济业务发生前	200	＝60	＋140
该项经济业务发生时	（200＋40）	＝（60＋40）	＋140
该项经济业务发生后	240	＝100	＋140

（2）第 2 项经济业务的发生，使公司的一项资产（原材料）增加了 20 万元，同时使公司的另一项资产（银行存款）减少了 20 万元。它对会计等式的影响为

	资产	＝负债	＋所有者权益
该项经济业务发生前	240	＝100	＋140
该项经济业务发生时	（240−20＋20）	＝100	＋140
该项经济业务发生后	240	＝100	＋140

（3）第 3 项经济业务的发生，使公司的资产（银行存款）减少了 30 万元，同时使公司的负债（应付账款）减少了 30 万元。它对会计等式的影响为

	资产	＝负债	＋所有者权益
该项经济业务发生前	240	＝100	＋140
该项经济业务发生时	（240−30）	＝（100−30）	＋140
该项经济业务发生后	210	＝70	＋140

（4）第 4 项经济业务的发生，使公司的一项负债（应付账款）减少了 10 万元，同时使另一项负债（短期借款）增加了 10 万元。它对会计等式的影响为

	资产	＝负债	＋所有者权益

	资产	= 负债	+ 所有者权益
该项经济业务发生前	210	= 70	+ 140
该项经济业务发生时	210	=（70-10＋10）	+ 140
该项经济业务发生后	210	= 70	+ 140

（5）第5项经济业务的发生，使公司的一项所有者权益（资本公积）减少了50万元，同时使另一项所有者权益（实收资本）增加了50万元。它对会计等式的影响为

	资产	= 负债	+ 所有者权益
该项经济业务发生前	210	= 70	+ 140
该项经济业务发生时	210	= 70	+（140-50＋50）
该项经济业务发生后	210	= 70	+ 140

（6）第6项经济业务的发生，使公司的资产（固定资产）增加了10万元，同时使所有者权益（实收资本）增加了10万元。它对会计等式的影响为

	资产	= 负债	+ 所有者权益
该项经济业务发生前	210	= 70	+ 140
该项经济业务发生时	（210＋10）	= 70	+（140＋10）
该项经济业务发生后	220	= 70	+ 150

（7）第7项经济业务的发生，使公司的资产（银行存款）减少了20万元，同时使所有者权益（实收资本）减少了20万元。它对会计等式的影响为

	资产	= 负债	+ 所有者权益
该项经济业务发生前	220	= 70	+ 150
该项经济业务发生时	（220-20）	= 70	+（150-20）
该项经济业务发生后	200	= 70	+ 130

（8）第8项经济业务的发生，使公司的负债（应付账款）减少了10万元，同时使所有者权益（实收资本）增加了10万元。它对会计等式的影响为

	资产	= 负债	+ 所有者权益
该项经济业务发生前	200	= 70	+ 130
该项经济业务发生时	200	=（70-10）	+（130＋10）
该项经济业务发生后	200	= 60	+ 140

（9）第9项经济业务的发生，使公司的负债（应付股利）增加了30万元，同时使所有者权益（未分配利润）减少了30万元。它对会计等式的影响为

	资产	= 负债	+ 所有者权益
该项经济业务发生前	200	= 60	+ 140
该项经济业务发生时	200	=（60＋30）	+（140-30）
该项经济业务发生后	200	= 90	+ 110

总结与说明：上述九项经济业务代表了各种业务类型。通过以上分析，可以看出：每一项经济业务的发生，都必然会引起会计等式的一边或两边有关项目相互联系地发生等量变化，即当涉及会计等式的一边时，有关项目的金额发生相反方向的等额变动；当涉及会计等式的两边时，有关项目的金额发生相同方向的等额变动，但始终不会影响会计等式的平衡关系。

教学做一体化训练

一、单项选择题

1. 下列会计要素是动态要素的是（　　　）。
   A．收入　　　　　B．资产　　　　　C．负债　　　　　D．所有者权益

2. 下列等式不是编制资产负债表基础的是（　　　）。
   A．资产=负债+所有者权益　　　　　B．资产=债权人权益+所有者权益
   C．资产=权益　　　　　D．收入−费用=利润

3. 由企业非日常活动所形成的、会导致所有者权益增加的、与所有者投入资本无关的经济利益的流入称为（　　　）。
   A．主营业务收入　　B．其他业务收入　　C．营业外收入　　D．利得

4. 直接计入所有者权益的利得和损失，应计入所有者权益中的（　　　）。
   A．实收资本　　　B．资本公积　　　C．盈余公积　　　D．未分配利润

5. 企业在日常活动中形成的、会导致所有者权益增加的、与所有者投入资本无关的经济利益的总流入称为（　　　）。
   A．收入　　　　　B．收益　　　　　C．利得　　　　　D．利润

二、多项选择题

1. 反映企业财务状况的会计要素有（　　　）。
   A．资产　　　　　B．负债　　　　　C．所有者权益　　D．利润

2. 下列各项中，属于期间费用的有（　　　）。
   A．制造费用　　　B．销售费用　　　C．管理费用　　　D．财务费用

3. 下列各项中，属于流动负债的有（　　　）。
   A．应付债券　　　B．预付账款　　　C．应付账款　　　D．预收账款

4. 下列项目中，属于所有者权益项目的有（　　　）。
   A．股本　　　　　B．资本溢价　　　C．未分配利润　　D．应付股利

5. 反映企业经营成果的会计要素有（　　　）。
   A．收入　　　　　B．费用　　　　　C．所有者权益　　D．利润

三、判断题

1. 某一财产物资要成为企业的资产，其所有权必须属于企业。　　　　（　　　）
2. 无论发生什么样的经济业务，都不会破坏会计等式的平衡关系。　　（　　　）
3. 收入可能表现为资产的增加，但并非所有资产的增加都是收入。　　（　　　）
4. 收入会导致企业所有者权益的增加。　　　　　　　　　　　　　　（　　　）
5. 应收账款和预收账款都是企业的流动资产。　　　　　　　　　　　（　　　）

实训一　会计要素的识别

（一）实训目的

掌握会计要素的识别方法，能识别会计要素。

（二）实训资料

甲企业 20×0 年 3 月 31 日的财务状况如表 2.2 所示。

（三）实训要求

请根据上述资料确定各项经济内容所属的会计要素类别，并分别加计资产、负债及所有者权益总额。

实训二　判断经济业务的类型

（一）实训目的

能判断经济业务的类型，分析经济业务对会计等式的影响。

（二）实训资料

甲企业 20×0 年 7 月发生的经济业务如表 2.2 所示。

（三）实训要求

请分析各项经济业务的类型并填入表 2.3 中。

表 2.2　甲企业的财务状况

经济内容	资产	负债	所有者权益
库存现金 980 元			
短期借款 200 000 元			
银行存款余额 163 000 元			
办公用品价值 6 820 元			
应付外单位货款 5 000 元			
应收外单位货款 37 000 元			
库存的各种材料物资 2 200 元			
机器设备价值 32 000 元			
库存商品价值 8 000 元			
投资者投入资金 45 000 元			
合　计			

表 2.3　各项经济业务的类型

经济业务	经济业务的类型
（1）用银行存款购买材料	
（2）用银行存款归还短期借款	
（3）用银行存款偿付前欠某单位货款	
（4）收到投资人甲投入的设备	
（5）从某单位购进一批材料，货款未付	
（6）向银行借入长期借款，存入银行存款账户	
（7）将盈余公积转作实收资本	
（8）向银行取得短期借款且直接偿还前欠某单位货款	
（9）前欠甲公司的货款经协商转为甲公司对本企业的投资	
（10）企业以固定资产对外投资	

第三章 账户与借贷记账法

【学习目标】

【知识目标】

熟悉会计科目与账户，掌握借贷记账法；了解总账与明细账的平行登记。

【能力目标】

能运用借贷记账法进行简单的业务核算。

第一节 会计科目与账户

一、会计科目

（一）设置会计科目的意义

企业在生产经营过程中，会发生各种各样的经济业务。这些经济业务的发生必然会引起各项会计要素的增减变动。这些变化是如何进行的，变化的结果是什么，需要借助会计记录来提供变化过程及其结果的信息。但是，如果只将六大会计要素作为会计数据的归类标准，则提供的信息就过于笼统、概括。因此，还必须在会计要素的基础上进一步分类，即设置会计科目。

会计科目是指对会计要素的具体内容进行分类核算的项目。通过设置会计科目，可以把各项会计要素的增减变化分门别类地记入账簿，以提供一系列具体、分类的指标。设置会计科目是会计核算的一种专门方法。

（二）设置会计科目应遵循的原则

在设置会计科目时，应遵循以下几个原则。

（1）合法性原则，是指无论是企业还是行政事业单位，所设置的会计科目都应当符合国家有关会计法规的规定。国家发布的会计准则、会计制度等都对会计科目的设置提出了规定和要求，企事业单位应当按照国家的相关规定设置会计科目。

（2）相关性原则，是指设置会计科目应充分考虑各有关方面对会计信息的需求，不仅要满足国家宏观经济管理的需要，还要满足企业内部经济管理的需要，也要满足投资者、债权人和其他有关方面的需要，以提高会计信息的相关性。

（3）实用性原则，是指会计科目的设置应符合本单位自身的特点，满足本单位核算的实际需要。

（三）会计科目的分类

1. 按会计科目反映的经济内容分类

会计科目按其反映的经济内容（即所属会计要素）分类，可分为资产类、负债类、共同类、所有者权益类、成本类和损益类。会计要素与会计科目分类的关系如图3.1所示。

财政部颁布的《企业会计准则——应用指南》中设置了我国所有企业应用的 100 多个一级会计科目。以制造企业为例，部分常用的会计科目如表 3.1 所示。

表 3.1　制造企业部分常用会计科目

序号	编号	名　　称	序号	编号	名　　称	序号	编号	名　　称
		一、资产类	24	1605	工程物资	45	4103	本年利润
1	1001	库存现金	25	1606	固定资产清理	46	4104	利润分配
2	1002	银行存款	26	1701	无形资产			五、成本类
3	1012	其他货币资金	27	1702	累计摊销	47	5001	生产成本
4	1101	交易性金融资产	28	1703	无形资产减值准备	48	5101	制造费用
5	1121	应收票据	29	1901	待处理财产损溢	49	5201	劳务成本
6	1122	应收账款			二、负债类	50	5301	研发支出
7	1123	预付账款	30	2001	短期借款			六、损益类
8	1131	应收股利	31	2201	应付票据	51	6001	主营业务收入
9	1132	应收利息	32	2202	应付账款	52	6011	其他业务收入
10	1221	其他应收款	33	2203	预收账款	53	6101	公允价值变动损益
11	1231	坏账准备	34	2211	应付职工薪酬	54	6111	投资收益
12	1402	在途物资	35	2221	应交税费	55	6301	营业外收入
13	1403	原材料	36	2231	应付利息	56	6401	主营业务成本
14	1405	库存商品	37	2232	应付股利	57	6402	其他业务成本
15	1411	周转材料	38	2241	其他应付款	58	6403	税金及附加
16	1471	存货跌价准备	39	2501	长期借款	59	6601	销售费用
17	1511	长期股权投资	40	2502	应付债券	60	6602	管理费用
18	1512	长期股权投资减值准备	41	2701	长期应付款	61	6603	财务费用
19	1531	长期应收款			三、共同类（本书不涉及）	62	6701	资产减值损失
20	1601	固定资产			四、所有者权益类	63	6711	营业外支出
21	1602	累计折旧	42	4001	实收资本	64	6801	所得税费用
22	1603	固定资产减值准备	43	4002	资本公积	65	6901	以前年度损益调整
23	1604	在建工程	44	4101	盈余公积			

按照会计科目的经济内容进行分类，遵循了会计要素的基本特征，将各项会计要素的增减变动分门别类地进行归集，清晰反映了企业的财务状况和经营成果。

2. 按会计科目提供指标的详细程度分类

会计科目按其提供信息的详细程度分类，可分为总分类科目和明细分类科目。

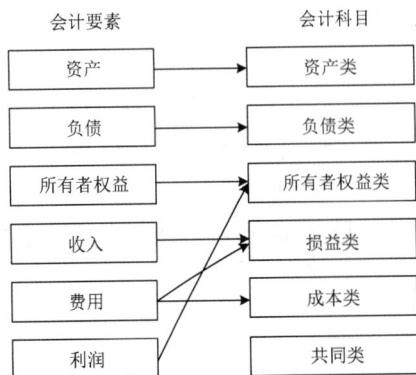

图 3.1　会计要素与会计科目分类的关系

总分类科目也称总账科目或一级科目，是对会计要素的具体内容进行总括分类核算的科目。图 3.1 中所列示的会计科目均为制造企业常用的总分类科目。

明细分类科目也称明细科目或细目，是对会计要素的具体内容做进一步详细分类核算的科目。企业可以在总分类科目下，根据本单位的实际情况和管理工作的需要自行设置明细科目。会计科目的级次如表 3.2 所示。

当某一总分类科目下属的明细分类科目较多时，也可以在总分类科目和明细分类科目之间增设二级科目（也称子目）。

总分类科目、二级科目和明细分类科目共同对某类会计要素的有关项目进行详细程度不同的分类核算，它们之间的关系是前者统驭后者，后者从属于前者。

在不设置二级科目的情况下，总分类科目直接统驭明细科目。

表 3.2　会计科目的级次

总分类科目（一级科目）	二级科目	明细分类科目
库存商品	家用电器	计算机
		电冰箱
		电视机
	鞋子	皮鞋
		运动鞋
		布鞋

★ 提炼点睛 ★

第一层次：会计对象 —细化→ 第二层次：会计要素 —细化→ 第三层次：会计科目 —— 总账科目 —细化→ 明细科目

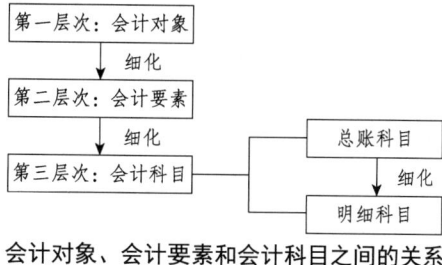

会计对象、会计要素和会计科目之间的关系

二、账户

（一）设置账户的意义

设置会计科目只解决了会计要素具体分类的问题，要想把发生的经济业务连续、系统地记录下来，反映会计要素的增减变动情况，还必须根据会计科目开设账户，通过账户的一定结构和内容来实现。

账户是根据会计科目开设的，具有一定的结构和格式，用于分类反映会计要素增减变动情况及其结果的载体。设置账户是会计核算的重要方法之一。

（二）账户的结构

企业各项经济业务的发生，会引起会计要素增和减两个方向的变化。因此，账户的基本结构相应地分为左方和右方两个部分，一方登记增加，另一方登记减少。至于哪一方登记增加、哪一方登记减少，取决于所记录经济业务的具体内容和采用的记账方法。登记本期增加的金额称为本期增加发生额，登记本期减少的金额称为本期减少发生额，增减相抵后的差额称为余额。余额按照表示的时间不同，分为期初余额和期末余额。其基本关系为

期末余额＝期初余额＋本期增加发生额−本期减少发生额

上式中的四个部分称为账户的四个金额要素。

左方	资产类账户名称（会计科目）	右方
期初余额		
本期增加发生额		本期减少发生额
期末余额		

图 3.2　账户的基本结构

视野拓展

推荐读者课外通过网络搜索并阅读"企业会计准则应用指南——会计科目和主要账务处理"。

为便于教学，账户的基本结构通常用 T 型账户表示，如图 3.2 所示。

在实际工作中，账户的具体结构包括账户名称（会计科目）、记录经济业务的日期、所依据记账凭证的编号、经济业务摘要、增减金额和余额等，如图 3.3 所示。

账 户 名 称						
年	凭	证	摘　　要	左方（增加或减少）	右方（增加或减少）	余　　额
月　日	字	号				

图 3.3　账户的具体结构

（三）账户的分类

1. 按账户反映的经济内容分类

账户按其所反映的经济内容不同，可分为资产类账户、负债类账户、共同类账户、所有者权益类账户、成本类账户和损益类账户等六大类。

资产类账户是反映企业资产增减变动及结余情况的账户，包括反映流动资产的账户和反映非流动资产的账户两类。反映流动资产的账户主要有"库存现金""银行存款""应收账款"等账户；反映非流动资产的账户主要有"长期股权投资""固定资产""无形资产"等账户。

负债类账户是反映企业负债增减变动及结余情况的账户，包括反映流动负债的账户和反映非流动负债的账户两类。反映流动负债的账户主要有"短期借款""应付账款""应付职工薪酬"等账户；反映非流动负债的账户主要有"长期借款""应付债券""长期应付款"等账户。

共同类账户是反映企业共同类增减变动及结余情况的账户，主要包括"衍生工具""套期工具""被套期项目"等账户。

所有者权益类账户是反映企业所有者权益增减变动及结余情况的账户，包括反映投入资本的账户和反映资本积累的账户两类。反映投入资本的账户主要有"实收资本""资本公积"等账户；反映资本积累的账户主要有"盈余公积""本年利润""利润分配"等账户。

成本类账户是用来归集企业生产费用，据以计算产品成本的账户，主要包括"生产成本""制造费用"等账户。

损益类账户是指那些核算内容与损益计算的确定直接相关的账户，包括反映收入和反映费用的账户。反映收入的账户主要有"主营业务收入""营业外收入""投资收益"等账户；反映费用的账户主要有"主营业务成本""营业外支出""管理费用"等账户。

微课
会计账户

2. 按账户提供指标的详细程度分类

账户按其提供指标的详细程度不同，可分为总分类账户和明细分类账户两类。

总分类账户是指根据总分类科目设置的，用于对会计要素具体内容进行总括分类核算的账户，简称总账账户或总账。

明细分类账户是根据明细分类科目设置的，用来对会计要素具体内容进行明细分类核算的账户，简称明细账账户或明细账。

总账称为一级账户，总账以下的账户称为明细账。

三、会计科目与账户的关系

会计科目与账户都是对会计要素具体内容的科学分类，两者口径一致，性质相同，内容相同。会计科目是账户的名称，也是设置账户的依据；账户是根据会计科目开设的，是会计科目的具体运用。没有会计科目，账户便失去了设置的依据；没有账户，就无法发挥会计科目的作用。两者的区别在于：会计科目仅仅是账户的名称，不存在结构；而账户则具有一定的格式和结构。在实际工作中，对会计科目和账户不加严格区分，两者相互通用。

> **★ 提炼点睛 ★**
>
> **会计科目与账户的联系与区别**
>
> 联系：名称相同、内容相同。
>
> 区别：会计科目没有结构，账户有格式与结构。

第二节 复式记账与借贷记账法

一、记账方法的演变

企业进行会计核算，除了要设置会计科目和账户外，还必须采用一定的记账方法。记账方法就是在账簿中登记经济业务的方法。按其记录经济业务的方式不同，记账方法可分为单式记账法和复式记账法两种。记账方法经历了一个由单式记账到复式记账的发展过程。

1. 单式记账法

单式记账法是指对发生的每一项经济业务只在一个账户中进行登记的记账方法。在单式记账法下，通常只登记库存现金、银行存款的收付金额以及债权债务的结算金额，一般不登记实物的收付金额。例如，用银行存款购买材料，只记银行存款的减少，不记原材料的增加。单式记账法是一种较为简单、不完整的记账方法，现在已很少采用。

2. 复式记账法

复式记账法是指对发生的每一项经济业务都要以相等的金额，同时在两个或两个以上相互联系的账户中进行登记的记账方法。例如，用银行存款购买材料，不仅要记银行存款的减少，还要记原材料的增加。复式记账法是一种比较科学的记账方法，它完整地反映了企业经济业务的全貌。

复式记账法按记账符号、记账规则和试算平衡方法的不同，可分为增减记账法、收付记账法和借贷记账法等三种。借贷记账法是当今世界各国运用最广泛、最科学的复式记账法，也是目前我国法定的记账方法。

我国会计准则规定，企业、行政单位和事业单位会计核算采用借贷记账法记账。

> **微课**
>
> 借贷记账法的内容
>
> 借贷记账法的应用

二、借贷记账法的内容及应用

借贷记账法是按照复式记账法的原理，以资产与权益的平衡关系为基础，以"借""贷"二字为记账符号，以"有借必有贷，借贷必相等"为记账规则来登记经济业务的一种记账方法。借贷记账法的基本内容包括以下几项内容。

（一）记账符号

借贷记账法以"借""贷"二字作为记账符号来记录会计要素项目的增减变动。"借""贷"

二字的含义，最初是从借贷资本家的角度来解释的，"借"表示"人欠"，"贷"表示"欠人"。随着商品经济的发展，"借""贷"失去了原来的含义，成为一种纯粹的记账符号，只是用来标明记账方向。

视野拓展

借贷记账法起源于13世纪的意大利，当时意大利北部的威尼斯、热那亚和佛罗伦萨三个港口城市商业比较发达，为了交易的便利，也为了保护货币资金的安全，在这三个城市逐步出现了一些从事放贷和金钱保管业务的借贷资本家。他们在借出金钱时，称为"借"，表示人欠，即债权的增加；在接受委托保管金钱时，称为"贷"，表示欠人，即债务的增加。后来，随着社会经济的发展，经济活动内容日益复杂，记录的经济业务不再局限于货币的借贷和保管业务，逐渐扩展到其他财产物资、经营损益等内容。为求得账簿记录的统一，对于非货币资金业务也采用这种记账方法。随着商品经济的发展，借、贷二字逐渐失去了原来的意义，逐渐成为具有特殊经济含义的复式记账方法。借贷记账法逐步在欧美国家传播，于20世纪初从日本传入我国。

（二）账户结构

前面我们已经说明了账户的结构，并指出在不同的记账方法下，账户的结构有所不同。在借贷记账法下，账户的左方为借方，右方为贷方。但究竟哪一方登记金额的增加，哪一方登记金额的减少，则取决于账户所反映的经济内容和账户的性质。

在借贷记账法下，按账户反映的经济内容设置账户，账户分为资产类、负债类、所有者权益类、收入类、费用类和成本类等六大类。

1. 资产、成本、费用类账户的结构

资产、成本、费用类账户的借方登记增加额，贷方登记减少额。借方增加额合计称为借方发生额，贷方减少额合计称为贷方发生额。余额一般在借方（账户余额一般在增加方，下同）。其账户结构如图3.4所示。

资产、成本、费用这三类账户的期末余额公式为

> 期末余额＝期初借方余额＋本期借方发生额－本期贷方发生额

2. 负债、所有者权益、收入类账户的结构

负债、所有者权益、收入类账户的借方登记减少额，贷方登记增加额。借方减少额合计称为借方发生额，贷方增加额合计称为贷方发生额。余额一般在贷方。其账户结构如图3.5所示。

借方	账户名称（会计科目）	贷方
期初余额		
本期增加额	本期减少额	
本期借方发生额 期末余额	本期贷方发生额	

借方	账户名称（会计科目）	贷方
	期初余额	
本期减少额	本期增加额	
本期借方发生额	本期贷方发生额 期末余额	

图3.4　资产、成本、费用类账户的结构　　　图3.5　负债、所有者权益、收入类账户的结构

负债、所有者权益、收入这三类账户的期末余额公式为

> 期末余额＝期初贷方余额＋本期贷方发生额－本期借方发生额

（三）记账规则

账户结构说明了每个账户所记录的经济内容和记账方向，但将经济业务在有关账户中进行确认与计量，还必须遵循一定的记账规则。

按照复式记账原理，对发生的每一项经济业务都以相等的金额、相反的方向，同时在两个或两个以上相互联系的账户中进行登记，即在记入一个或几个账户借方的同时，记入另一个或几个账户的贷方，并且记入借方与贷方的金额必须相等。因此借贷记账法的记账规则可概括为"有借必有贷，借贷必相等"。

以例 2.1 所列举的 9 种基本经济业务为例，运用借贷记账法记账，其记账规则的对应关系如图 3.6 所示。

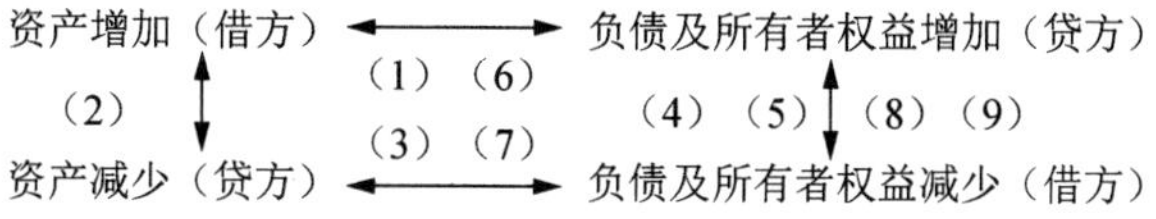

图 3.6　资金运动与记账规则的对应关系

（四）会计分录及对应账户

1. 会计分录的含义

会计分录是对某项经济业务指出其应登记的账户名称、借贷方向和记账金额的一种记录。每笔会计分录都包括账户名称、借贷方向和记账金额等三个要素。运用借贷记账法编制会计分录时，应按照以下步骤进行：①分析经济业务涉及的账户名称；②分析经济业务所涉及账户的性质；③分析经济业务的增减变动情况；④确定记入账户的方向和金额。

> **★ 提炼点睛 ★**
> **会计分录书写规范**
> （1）借方在上，贷方在下，借贷应分行；
> （2）贷方的文字和数字比借方退后两个字符；
> （3）会计分录中的金额单位省略。

【例 3.1】　甲企业从银行提取现金 2 000 元备用，编制会计分录如下。

```
借：库存现金              2 000
    贷：银行存款              2 000
```

2. 会计分录的分类

会计分录分为简单会计分录和复合会计分录两种。简单会计分录是指只涉及两个账户的会计分录，即"一借一贷"的会计分录。复合会计分录是指涉及三个或三个以上账户的会计分录，即"一借多贷""一贷多借""多借多贷"的会计分录。复合会计分录是由若干个简单会计分录合并组成的。

【例 3.2】　甲企业用银行存款购买不需安装的机器设备一台，价值 5 万元（应交增值税略）。编制简单会计分录如下。

```
借：固定资产              50 000
    贷：银行存款              50 000
```

【例 3.3】　甲企业购买原材料，价款 10 万元，用银行存款支付 5 万元，其余暂欠。编制复合会计分录如下。

```
借：原材料               100 000
    贷：银行存款              50 000
```

	应付账款		50 000

3. 对应账户

在一笔会计分录中，两个或两个以上的账户形成了应借应贷的相互关系，这种关系称为账户的对应关系。存在对应关系的账户称为对应账户。如例3.1中"库存现金"账户和"银行存款"账户存在对应关系，这两个账户互为对应账户。

表3.3　总账的期初余额

单位：元

账户名称	借方余额	账户名称	贷方余额
库存现金	3 000	应付账款	6 000
银行存款	150 000	实收资本	360 000
原材料	63 000		
固定资产	150 000		
合　计	366 000	合　计	366 000

（五）记账与结账

【例3.4】　20×5年6月，甲企业总账的期初余额如表3.3所示。根据表3.3中的期初余额和例3.1～例3.3中发生的经济业务，开设并登记T型账户，计算并结出本期发生额及期末余额，如图3.7所示。

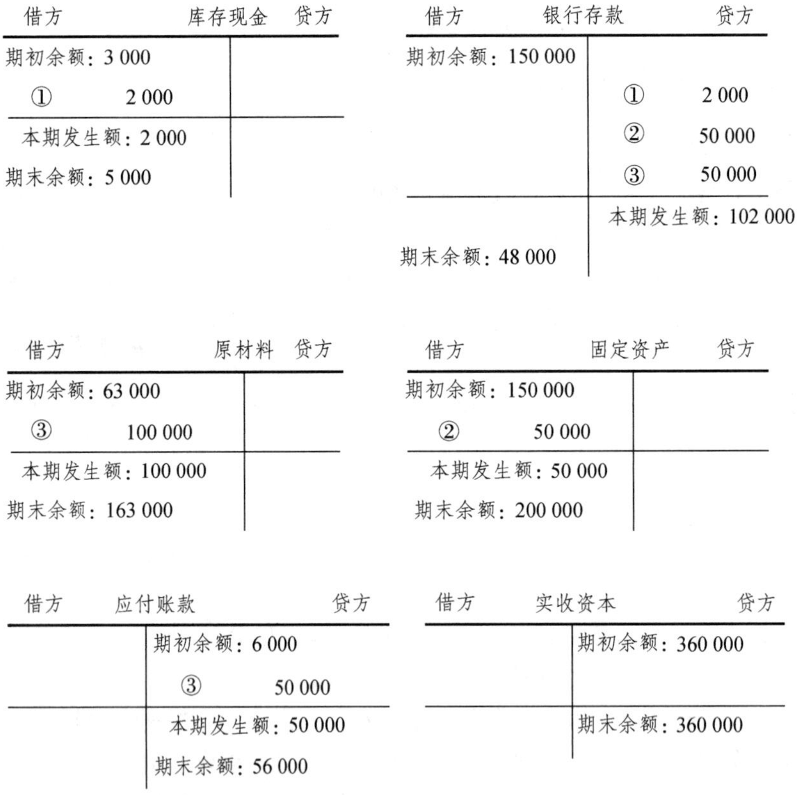

图3.7　甲企业6月T型账户

以上会计分录、记账与结账等内容，是借贷记账法的具体运用。

（六）试算平衡

试算平衡是根据资产与权益的平衡关系，按照记账规则的要求，通过对本期账户的全部记录进行汇总和试算，以检验账户记录正确与否的一种专门方法。借贷记账法的试算平衡有发生额试算平衡法和余额试算平衡法两种。前者以记账规则为直接依据，而后者以会计等式"资产＝负债＋所有者权益"为直接依据。

1. 发生额试算平衡法

发生额试算平衡法是指将全部账户的本期借方发生额和本期贷方发生额分别加总后，利用"有借必有贷，借贷必相等"的记账规则，来检验本期发生额账户记录正确性的一种试算平衡方法。其试算平衡公式为

全部账户本期借方发生额合计 = 全部账户本期贷方发生额合计

2. 余额试算平衡法

余额试算平衡法是指将全部账户的借方期末余额和贷方期末余额分别加总后，利用"资产=负债+所有者权益"的平衡原理，通过账户余额来检查、推断账户记录正确性的一种试算平衡方法。其试算平衡公式为

全部账户的借方期末余额合计 = 全部账户的贷方期末余额合计

在实际工作中，通常通过编制"发生额及余额试算平衡表"同时进行两种试算平衡。

> **总结与说明：**应当指出，试算平衡只是通过借贷金额是否平衡来检查账户记录是否正确。如果借贷不平衡，则可以肯定账户的记录或计算有错误，应进一步查明原因，予以更正，直到实现平衡为止。如果借贷平衡，则一般来说记账正确，但不能肯定记账没有错误。因为有些错误并不影响借贷双方的平衡关系。例如，漏记、重记某项经济业务，应借应贷方向相反，应借应贷科目写错或借贷双方发生同等金额的错误等都难以通过试算平衡检查出来。因此，为了纠正账簿记录的错误，需要对所有的会计记录进行日常或定期的复核，以保证账户记录的正确性。

根据例 3.4 T 型账户的登记结果，编制"发生额及余额试算平衡表"，如表 3.4 所示。

三、总账与明细账的平行登记

平行登记是指在经济业务发生后，以会计凭证为依据，一方面要在有关的总账中进行总括登记，另一方面要在总账所属的明细账中进行详细登记。通过总账和明细账的平行登记，以及期末进行相互核对，可以及时发现错账并予以更正，从而保证账簿记录的正确性。

表 3.4　发生额及余额试算平衡表　　单位：元

账户名称	期 初 余 额		本期发生额		期 末 余 额	
	借　方	贷　方	借　方	贷　方	借　方	贷　方
库存现金	3 000		2 000		5 000	
银行存款	150 000			102 000	48 000	
原材料	63 000		100 000		163 000	
固定资产	150 000		50 000		200 000	
应付账款		6 000		50 000		56 000
实收资本		360 000				360 000
合　　计	366 000	366 000	152 000	152 000	416 000	416 000

1. 平行登记的要点

总账与明细账平行登记的要点如下。

（1）依据相同。每一项经济业务，记入总账和明细账的原始凭证依据必须相同。

（2）期间相同。每一项经济业务，在同一会计期间，一方面要记入有关总账，另一方面也要记入总账所属的有关各明细账。

（3）方向相同。每一项经济业务，记入总账和记入所属明细账的借贷方向必须相同。如果在总账中记入借方，则在所属明细账中也记入借方；如果在总账中记入贷方，则在所属明细账中也记入贷方。

（4）金额相等。每一项经济业务，记入总账中的金额要与记入所属明细账中的金额相等。如果同时涉及该总账的若干明细账，则该总账登记的金额应与各个明细账登记的金额之和相等。

★ **提炼点睛** ★

应付账款总账

	500 000

借：应付账款 —— 甲公司　300 000
　　　　　　　—— 乙公司　200 000
　　贷：银行存款　　　　　 500 000

应付账款 —— 甲公司明细账

	300 000

应付账款 —— 乙公司明细账

	200 000

平行登记的 T 型账户展示

2．平行登记的结果

通过总账和明细账的平行登记，总账的发生额及余额与其所属的明细账的发生额及余额应存在以下相等关系。

总账的期初余额 = 所属明细账的期初余额合计
总账的本期借方发生额 = 所属明细账的本期借方发生额合计
总账的本期贷方发生额 = 所属明细账的本期贷方发生额合计
总账的期末余额 = 所属明细账的期末余额合计

教学做一体化训练

知识测试

一、单项选择题

1．会计科目是（　　　）。

　　A．会计要素的名称　　B．会计报表的项目　　C．账簿的名称　　　　D．账户的名称

2．账户发生额试算平衡是根据（　　　）确定的。

　　A．借贷记账法的记账规则　　　　　　　　B．经济业务的内容

　　C．"资产 = 负债 + 所有者权益"的恒等式　D．经济业务的类型

3．通过复式记账可以了解每一项经济业务的（　　　）。

　　A．合理性　　　　　B．合法性　　　　　C．全貌　　　　　D．经济业务类型

4．下列错误中能够通过试算平衡查找的有（　　　）。

　　A．重记经济业务　　　B．漏记经济业务　　　C．借贷方向相反　　　D．借贷金额不等

5．会计科目是对（　　　）的具体内容进行分类核算的项目。

　　A．经济业务　　　　　B．会计主体　　　　　C．会计对象　　　　　D．会计要素

6．在下列项目中，与管理费用属于同一类科目的是（　　　）。

　　A．无形资产　　　　　B．本年利润　　　　　C．应交税费　　　　　D．投资收益

7．以下（　　　）不是会计科目按其反映的经济内容分类的项目。

　　A．资产类　　　　　　B．所有者权益类　　　C．成本类　　　　　　D．利润类

8．会计科目按其所（　　　）不同，分为总分类科目和明细分类科目。

　　A．反映的会计对象　　　　　　　　　　　B．反映的经济业务

　　C．归属的会计要素　　　　　　　　　　　D．提供信息的详细程度及其统驭关系

9．会计科目按其所（　　　）不同，分为资产类、负债类、所有者权益类、共同类、成本类、损益类等六大类。

　　A．反映的会计对象　　　　　　　　　　　B．反映的经济内容

　　C．归属的会计要素　　　　　　　　　　　D．提供信息的详细程度及其统驭关系

10．"预付账款"科目按其所归属的会计要素不同，属于（　　　）类科目。

　　A．资产　　　　　　　B．负债　　　　　　　C．所有者权益　　　D．成本

二、多项选择题

1．借贷记账法下的试算平衡公式有（　　　）。

　　A．借方科目金额＝贷方科目金额

　　B．借方期末余额＝借方期初余额＋本期借方发生额−本期贷方发生额

　　C．全部账户本期借方发生额合计＝全部账户本期贷方发生额合计

　　D．全部账户的借方期末余额合计＝全部账户的贷方期末余额合计

2．每一笔会计分录都包括（　　　）。

　　A．会计科目　　　　　B．记账方向　　　　　C．金额　　　　　　　D．对应关系

3．借贷记账法下，每一个账户都可以登记的金额要素为（　　　）。

　　A．期初余额　　　　　B．期末余额　　　　　C．本期借方发生额　　D．本期贷方发生额

4．会计账户的各项金额核算指标的关系可用（　　　）表示。

　　A．期末余额＝期初余额＋本期增加发生额−本期减少发生额

　　B．期末余额−期初余额＝本期增加发生额−本期减少发生额

　　C．期末余额−期初余额−本期增加发生额＝本期减少发生额

　　D．期末余额＋本期减少发生额＝期初余额＋本期增加发生额

5．会计账户与会计科目的相互联系在于（　　　）。

　　A．会计账户是根据会计科目开设的

　　B．会计科目是会计账户的名称

　　C．会计账户不仅具有名称，而且具有一定的格式和结构

　　D．会计账户和会计科目的分类口径和核算内容一致

6．下列账户中，借方登记增加的有（　　　）。

　　A．短期借款　　　　　B．应收账款　　　　　C．预付账款　　　　　D．主营业务收入

7．下列应记入借方的有（　　　）。

　　A．资产的增加额　　　　　　　　　　B．负债的增加额

　　C．所有者权益的增加额　　　　　　　D．费用的增加额

8．会计分录应包括的内容有（　　　）。

　　A．记账日期　　　　B．记账方向　　　　C．记账金额　　　　D．应记账户的名称

9．会计账户的结构一般包括的内容有（　　　）。

　　A．账户名称　　　　　　　　　　　　B．日期和凭证编号

　　C．摘要　　　　　　　　　　　　　　D．增加和减少金额及余额

10．下列账户中，期末余额在贷方的有（　　　）。

　　A．资产类账户　　　B．负债类账户　　　C．所有者权益类账户　D．收入类账户

三、判断题

1．所有账户的左边均记录增加额，右边均记录减少额。 （　　　）

2．负债及所有者权益类账户的结构应与资产类账户的结构一致。 （　　　）

3．通过试算平衡检查账簿记录后，若平衡就可以肯定记账没有错误。 （　　　）

4．一级会计科目称为总账科目，二级会计科目称为细目，三级会计科目称为子目。

　（　　　）

5．会计科目的基本结构包括账户、增减金额、余额等。 （　　　）

6．会计科目仅是名称而已，若要体现会计要素的增减变动及变动后的结果则要借助于账户。

　（　　　）

7．对任何一个账户来说，期末余额都等于期初余额+本期增加额−本期减少额。 （　　　）

8．在借贷记账法下，"借"表示增加，"贷"表示减少。 （　　　）

9．借贷记账法的记账规则是"有借必有贷，借贷必相等"。 （　　　）

10．每笔会计分录中，应借应贷的账户之间属于对应账户。 （　　　）

◢◣ 实务操作 ◤◥

实训一　会计科目的分类

（一）实训目的

掌握会计科目的分类。

（二）实训资料

光明有限责任公司20×5年5月31日有关会计资料如表3.5所示。

表3.5　光明有限责任公司有关会计资料

项　目	会计科目	资产类	负债类	所有者权益类	成本类	损益类
1．房屋及建筑物						
2．机器及设备						
3．运输汽车						
4．库存生产用钢材						
5．库存燃料						

项　　目	会计科目	资　产　类	负　债　类	所有者权益类	成　本　类	损　益　类
6. 未完工产品						
7. 库存完工产品						
8. 存放在银行的款项						
9. 出纳人员保管的款项						
10. 应收某公司的货款						
11. 6 个月期的借款						
12. 应付给某公司的货款						
13. 欠缴的税金						
14. 投资者投入的资本						
15. 支付的广告费用						

（三）实训要求

根据以上资料，说明各项目所属的会计科目，同时从会计要素的角度分析各会计科目的类别。

实训二　会计分录的编制

（一）实训目的

掌握会计分录的编制方法。

（二）实训资料

某企业 20×5 年 6 月发生下列经济业务。

（1）投资者追加投资 600 000 元，存入银行。

（2）以银行存款 200 000 元偿还长期借款。

（3）购进设备 120 000 元，以银行存款支付。

（4）向银行借入 3 个月期限的借款 40 000 元，偿还前欠货款。

（5）收回前欠货款 120 000 元，存入银行。

（6）从银行提取现金 4 000 元。

（7）以现金 800 元支付办公费。

（8）生产甲产品领用材料 5 000 元。

（9）以银行存款 32 000 元支付水电费。

（10）以银行存款 120 000 元购买材料。

（三）实训要求

分析以上各项经济业务，说明经济业务发生后引起了哪些会计要素的变动，并编制会计分录，填入表 3.6。

表 3.6　会计要素的变动及会计分录

序　　号	会计要素的变动	会　计　分　录
（1）		

序　号	会计要素的变动	会计分录
（2）		
（3）		
（4）		
（5）		
（6）		
（7）		
（8）		
（9）		
（10）		

实训三　借贷记账法的应用

（一）实训目的

能运用借贷记账法编制会计分录，登记 T 型账户，并进行试算平衡。

（二）实训资料

北海有限责任公司 20×5 年 6 月期初余额及发生的经济业务如下。

1. 北海有限责任公司 20×5 年 6 月有关账户的期初余额如表 3.7 所示。

2. 该公司6月发生下列经济业务。

（1）从银行提取现金 500 元。

（2）收到投资者投资 30 000 元。

（3）生产产品领用原材料 21 000 元。

（4）用银行存款缴清上月欠缴税金 8 800 元。

（5）收回昆山公司前欠货款 15 000 元，存入银行。

（6）向银行借入长期借款 200 000 元，存入银行。

（7）用银行存款购入机器一台，计价 180 000 元。

（8）向东风公司购入原材料 34 000 元，货款尚未支付。

（9）用银行存款偿还前欠振东公司货款 24 000 元。

（10）本月完工产品验收入库，成本 38 000 元。

表 3.7 北海有限责任公司 20×5 年 6 月 有关账户的期初余额 单位：元

账　　户	借方余额	账　　户	贷方余额
库存现金	800	应付账款	54 000
银行存款	30 000	短期借款	13 000
原材料	90 000	应交税费	8 800
生产成本	40 000	实收资本	680 000
库存商品	20 000	盈余公积	40 000
应收账款	35 000	本年利润	20 000
固定资产	600 000		
合　　计	815 800	合　　计	815 800

（三）实训要求

1. 根据 6 月发生的经济业务，编制会计分录，填入表 3.8 中。

表 3.8 经济业务的会计分录

序　号	摘　　要	会 计 分 录
（1）		
（2）		
（3）		
（4）		
（5）		
（6）		

续表

序　　号	摘　　要	会 计 分 录
（7）		
（8）		
（9）		
（10）		

2. 开设 T 型账户，登记期初余额及本期发生额，并结出期末余额，填入图 3.8 中。

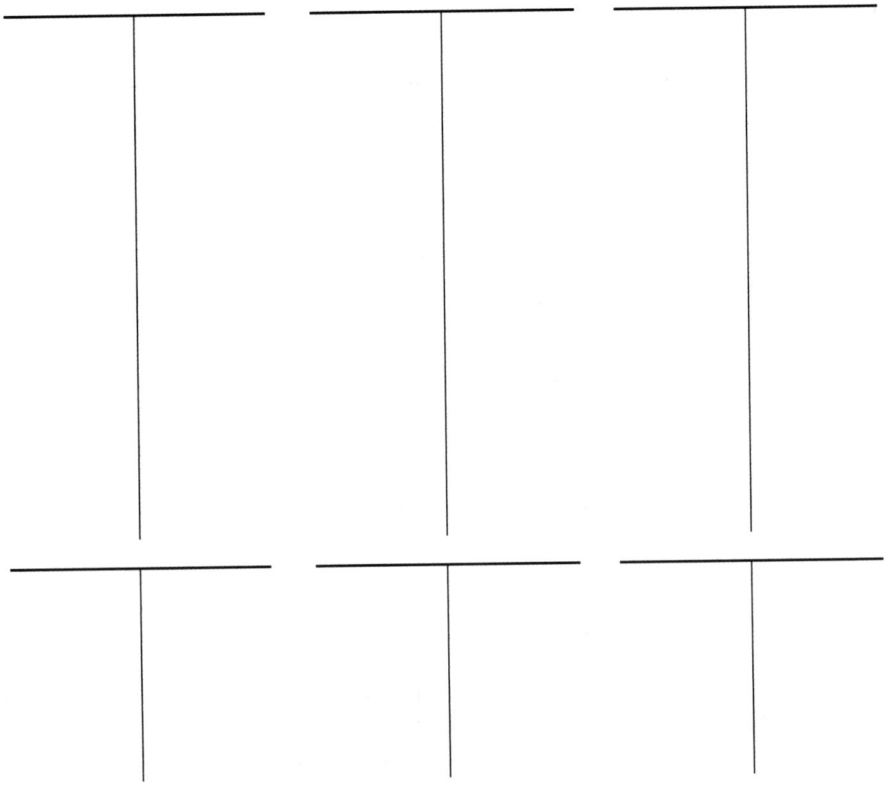

图 3.8　各项经济业务的 T 型账户

图 3.8　各项经济业务的 T 型账户（续）

3. 编制发生额及余额试算平衡表，填入表 3.9 中。

表 3.9　发生额及余额试算平衡表

账 户 名 称	期 初 余 额		本 期 发 生 额		期 末 余 额	
	借　方	贷　方	借　方	贷　方	借　方	贷　方
合　　计						

第四章 企业基本经济业务的核算

【学习目标】

【知识目标】

了解制造企业的主要生产经营过程；掌握制造企业基本经济业务的账务处理，强化借贷记账法的应用。

【能力目标】

能熟练运用借贷记账法对制造企业的基本经济业务进行账务处理。

👓 视野拓展

制造业的资金运动

以制造业为例，资金运动分为资金的投入、资金的循环、资金的退出三个基本环节。

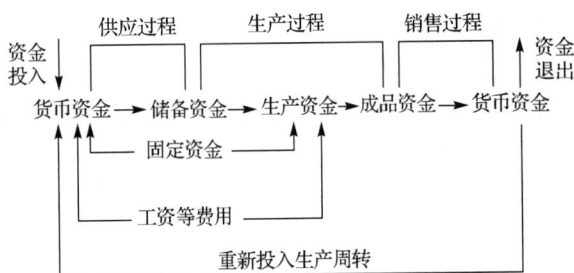

（1）资金的投入。资金的投入是资金运动的起点，也是企业资金筹集的过程，包括所有者的资金投入和债权人的资金投入。前者构成了企业的所有者权益，后者构成了企业的债权人权益，即企业的负债。投入企业的资金一部分形成流动资产，另一部分形成固定资产等非流动资产。

（2）资金的循环。资金投入企业后，依次进入供应过程、生产过程和销售过程，资金形态依次由货币资金转化为储备资金、生产资金和成品资金，随着产品出售又转化为货币资金，这个过程称为资金循环，资金的不断循环则称为资金周转。

（3）资金的退出。资金的退出是资金运动的终点，主要包括偿还各项债务、缴纳各种税费及向所有者分配利润等。这使一部分资金离开企业，游离于企业资金运动以外。

第一节 资金筹集业务的核算

企业作为独立核算、自负盈亏的实体，必须拥有一定数量的资金。有了资金，企业才能开展正常的生产经营活动。企业进行生产经营活动所需要的资金，其筹集渠道尽管多种多样，但无非有两类：一是投资者投入；二是向债权人借入。

一、投资者投入资金的核算

（一）账户设置

为了核算和监督投资人的投资，应设置两个主要账户："实收资本"（股份有限公司为"股本"）账户和"资本公积"账户。同时，在投资过

> 微课
> 资金筹集业务的核算

程中还涉及"银行存款""固定资产""无形资产"等账户。

1. "实收资本（股本）"账户

（1）性质：所有者权益类账户。

（2）核算内容：核算投资者按照企业章程的规定投入企业的资本。

（3）结构：贷方登记投资者投入企业的资本，以及按规定用资本公积金、盈余公积金转增资本的数额，借方登记因减资退还的资本金；余额在贷方，表示企业实际拥有的资本数额。

（4）明细设置：本账户按投资者设置明细账，进行明细分类核算。

2. "资本公积"账户

（1）性质：所有者权益类账户。

（2）核算内容：核算企业收到投资者出资超出其在注册资本或股本中所占份额的部分。直接计入所有者权益的利得和损失，也在本账户核算。

（3）结构：贷方登记形成的资本公积的数额，借方登记转增资本的数额；余额在贷方，表示资本公积的结存数额。

（4）明细设置：本账户按资本公积的项目设置明细账，进行明细分类核算。

3. "银行存款"账户

（1）性质：资产类账户。

（2）核算内容：核算企业存入银行和其他金融机构的各种存款。

（3）结构：借方登记银行存款的增加，贷方登记银行存款的减少；余额在借方，表示银行存款的实有数额。

（4）明细设置：本账户不设置明细账，但应按开户银行及银行存款的种类分别设置"银行存款日记账"。

4. "固定资产"账户

（1）性质：资产类账户。

（2）核算内容：核算企业持有的固定资产原价。

（3）结构：借方登记增加的固定资产原价，贷方登记减少的固定资产原价；余额在借方，表示企业现有固定资产的原价。

（4）明细设置：按固定资产类别、使用部门和每项固定资产进行明细分类核算。

5. "无形资产"账户

（1）性质：资产类账户。

（2）核算内容：核算企业持有的没有实物形态的非货币性长期资产，包括专利权、商标权、著作权、土地使用权、非专利技术等。

（3）结构：借方登记无形资产的增加，贷方登记无形资产的减少；余额在借方，表示无形资产的实有数额。

（4）明细设置：本账户按无形资产的项目设置明细账，进行明细分类核算。

> **视野拓展**
>
> 掌握一个账户需要从以下四个方面入手：一是账户性质；二是核算内容；三是账户结构；四是明细设置。

（二）业务核算

【例4.1】 海天有限责任公司收到甲公司投入的货币资金400 000元，存入银行；收到乙公司投入的固定资产，经评估确认为200 000元；收到丙公司投入的专利权，经评估确认为100 000元。

这三项经济业务使企业的银行存款增加400 000元、固定资产增加200 000元、无形资产增加100 000元，应分别记入"银行存款""固定资产""无形资产"账户的借方；同时，企业的实收资本增加700 000元，应记入"实收资本"账户的贷方。其账务处理如下。

```
借：银行存款              400 000
    固定资产              200 000
    无形资产              100 000
    贷：实收资本                     700 000
```

【例4.2】 海天有限责任公司原由甲、乙、丙3个投资者组成，分别投资400 000元、200 000元和100 000元。经营1年以后，丁投资者愿意加入该企业。经协商，企业将注册资本增加到1 000 000元，丁出资500 000元取得30%的股份。

> **★提炼点睛★**
>
> 投资者投入资本超过注册资本或者股本部分的金额，即溢价部分，计入资本公积。

这项经济业务使企业的银行存款增加500 000元，应记入"银行存款"账户的借方；同时，企业的实收资本增加300 000元、资本公积增加200 000元，应分别记入"实收资本""资本公积"账户的贷方。其账务处理如下。

```
借：银行存款              500 000
    贷：实收资本                     300 000
        资本公积                     200 000
```

二、向债权人借入资金的核算

（一）账户设置

企业为进行生产经营活动，除了要吸收投资人的投资以外，还经常需要向银行或非银行金融机构借款。企业的借款按偿还时间的长短，分为短期借款和长期借款。短期借款主要用于企业生产经营周转对资金的需要，偿还期限在1年以内（含1年），形成流动负债；长期借款主要是为了增添大型设备、购置房地产、进行技术改造等，偿还期限在1年以上，形成长期负债。其设置的账户如下。

1. "短期借款"账户

（1）性质：负债类账户。

（2）核算内容：核算企业向银行或其他金融机构等借入的期限在1年以内（含1年）的各种借款。

（3）结构：贷方登记取得的借款数额，借方登记已归还的借款数额；余额在贷方，表示尚未归还的借款数额。

（4）明细设置：本账户按借款种类设置明细账，进行明细分类核算。

2. "长期借款"账户

（1）性质：负债类账户。

（2）核算内容：核算企业向银行或其他金融机构等借入的期限在 1 年以上（不含 1 年）的各种借款。

（3）结构：贷方登记取得借款的本金和应计利息，借方登记偿还借款的本息；余额在贷方，表示尚未归还的本息。

（4）明细设置：本账户按借款单位和借款种类设置明细账，进行明细分类核算。

3. "财务费用"账户

（1）性质：损益类账户。

（2）核算内容：核算企业为筹集生产经营所需资金等而发生的费用，包括利息支出（减利息收入）、汇兑损失（减汇兑收益）以及相关的手续费等。

（3）结构：借方登记发生的利息支出、汇兑损失及相关的手续费，贷方登记利息收入、汇兑收益及期末结转数；期末，本账户余额应转入"本年利润"账户，结转后本账户应无余额。

（4）明细设置：本账户按费用项目设置明细账，进行明细分类核算。

（二）业务核算

【例4.3】 海天有限责任公司向银行借入生产经营资金 100 000 元，年利率为 6%，期限为 6 个月，每月付息，到期还本，款项已存入银行。

这项经济业务使企业的银行存款增加 100 000 元，应记入"银行存款"账户的借方；同时，企业的短期借款也增加 100 000 元，应记入"短期借款"账户的贷方。其账务处理如下。

借：银行存款　　　　　　　　　　　　　　100 000

　　贷：短期借款　　　　　　　　　　　　　100 000

【例4.4】 接例 4.3，每月支付利息 500 元，用银行存款支付。

这项经济业务使企业的财务费用每月增加 100 000×6%÷12=500 元，应记入"财务费用"账户的借方；同时，企业的银行存款减少 500 元，应记入"银行存款"账户的贷方。其账务处理如下。

借：财务费用　　　　　　　　　　　　　　500

　　贷：银行存款　　　　　　　　　　　　　500

【例4.5】 接例 4.4，海天有限责任公司以银行存款归还到期的短期借款 100 000 元。

这项经济业务使企业的短期借款减少 100 000 元，应记入"短期借款"账户的借方；同时，企业的银行存款减少 100 000 元，应记入"银行存款"账户的贷方。其账务处理如下。

借：短期借款　　　　　　　　　　　　　　100 000

　　贷：银行存款　　　　　　　　　　　　　100 000

【例4.6】 海天有限责任公司向银行借入长期借款 1 000 000 元，用于改造一条生产线，期限为 3 年，年利率为 5%，款项已存入银行。

这项经济业务使企业的银行存款增加 1 000 000 元，应记入"银行存款"账户的借方；同时，企业的长期借款也增加 1 000 000 元，应记入"长期借款"账户的贷方。其账务处理如下。

借：银行存款　　　　　　　　　　　　　　1 000 000

　　贷：长期借款　　　　　　　　　　　　　1 000 000

学中做

例 4.3～例 4.5 中，若到期一次还本付息，按月预提利息，应怎样进行账务处理？

若短期借款利息需要预提，预提利息时借记"财务费用"账户，贷记"应付利息"账户；支付已预提利息时，借记"应付利息"账户，贷记"银行存款"账户。

（1）借入时，借：银行存款　　　　　　100 000

　　　　　　　　贷：短期借款　　　　　　100 000

（2）每月预提利息时，借：财务费用　　　　　500

　　　　　　　　　贷：应付利息　　　　　　500

（3）支付已预提利息时，借：应付利息　　　　3 000

　　　　　　　　　贷：银行存款　　　　　3 000

（4）还本时，借：短期借款　　　　　　100 000

　　　　　　　贷：银行存款　　　　　　100 000

第二节　供应过程业务的核算

一、账户设置

制造企业的材料采购业务，主要是采购生产需要的各种材料物资，为生产经营活动的正常进行做好准备工作。为了加强对企业材料采购的管理，反映库存材料增减变动及结余情况，监督材料的保管和使用，材料采购业务的核算应设置如下账户。

微课

供应过程业务的核算

1. "在途物资"账户

（1）性质：资产类账户。

（2）核算内容：核算企业采用实际成本进行材料等物资的日常核算时，已采购但尚未验收入库的各种物资的采购成本。

（3）结构：借方登记购入的在途物资的实际成本，贷方登记验收入库的在途物资的实际成本；余额在借方，反映在途物资的采购成本。

（4）明细设置：本账户按供应单位和购入材料的类别或品种设置明细账，进行明细分类核算。

2. "原材料"账户

（1）性质：资产类账户。

（2）核算内容：核算企业库存的各种原材料，包括原料及主要材料、辅助材料、外购半成品、修理用备件、包装材料、燃料等的计划成本或实际成本。

（3）结构：借方登记入库材料的成本，贷方登记出库材料的成本；余额在借方，表示结存材料的成本。

（4）明细设置：本账户按材料的保管地点（仓库）及材料的类别、品种和规格设置明细账，进行明细分类核算。

视野拓展

材料的采购成本包括买价和采购费用两部分，其中采购费用又包括途中运杂费、入库前的整理挑选费、运输途中的合理损耗以及购入材料应负担的税金、其他费用等。

3. "应付账款"账户

（1）性质：负债类账户。

（2）核算内容：核算企业因购买材料、商品和接受劳务等而应付给供应单位的款项。

（3）结构：贷方登记因购买材料、商品和接受劳务供应等而发生的应付未付款项，借方登记偿还的应付款项；余额在贷方，表示尚未偿还的应付款项。

（4）明细设置：本账户按供应单位设置明细账，进行明细分类核算。

4．"应付票据"账户

（1）性质：负债类账户。

（2）核算内容：核算企业因购买材料、商品和接受劳务等而开出、承兑的商业汇票，包括银行承兑汇票和商业承兑汇票。

（3）结构：贷方登记开出、承兑的商业汇票，借方登记到期付款或转出的商业汇票；余额在贷方，表示尚未到期的商业汇票。

（4）明细设置：企业应设置"应付票据备查簿"，详细登记每一应付票据的种类、号数、签发日期、到期日、票面金额和票面利率等相关资料。应付票据到期结清时，应当在备查簿内逐笔注销。

5．"应交税费"账户

（1）性质：负债类账户。

（2）核算内容：核算企业应缴纳的各种税费，如增值税、消费税、企业所得税、城市维护建设税、教育费附加等。企业代扣代缴的个人所得税，也通过本账户核算，而企业缴纳的印花税、耕地占用税等不需要预计应交数的税金，不在本账户核算。

（3）结构：贷方登记应缴纳的各种税费，借方登记实际缴纳的税费；余额一般在贷方，表示尚未缴纳的税费，如余额在借方，则表示多交或尚未抵扣的税费。

（4）明细设置：本账户按应交税费项目设置明细账，进行明细分类核算。

本章中材料采购业务和产品销售业务涉及本账户的内容主要是有关应交增值税的账务处理。

根据经营规模大小及会计核算的健全程度，增值税纳税人分为一般纳税人和小规模纳税人。一般纳税人计算增值税大多采用一般计税方法，小规模纳税人计算增值税一般采用简易计税方法。

一般纳税人是指应税销售额超过财政部、国家税务总局规定标准的增值税纳税人。增值税的一般计税方法，是先按当期销售额和适用的税率计算出销项税额，然后以该销项税额对当期购进项目支付的税款（即进项税额）进行抵扣，间接计算出当期的应纳税额。应纳税额的计算公式为

应纳税额＝当期销项税额－当期进项税额

小规模纳税人是指年应税销售额未超过规定标准，并且会计核算不健全，不能够提供准确税务资料的增值税纳税人。增值税的简易计税方法，是按照销售额与征收率的乘积计算应纳税额，不得抵扣进项税额。应纳税额的计算公式为

应纳税额＝销售额×征收率

6．"预付账款"账户

（1）性质：资产类账户。

（2）核算内容：核算企业因购买材料、商品或接受劳务，按购货合同规定预付给供应单位的款项。

（3）结构：借方登记企业因购货而预付或补付给供应单位的款项，贷方登记所购材料、商品或接受劳务的金额及退回多付的款项；余额在借方，表示实际预付的款项，如余额在贷方，则表示企业尚未补付的款项。

（4）明细设置：本账户按供应单位设置明细账，进行明细分类核算。

预付款项不多的企业，也可以将预付的款项直接记入"应付账款"账户的借方，不设本账户。

二、业务核算

企业外购材料物资的业务，由于距离采购地点远近不同、货款结算方式不同等，可能会导致材料的入库和货款的支付不在同一时间完成。此外，还存在以预付账款购货等情况。这就需要根据具体情况，分别进行会计账务处理。

1. 货款已支付或已开出并承兑商业汇票，同时材料验收入库

【例4.7】 海天有限责任公司为一般纳税人，从甲公司购入A材料10吨，单价2 000元/吨，增值税进项税额2 600元；从乙公司购入B材料20吨，单价1 500元/吨，增值税进项税额3 900元。货款及增值税均用银行存款付清，材料验收入库。

这两项经济业务使企业的原材料实际成本增加50 000元，其中A材料增加20 000元、B材料增加30 000元，应记入"原材料"账户的借方；购入材料支付的增值税进项税6 500元，应记入"应交税费——应交增值税（进项税额）"账户的借方；同时，企业的银行存款减少56 500元，应记入"银行存款"账户的贷方。其账务处理如下。

```
借：原材料——A材料            20 000
        ——B材料            30 000
    应交税费——应交增值税（进项税额）    6 500
    贷：银行存款                   56 500
```

2. 材料已验收入库，货款尚未支付

【例4.8】 海天有限责任公司从华光股份有限责任公司购入一批C材料，价款20 000元，增值税进项税额2 600元，运杂费2 000元。款项尚未支付，材料已验收入库。

这项经济业务使企业的原材料成本增加22 000元，应记入"原材料"账户的借方；支付的增值税进项税2 600元，应记入"应交税费——应交增值税（进项税额）"账户的借方；同时，应付账款增加24 600元，应记入"应付账款"账户的贷方。其账务处理如下。

```
借：原材料——C材料            22 000
    应交税费——应交增值税（进项税额）    2 600
    贷：应付账款                   24 600
```

支付货款时，其账务处理如下。

```
借：应付账款                24 600
    贷：银行存款                   24 600
```

3. 货款已支付或已开出并承兑商业汇票，材料尚未验收入库

【例4.9】 海天有限责任公司从海宇有限责任公司购入A材料10吨，单价2 000元/吨，增值税进项税额2 600元。开出并承兑商业汇票一张，期限为3个月。材料尚未验收入库。

这项经济业务使企业的在途材料物资增加 20 000 元，应记入"在途物资"账户的借方；支付的增值税进项税 2 600 元，应记入"应交税费——应交增值税（进项税额）"账户的借方；同时，应付票据增加 22 600 元，应记入"应付票据"账户的贷方。其账务处理如下。

借：在途物资——A 材料　　　　　　　20 000
　　应交税费——应交增值税（进项税额）　2 600
　　贷：应付票据　　　　　　　　　　　　22 600

该材料运达企业并验收入库时，其账务处理如下。

借：原材料——A 材料　　　　　　　　20 000
　　贷：在途物资——A 材料　　　　　　20 000

4. 以预付账款购货

以预付账款购货是预先支付给供应单位一笔货款，等购货之后再进行结算，多退少补。

【例 4.10】　海天有限责任公司从 B 公司采购一批 D 材料，所需支付的价款总额为 50 000 元，按照合同规定预付给供应单位 20 000 元，验收货物后补付其余款项。

（1）预付 20 000 元货款时，预付账款增加 20 000 元，应记入"预付账款"的借方；同时，银行存款减少 20 000 元，应记入"银行存款"账户的贷方。其账务处理如下。

借：预付账款　　　　　　　　20 000
　　贷：银行存款　　　　　　　20 000

（2）收到 B 公司发来的 D 材料，经验收无误入库，增值税专用发票上注明价款 50 000 元，增值税进项税额 6 500 元。

这项经济业务使企业的原材料增加 50 000 元，应记入"原材料"账户的借方；支付的增值税进项税 6 500 元，应记入"应交税费——应交增值税（进项税额）"账户的借方；同时，预付账款减少 56 500 元，应记入"预付账款"账户的贷方。其账务处理如下。

借：原材料——D 材料　　　　　　　50 000
　　应交税费——应交增值税（进项税额）　6 500
　　贷：预付账款　　　　　　　　　　56 500

（3）以银行存款补付不足款项 36 500 元。

这项经济业务使企业的银行存款减少 36 500 元，应记入"银行存款"账户的贷方；同时转销"预付账款"账户的贷方余额 36 500 元。其账务处理如下。

借：预付账款　　　　　　　36 500
　　贷：银行存款　　　　　　36 500

例 4.10 中的经济业务登记的"预付账款"账户如图 4.1 所示。

预付账款	
期初余额：0	② 56 500
① 20 000	
③ 36 500	
期末余额：0	

图 4.1　预付账款账户

第三节　生产过程业务的核算

一、账户设置

制造企业的生产业务是将采购的原材料加工成产品，在加工过程中，要消耗材料物资、

微课

生产过程业务的核算

耗费工人和管理人员的劳动、磨损机器设备等，从而形成了企业的生产费用。这些生产费用有的是直接为生产产品而发生的，有的是间接为生产产品而发生的，它们最终应归集分配到各种产品成本中，构成产品成本。对于生产经营期间发生的为了维持一定生产经营能力的费用，如管理费用、财务费用等，应当作为期间费用直接计入当期损益，不能计入产品成本。

为正确、合理地归集和分配各项生产费用，及时计算各种产品成本，正确核算管理费用和财务费用，在生产业务核算中应设置如下账户。

1. "生产成本"账户

（1）性质：成本类账户。

（2）核算内容：核算企业进行工业生产，包括生产各种产品（产成品、自制半成品、提供劳务等）、自制材料、自制工具、自制设备等所发生的各项生产费用。

（3）结构：借方登记企业在产品生产过程中所发生的各项生产费用，贷方登记转出的完工产品实际成本；期末如有借方余额，表示尚未完工在产品的实际成本。

（4）明细设置：本账户按产品的种类设置明细账，进行明细分类核算。

2. "制造费用"账户

（1）性质：成本类账户。

（2）核算内容：核算企业生产车间（分厂）为生产产品和提供劳务而发生的各项间接费用，包括车间管理人员的薪酬、车间固定资产的折旧费、车间办公费、水电费、机物料消耗、劳动保护费、季节性和修理期间的停工损失等。

（3）结构：借方登记车间（分厂）发生的各项间接费用，贷方登记期末分配转入生产成本的金额，期末结转后一般没有余额。

（4）明细设置：本账户按不同的生产车间（分厂）及制造费用的项目设置明细账，进行明细分类核算。

3. "管理费用"账户

（1）性质：损益类账户。

（2）核算内容：核算企业为组织和管理生产经营所发生的各种费用，包括企业在筹建期间内发生的开办费、董事会和行政管理部门在企业的经营管理中发生的以及应由企业统一负担的公司经费（包括行政管理部门职工薪酬、物料消耗、低值易耗品摊销、办公费和差旅费等）、行政管理部门负担的工会经费、董事会费（包括董事会成员津贴、会议费和差旅费等）、聘请中介机构费、咨询费（含顾问费）、诉讼费、业务招待费、技术转让费、研究费用等。

（3）结构：借方登记发生的各项管理费用，贷方登记期末转入"本年利润"账户的数额，期末结转后本账户应无余额。

（4）明细设置：本账户按管理费用的项目设置明细账，进行明细分类核算。

4. "应付职工薪酬"账户

（1）性质：负债类账户。

（2）核算内容：核算企业根据有关规定应付给职工的各种薪酬的计提、结算、使用等情况。

（3）结构：贷方登记应付给职工的薪酬总额，借方登记实际支付的职工薪酬数额，期末贷方余额表示企业应付未付的职工薪酬。

（4）明细设置：企业应当按照工资、职工福利费、社会保险费、住房公积金、工会经费、职工教育经费、非货币性福利等项目设置明细账，进行明细分类核算。

5."累计折旧"账户

（1）性质：资产类账户。

（2）核算内容：核算企业固定资产的累计折旧。

（3）结构：贷方登记固定资产因计提折旧而减少的金额，即固定资产折旧的增加金额；借方登记各种原因转出固定资产（如出售、报废、盘亏等）注销的折旧，即已提固定资产折旧的减少或转销数额；余额在贷方，表示现有固定资产已计提的累计折旧额。

（4）本账户只进行总分类核算，不进行明细分类核算。需要查明某项固定资产的已提折旧，可以根据固定资产卡片上所记载的该项固定资产原价、折旧率和实际使用年数等资料进行计算。

📖 视野拓展

企业固定资产在使用过程中磨损的价值是通过计提折旧的方式逐步转移到产品成本或期间费用中去的。因此，计提折旧就表明生产费用或期间费用的增加。同时，由于固定资产发生了磨损，固定资产的价值也相应减少，但因固定资产使用过程中原有的实物形态基本不变，且"固定资产"账户要反映固定资产的原价，故其减少金额通过"累计折旧"账户来核算。用"固定资产"账户借方余额的原始价值减去"累计折旧"账户贷方余额的累计折旧，就是固定资产净值。

6."库存商品"账户

（1）性质：资产类账户。

（2）核算内容：核算企业库存的各种商品的成本，包括自制产成品、外购商品等。

（3）结构：借方登记外购和自制入库的各种商品的实际成本，贷方登记出库的各种商品的实际成本；余额在借方，表示库存的各种商品的实际成本。

（4）明细设置：本账户按库存商品的种类、品种和规格设置明细账，进行明细分类核算。

📖 视野拓展

企业发生的费用包括生产费用和期间费用两部分。其中，生产费用又分为直接费用（直接材料、直接人工等）和间接费用（制造费用），直接费用直接计入生产成本，间接费用分配计入生产成本；期间费用包括管理费用、财务费用和销售费用，不计入生产成本，直接计入当期损益。

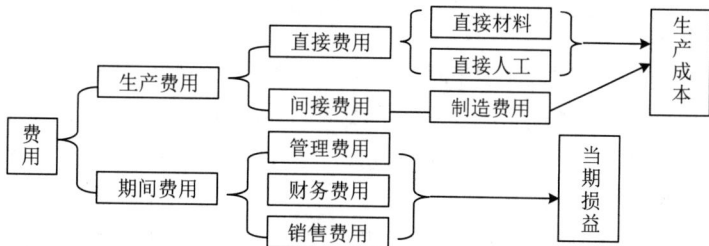

二、存货发出的计价方法

存货发出的计价方法包括先进先出法、月末一次加权平均法、移动加权平均法和个别计价法等。

1. 先进先出法

先进先出法是指以先入库的材料先发出这种实物流转假设为前提，对发出存货进行计价的一种方法。采用先进先出法，在物价发生变动时，期末存货的成本接近现行市价，能比较真实地反映期末存货的实际价值。

【例4.11】天润有限责任公司采用先进先出法计算发出材料的成本，其中A材料20×5年6月明细账如图4.2所示。

原材料明细账

部类_____ 产地_____ 单位 千克 规格_____ 品名 A材料

20×5年 月	日	凭证字号	摘要	收入 数量	收入 单价	收入 金额	发出 数量	发出 单价	发出 金额	结存 数量	结存 单价	结存 金额
6	1		期初余额							1 000	40	40 000 00
	5		购入	1 000	45	45 000 00				1 000	40	40 000 00
										1 000	45	45 000 00
	12		发出				1 000	40	40 000 00			
							200	45	9 000 00	800	45	36 000 00
	22		购入	1 000	43	43 000 00				800	45	36 000 00
										1 000	43	43 000 00
	28		发出				800	45	36 000 00			
							200	43	8 600 00	800	43	34 400 00
	30		本月合计	2 000		88 000 00	2 200		93 600 00	800	43	34 400 00

图4.2 A材料明细账

2. 月末一次加权平均法

月末一次加权平均法是指以存货期初结存数量和本期收入数量为权数计算平均单位成本的一种方法。其计算公式如下。

$$加权平均单位成本=\frac{月初库存存货实际成本+本月增加存货实际成本}{月初库存存货数量+本月增加存货数量}$$

月末库存存货成本＝月末库存存货数量×加权平均单位成本

本月发出存货成本＝月初库存存货成本＋本月收入存货成本－月末库存存货成本

考虑到加权平均单位成本可能是约数，为了保证账面数字之间的平衡关系，一般采用倒挤成本法计算发出存货成本。

月末一次加权平均法的优点在于平时只登记发出数量，不登记金额，月末一次计算加权平均单价，确定本期发出存货和期末库存存货的成本，比较简单；在市场价格出现波动时，对存货成本的分摊比较平均。缺点是月末工作量较大，平时企业无法掌握库存存货的单价和金额，不利于加强存货管理。

【例4.12】接例4.11，天润有限责任公司若采用月末一次加权平均法计算发出材料的成本，其中A材料明细账如图4.3所示。

A材料加权平均单位成本＝（40 000+88 000）÷（1 000+2 000）=42.67（元）

月末库存材料成本=800×42.67=34 136（元）

本月发出材料成本=40 000+88 000−34 136=93 864（元）

原材料明细账

部类＿＿＿＿＿　　产地＿＿＿＿＿＿　　单位　**千克**　　规格＿＿＿＿＿＿　　品名　**A材料**

20×5年 月	日	凭证字号	摘要	收入 数量	收入 单价	收入 金额	发出 数量	发出 单价	发出 金额	结存 数量	结存 单价	结存 金额
6	1		期初余额							1 000	40	40 000 00
	5		购入	1 000	45	45 000 00				2 000		
	12		发出				1 200			800		
	22		购入	1 000	43	43 000 00				1 800		
	28		发出				1 000			800		
	30		本月合计	2 000		88 000 00	2 200		93 864 00	800	42.67	34 136 00

图 4.3　A 材料明细账

3. 移动加权平均法

移动加权平均法是指以本次进货的成本加上原有库存存货实际成本，除以本次增加存货数量加上原有库存存货数量，据以计算加权平均单位成本，作为在下次进货前计算各次发出存货单位成本的一种方法。其计算公式如下。

$$加权平均单位成本 = \frac{原有库存存货实际成本 + 本次增加存货实际成本}{原有库存存货数量 + 本次增加存货数量}$$

$$本次发出存货成本 = 本次发出存货数量 × 本次发货前的加权平均单位成本$$

$$本次发货后结存存货成本 = 本次发货前结存存货成本 − 本次发出存货成本$$

移动加权平均法的优点是能随时掌握库存存货的金额和单价，便于进行实物管理。缺点是每购入一次存货，都要重新计算一次加权平均成本，工作量较大。

【例 4.13】　接例 4.12，天润有限责任公司若采用移动加权平均法计算发出材料的成本，其中 A 材料明细账如图 4.4 所示。

原材料明细账

部类＿＿＿＿＿　　产地＿＿＿＿＿＿　　单位　**千克**　　规格＿＿＿＿＿＿　　品名　**A材料**

20×5年 月	日	凭证字号	摘要	收入 数量	收入 单价	收入 金额	发出 数量	发出 单价	发出 金额	结存 数量	结存 单价	结存 金额
6	1		期初余额							1000	40	40 000 00
	5		购入	1 000	45	45 000 00				2 000	42.5	85 000 00
	12		发出				1 200	42.5	51 000 00	800	42.5	34 000 00
	22		购入	1 000	43	43 000 00				1 800	42.78	77 000 00
	28		发出				1 000	42.78	42 780 00	800	42.78	34 220 00
	30		本月合计	2 000		88 000 00	2 200		93 780 00	800	42.78	34 220 00

图 4.4　A 材料明细账

6 月 5 日购入材料后的单位成本=（40 000+45 000）÷（1 000+1 000）=42.5（元）

6 月 12 日发出材料成本=1 200×42.5=51 000（元）

6 月 12 日发出材料后结存材料成本=85 000−51 000=34 000（元）

6月22日购入材料后的单位成本=（34 000+43 000）÷（800+1 000）=42.78（元）

6月28日发出材料成本=1 000×42.78=42 780（元）

6月28日发出材料后结存材料成本=77 000－42 780=34 220（元）

4. 个别计价法

个别计价法是指对发出的每一特定材料的个别单价加以认定的一种计价方法。这种方法以每次收入存货的实际成本作为发出该存货的成本。

三、业务核算

1. 归集成本费用

制造企业在生产经营过程中发生的各项费用，应按谁受益谁负担的原则进行归集，记入相关的成本费用账户。属于生产产品直接发生的材料费、人工费等，记入"生产成本"账户；属于车间间接发生的管理人员工资、一般耗用材料等，记入"制造费用"账户；属于企业管理部门发生的费用，记入"管理费用"账户。

【例4.14】海天有限责任公司领用A材料1 000千克，单价10元/千克。其中，用于生产甲产品500千克，用于生产乙产品100千克，车间管理部门领用150千克，行政管理部门领用250千克。

这项经济业务使企业的库存A材料减少10 000元，应记入"原材料"账户的贷方。其中，直接用于产品生产的6 000元，应记入"生产成本"账户的借方；车间管理部门领用的1 500元则应记入"制造费用"账户的借方；企业管理用材料2 500元则应记入"管理费用"账户的借方。其账务处理如下。

```
借：生产成本——甲产品            5 000
          ——乙产品            1 000
    制造费用                    1 500
    管理费用                    2 500
    贷：原材料——A材料              10 000
```

【例4.15】海天有限责任公司结转分配本月应付职工薪酬，其中制造甲产品的工人薪酬7 980元，制造乙产品的工人薪酬4 332元，车间管理人员薪酬1 140元，企业行政管理人员薪酬4 788元。

这项经济业务使企业的负债——应付职工薪酬增加18 240元，应记入"应付职工薪酬"账户的贷方；同时企业费用增加18 240元，其中车间生产工人的薪酬应记入"生产成本"账户的借方、车间管理人员的薪酬应记入"制造费用"账户的借方、企业行政管理人员的薪酬应记入"管理费用"账户的借方。其账务处理如下。

```
借：生产成本——甲产品            7 980
          ——乙产品            4 332
    制造费用                    1 140
    管理费用                    4 788
    贷：应付职工薪酬                18 240
```

【例4.16】海天有限责任公司开出现金支票从银行提取现金18 240元，以备发放职工薪酬。

这项经济业务使企业的库存现金增加18 240元，而同时银行存款减少18 240元，应分别记入"库存现金"账户的借方和"银行存款"账户的贷方。其账务处理如下。

借：库存现金　　　　　　　　　　　　　　　18 240
　　贷：银行存款　　　　　　　　　　　　　　18 240

【例4.17】　海天有限责任公司以库存现金18 240元支付企业职工薪酬。

这项经济业务使企业的负债——应付职工薪酬减少18 240元，应记入"应付职工薪酬"账户的借方；同时使现金资产减少18 240元，应记入"库存现金"账户的贷方。其账务处理如下。

借：应付职工薪酬　　　　　　　　　　　　　18 240
　　贷：库存现金　　　　　　　　　　　　　　18 240

注：如果通过银行发放工资，上述业务应编制如下分录。

借：应付职工薪酬　　　　　　　　　　　　　18 240
　　贷：银行存款　　　　　　　　　　　　　　18 240

【例4.18】　海天有限责任公司按规定计提固定资产折旧。其中，车间使用固定资产应提折旧额20 000元，行政管理部门使用固定资产应提折旧额10 000元。

这项经济业务使企业的费用增加30 000元。其中，车间使用固定资产的折旧费20 000元是一种间接生产费用，应记入"制造费用"账户的借方；行政管理部门使用固定资产的折旧费10 000元是一种期间费用，应记入"管理费用"账户的借方；同时固定资产价值减少30 000元，即累计折旧增加，应记入"累计折旧"账户的贷方。其账务处理如下。

借：制造费用　　　　　　　　　　　　　　　20 000
　　管理费用　　　　　　　　　　　　　　　10 000
　　贷：累计折旧　　　　　　　　　　　　　　30 000

【例4.19】　海天有限责任公司以银行存款支付固定资产的修理费4 920元。

这项经济业务使企业的管理费用增加4 920元，应记入"管理费用"账户的借方；同时银行存款减少4 920元，应记入"银行存款"账户的贷方。其账务处理如下。

借：管理费用　　　　　　　　　　　　　　　4 920
　　贷：银行存款　　　　　　　　　　　　　　4 920

【例4.20】　海天有限责任公司以银行存款支付企业管理部门的办公费3 000元。

这项经济业务使企业的管理费用增加，同时银行存款减少，应分别记入"管理费用"账户的借方和"银行存款"账户的贷方。其账务处理如下。

借：管理费用　　　　　　　　　　　　　　　3 000
　　贷：银行存款　　　　　　　　　　　　　　3 000

2. 分配结转制造费用

企业当期发生的制造费用是生产车间为生产产品而发生的间接费用，在"制造费用"账户归集后，应在各受益对象之间采用适当的标准进行分配。一般按生产工人薪酬比例、生产工时比例等进行分配。

> 计算分配率时，若除不尽，一般保留四位小数；如果分配率是约等数，为避免出现误差，最后一个计算式用减法，分配结果一般保留两位小数。

【例4.21】　海天有限责任公司本月发生制造费用22 640元，只生产甲、乙两种产品，甲产品生产工人薪酬7 980元，乙产品生产工人薪酬4 332元，按生产工人薪酬比例分配结转制造费用。

分配率 = 22 640/（7 980 + 4 332）= 22 640/12 312 = 1.838 9

甲产品分配制造费用 = 7 980 × 1.838 9 = 14 674.42（元）

乙产品分配制造费用 = 22 640 − 14 674.42 = 7 965.58（元）

这项经济业务使企业的生产成本增加 22 640 元，其中甲产品成本增加 14 674.42 元、乙产品成本增加 7 965.58 元，应记入"生产成本"账户的借方；同时制造费用减少 22 640 元，应记入"制造费用"账户的贷方。其账务处理如下。

借：生产成本——甲产品   14 674.42

        ——乙产品   7 965.58

   贷：制造费用   22 640

海天有限责任公司生产过程中登记的"制造费用"账户如图 4.5 所示。

3. 结转完工产品成本

产品生产费用通过前述的费用归集和分配后，都已归集到了生产成本账户，最后就可以将归集到某种产品的各项费用在本月完工产品和月末在产品之间进行分配，以确定完工产品成本（具体分配方法在"成本会计"课程中讲述）。

制造费用	
期初余额：0	
（例 4.14）1 500	（例 4.21）22 640
（例 4.15）1 140	
（例 4.18）20 000	
期末余额：0	

图 4.5　制造费用账户

【例 4.22】 海天有限责任公司结转本月完工产品成本。其中，甲产品的完工产品成本 22 000 元，乙产品的完工产品成本 11 000 元。（甲、乙产品月初均无在产品，月末均有部分产品未完工）

这项经济业务使企业的库存商品增加 33 000 元，其中甲产品 22 000 元、乙产品 11 000 元，应记入"库存商品"账户的借方；同时生产成本减少 33 000 元，其中甲产品 22 000 元、乙产品 11 000 元，应记入"生产成本"账户的贷方。其账务处理如下。

借：库存商品——甲产品   22 000

        ——乙产品   11 000

   贷：生产成本——甲产品   22 000

        ——乙产品   11 000

海天有限责任公司生产过程中登记的"生产成本"明细账户如图 4.6 和图 4.7 所示。

生产成本——甲产品	
期初余额：0	
例（4.14）5 000	例（4.22）22 000
例（4.15）7 980	
例（4.21）14 674.42	
期末余额：5 654.42	

图 4.6　生产成本明细账户

生产成本——乙产品	
期初余额：0	
例（4.14）1 000	例（4.22）11 000
例（4.15）4 332	
例（4.21）7 965.58	
期末余额：2 297.58	

图 4.7　生产成本明细账户

第四节　销售过程业务的核算

一、账户设置

制造企业的销售业务主要是将生产的产品销售出去，取得销售收入，使企业的生产耗费得到补偿。另外，企业还会发生一些其他销售业务，如材料销售、无形资产使用权转让等。

为了正确核算销售收入、办理货款结算、计算结转销售成本、支付各种销售费用、计算销售税金及附加，企业应设置如下账户。

1. "主营业务收入"账户

（1）性质：损益类账户。

（2）核算内容：核算企业在销售商品、提供劳务等主营业务中所产生的收入。

（3）结构：贷方登记企业实现的主营业务收入，借方登记销售退回冲销的收入及期末转入"本年利润"账户的数额，期末结转后本账户应无余额。

（4）明细设置：本账户按主营业务的种类设置明细账，主要产品销售还可按产品的种类设置明细账，进行明细分类核算。

2. "主营业务成本"账户

（1）性质：损益类账户。

（2）核算内容：核算企业在销售商品、提供劳务等主营业务中所发生的实际成本。

（3）结构：借方登记已销售商品、提供劳务的实际成本数，贷方登记销售退回应冲减的销售成本和期末转入"本年利润"账户的数额，期末结转后本账户应无余额。

（4）明细设置：本账户按主营业务的种类设置明细账，主要产品销售还可按产品的种类设置明细账，进行明细分类核算。

3. "税金及附加"账户

（1）性质：损益类账户。

（2）核算内容：核算企业经营活动发生的消费税、城市维护建设税、教育费附加、资源税、房产税、环境保护税、城镇土地使用税、车船税、印花税等。

（3）结构：借方登记企业按规定计算确定的各种税金及附加，贷方登记期末转入"本年利润"账户的数额，期末结转后本账户应无余额。

（4）明细设置：本账户按主营业务的种类设置明细账，主要产品销售还可按产品的种类设置明细账，进行明细分类核算。

4. "其他业务收入"账户

（1）性质：损益类账户。

（2）核算内容：核算企业除主营业务活动以外的其他经营活动实现的收入，如销售材料等实现的收入。

（3）结构：贷方登记企业取得的其他业务收入，借方登记转入"本年利润"账户的数额，期末结转后本账户应无余额。

（4）明细设置：本账户按其他业务的种类设置明细账，进行明细分类核算。

5. "其他业务成本"账户

（1）性质：损益类账户。

（2）核算内容：核算企业除主营业务活动以外的其他经营活动所发生的成本，包括销售材料的成本、出租固定资产的折旧额、出租无形资产的摊销额、出租包装物的成本或摊销额等。

（3）结构：借方登记发生的其他业务成本，贷方登记期末转入"本年利润"账户的数额，期末结转后本账户应无余额。

（4）明细设置：本账户按其他业务的种类设置明细账，进行明细分类核算。

6."销售费用"账户

（1）性质：损益类账户。

（2）核算内容：核算企业销售商品过程中发生的费用，包括运输费、装卸费、包装费、保险费、展览费和广告费，以及为销售本企业商品而专设的销售机构的职工薪酬、业务费等各项费用。

（3）结构：借方登记发生的销售费用，贷方登记期末转入"本年利润"账户的数额，期末结转后本账户应无余额。

（4）明细设置：本账户按费用项目设置明细账，进行明细分类核算。

7."应收账款"账户

（1）性质：资产类账户。

（2）核算内容：核算企业因销售商品、提供劳务等经营活动，应向购货单位或接受服务单位收取的款项，主要包括应收取的价款、增值税销项税及代垫的包装费、运杂费等。

（3）结构：借方登记应收账款的增加，贷方登记应收账款的减少；余额在借方，表示尚未收回的应收账款。

（4）明细设置：本账户按不同的购货单位或接受劳务单位设置明细账，进行明细分类核算。

8."应收票据"账户

（1）性质：资产类账户。

（2）核算内容：核算企业因销售商品、提供劳务等经营活动而收到的商业汇票，包括银行承兑汇票和商业承兑汇票。

（3）结构：借方登记收到的商业汇票，贷方登记汇票到期收回货款或转销（商业汇票到期对方无力付款的要转为应收账款）；余额在借方，表示尚未到期的商业汇票。

（4）明细设置：本账户的明细核算采用设置"应收票据备查簿"的方式进行，其登记方法与前面讲过的"应付票据备查簿"的登记方法相同。

9."预收账款"账户

（1）性质：负债类账户。

（2）核算内容：核算企业按照合同规定向购货单位预收的款项。

（3）结构：贷方登记企业收到的预收款项以及销售实现时购货方补付的货款，借方登记销售实现时清偿的预收款项及退回多收的款项；余额在贷方表示应付货款数，余额在借方则表示应收货款数。

明细设置：本账户按购货单位设置明细账，进行明细分类核算。

预收账款不多的企业，也可以将预收的款项直接记入"应收账款"账户的贷方，不设本账户。

二、业务核算

1. 主营业务销售的核算

主营业务销售时，其销售收入记入"主营业务收入"账户的贷方，其销售成本记入"主营业务成本"的借方。

【例 4.23】 海天有限责任公司销售甲产品 80 件，每件 2 000 元，价款 160 000 元，增值税销项税 20 800 元。货已发出，款项已收存银行。

这项经济业务使企业的银行存款增加 180 800 元，应记入"银行存款"账户的借方；甲产品销售收入增加 160 000 元，应记入"主营业务收入"账户的贷方；收到的增值税销项税额 20 800 元，应记入"应交税费——应交增值税（销项税额）"账户的贷方。其账务处理如下。

借：银行存款　　　　　　　　　　　　　180 800
　　贷：主营业务收入——甲产品　　　　　　160 000
　　　　应交税费——应交增值税（销项税额）　20 800

【例 4.24】 海天有限责任公司销售乙产品 100 件，每件 1 500 元，价款 150 000 元，增值税销项税 19 500 元，代垫运杂费 300 元，以银行存款支付。已办妥托收手续。

这项经济业务使企业的应收账款增加 169 800（150 000＋19 500＋300）元，应记入"应收账款"账户的借方；乙产品销售收入增加 150 000 元，应记入"主营业务收入"账户的贷方；增值税销项税增加 19 500 元，应记入"应交税费——应交增值税（销项税额）"账户的贷方；支付代垫运杂费使银行存款减少 300 元，应记入"银行存款"账户的贷方。其账务处理如下。

借：应收账款　　　　　　　　　　　　　169 800
　　贷：主营业务收入——乙产品　　　　　　150 000
　　　　应交税费——应交增值税（销项税额）　19 500
　　　　银行存款　　　　　　　　　　　　　　300

【例 4.25】 海天有限责任公司销售乙产品 200 件，每件 1 500 元，增值税税率为 13%。购货方已预先汇来货款 300 000 元，收到产品后开来一张 3 个月的商业承兑汇票补付余款。

（1）企业预收购货方汇来货款 300 000 元时，银行存款和预收账款同时增加，应分别记入"银行存款"账户的借方和"预收账款"账户的贷方。其账务处理如下。

借：银行存款　　　　　　　　　　　　　300 000
　　贷：预收账款　　　　　　　　　　　　300 000

（2）销售实现时，清偿前欠预收账款，故应记入"预收账款"账户的借方；同时销售收入和增值税销项税额增加，应分别记入"主营业务收入"和"应交税费——应交增值税（销项税额）"账户的贷方。其账务处理如下。

借：预收账款　　　　　　　　　　　　　339 000
　　贷：主营业务收入——乙产品　　　　　　300 000
　　　　应交税费——应交增值税（销项税额）　39 000

（3）因原预收账款不足，"预收账款"账户出现借方余额 39 000 元，收到商业汇票补付货款时，应收票据增加，应记入"应收票据"账户的借方；同时转销"预收账款"账户的借方余额，故应记入该账户的贷方。其账务处理如下。

借：应收票据　　　　　　　　　　　　　39 000
　　贷：预收账款　　　　　　　　　　　　39 000

例 4.25 中的经济业务登记的"预收账款"账户如图 4.8 所示。

【例 4.26】 海天有限责任公司结转甲、乙两种产品的销售成本，销售甲产品 80 件，生产总成本 100 000 元；销售乙产品 300 件，生产总成本 400 000 元。

预收账款	
	期初余额：0
② 339 000	① 300 000
	③ 39 000
	期末余额：0

图 4.8　预收账款账户

这项经济业务使企业的库存商品减少，应记入"库存商品"账户的贷方；同时销售成本增加，应记入"主营业务成本"账户的借方。其账务处理如下。

借：主营业务成本——甲产品　　　　　　　100 000

　　　　　　　　　——乙产品　　　　　　　400 000

　　贷：库存商品——甲产品　　　　　　　100 000

　　　　　　　　——乙产品　　　　　　　400 000

【例4.27】 海天有限责任公司计算已销售甲产品应缴纳的消费税，按销售收入的10%计算，税金为16 000元。

这项经济业务使企业的税金费用增加16 000元，应记入"税金及附加"账户的借方；同时因税金尚未缴纳形成负债，应记入"应交税费——应交消费税"账户的贷方。其账务处理如下。

借：税金及附加　　　　　　　　　　　　16 000

　　贷：应交税费——应交消费税　　　　　16 000

【例4.28】 海天有限责任公司以银行存款支付销售产品的包装费用1 000元。

这项经济业务使企业的销售费用增加1 000元，应记入"销售费用"账户的借方；同时银行存款减少1 000元，应记入"银行存款"账户的贷方。其账务处理如下。

借：销售费用　　　　　　　　　　　　　1 000

　　贷：银行存款　　　　　　　　　　　　1 000

2. 其他业务销售的核算

【例4.29】 海天有限责任公司销售一批A材料，价款10 000元，增值税销项税额1 300元。款已收到，存入银行。该批材料成本为8 000元。

（1）确认收入。这项经济业务使企业的银行存款增加11 300元，应记入"银行存款"账户的借方；材料销售收入10 000元，应记入"其他业务收入"账户的贷方；增值税销项税额1 300元，应记入"应交税费——应交增值税（销项税额）"账户的贷方。其账务处理如下。

借：银行存款　　　　　　　　　　　　　11 300

　　贷：其他业务收入　　　　　　　　　　10 000

　　　　应交税费——应交增值税（销项税额）　　1 300

（2）结转成本。该批材料成本应从"原材料"账户转入"其他业务成本"账户，应分别记入"其他业务成本"账户的借方和"原材料"账户的贷方。其账务处理如下。

借：其他业务成本　　　　　　　　　　　8 000

　　贷：原材料　　　　　　　　　　　　　8 000

第五节　利润形成与分配业务的核算

一、利润形成业务的核算

（一）利润的构成

利润是指企业在一定会计期间的经营成果，包括收入减去费用后的净额、直接计入当期利润的利得和损失等。

收入与费用是指企业在日常活动中所形成的经济利益的总流入和总流出，如制造企业制造并销售产品取得的收入、出售材料取得的收入及发生的主营业务成本、其他业务成本、管理费用等。该项收入减去费用后的净额形成企业的营业利润。

直接计入当期利润的利得和损失是指与企业日常活动没有直接关联的经济利益的净流入或净流出。利得和损失构成企业的营业外收支。

因此，企业的利润总额由营业利润和营业外收支净额两部分组成，利润总额扣除所得税后形成企业的净利润。其计算公式如下。

利润总额=营业利润 + 营业外收支净额

净利润=利润总额 − 所得税费用

微课
利润形成与分配
业务的核算

1. 营业利润

营业利润是指企业日常生产经营活动所获得的利润，是企业利润总额的主要组成部分。其计算公式如下。

营业利润=营业收入-营业成本-税金及附加-销售费用-管理费用-研发费用- 财务费用

-信用减值损失-资产减值损失+公允价值变动收益（-公允价值变动损失）

+投资收益（-投资损失）+其他收益+资产处置收益（-资产处置损失）

+净敞口套期收益（-净敞口套期损失）

式中，营业收入包括主营业务收入和其他业务收入，营业成本包括主营业务成本和其他业务成本。

2. 营业外收支净额

营业外收支净额是指与企业日常生产经营活动没有直接关系的各项利得减去各项损失后的净额。营业外收入主要包括非流动资产毁损报废收益、政府补助、盘盈利得、捐赠利得等。营业外支出主要包括非流动资产毁损报废损失、盘亏损失、捐赠支出、非常损失、罚款支出等。

3. 所得税费用

所得税费用是指企业按税法规定计算确定的应计入当期损益的所得税费用。

（二）账户设置

利润形成业务的核算，需要将有关损益类账户的余额结转到"本年利润"账户，除销售业务中涉及的部分损益类账户外，还应设置如下账户。

1. "投资收益"账户

（1）性质：损益类账户。

（2）核算内容：核算企业对外投资所取得的收益或发生的损失。

（3）结构：贷方登记企业对外投资所取得的收入，借方登记对外投资所发生的损失；余额在贷方为投资净收益，余额在借方为投资净损失，期末转入"本年利润"账户后，本账户应无余额。

（4）明细设置：本账户按投资收益种类设置明细账，进行明细分类核算。

2. "营业外收入"账户

（1）性质：损益类账户。

（2）核算内容：核算企业发生的与日常生产经营活动无直接关系的各项利得。

（3）结构：贷方登记企业取得的各项营业外收入，借方登记期末转入"本年利润"账户的营业外收入，期末结转后本账户无余额。

（4）明细设置：本账户按收入项目设置明细账，进行明细分类核算。

3．"营业外支出"账户

（1）性质：损益类账户。

（2）核算内容：核算企业发生的与日常生产经营活动无直接关系的各项损失。

（3）结构：借方登记企业发生的各项营业外支出，贷方登记期末转入"本年利润"账户的营业外支出，期末结转后本账户应无余额。

（4）明细设置：本账户按支出项目设置明细账，进行明细分类核算。

4．"所得税费用"账户

（1）性质：损益类账户。

（2）核算内容：核算企业按税法规定计算确定的应计入当期损益的所得税费用。

（3）结构：借方登记企业发生的所得税费用，贷方登记期末转入"本年利润"账户的所得税费用，期末结转后本账户应无余额。

（4）本账户不设置明细账。

5．"本年利润"账户

（1）性质：所有者权益类账户。

（2）核算内容：核算企业实现的净利润（或发生的净亏损）。

（3）结构：贷方登记由"主营业务收入""其他业务收入""营业外收入"等账户转入的余额，借方登记由"主营业务成本""税金及附加""销售费用""管理费用""财务费用""其他业务成本""营业外支出""所得税费用"等账户转入的余额；余额在贷方表示企业实现的净利润，余额在借方则表示企业发生的净亏损，年终要将本账户反映的净利润或净亏损转入"利润分配——未分配利润"账户，结转后本账户应无余额。

（4）本账户一般不设置明细账。

📖 视野拓展

各损益类账户结转到"本年利润"账户时，可在年末一次结转，平时月份只通过编制利润表计算出各会计期间的利润，不进行损益类账户的结转，即"表结法"；也可每月都将损益类账户结转到"本年利润"账户，即"账结法"。具体选用哪种方法可由企业自主确定。

（三）业务核算

【例4.30】 海天有限责任公司收到对外投资分得的利润5 000元，款项已收存银行。

这项经济业务使企业的银行存款增加，应记入"银行存款"账户的借方；同时投资收益增加，应记入"投资收益"账户的贷方。其账务处理如下。

借：银行存款　　　　　　　　　　　　　　　　5 000

　　贷：投资收益　　　　　　　　　　　　　　　　5 000

【例4.31】 海天有限责任公司收到一笔罚款收入10 000元，存入银行。

这项经济业务使企业的银行存款增加，应记入"银行存款"账户的借方；同时营业外收入增加，应记入"营业外收入"账户的贷方。其账务处理如下。

借：银行存款　　　　　　　　　　　　　　　　10 000

　　贷：营业外收入　　　　　　　　　　　　　　　10 000

【例 4.32】 海天有限责任公司以银行存款 20 000 元捐赠地震灾区。

这项经济业务使企业的营业外支出增加，应记入"营业外支出"账户的借方；同时银行存款减少，应记入"银行存款"账户的贷方。其账务处理如下。

借：营业外支出   20 000

 贷：银行存款   20 000

👉 学中做

请读者依据例 4.1～例 4.32，自行登记所有损益类账户的 T 型账户，并结出各账户的发生额合计数，结果应与表 4.1 核对相符。

【例 4.33】 依据例 4.1～例 4.32，海天有限责任公司各损益类账户发生额如表 4.1 所示。将各损益类账户发生额结转到"本年利润"账户。

表 4.1 损益类账户发生额   单位：元

账 户 名 称	借方发生额	贷方发生额	账 户 名 称	借方发生额	贷方发生额
主营业务收入		610 000	管理费用	25 208	
主营业务成本	500 000		财务费用	500	
税金及附加	16 000		投资收益		5 000
其他业务收入		10 000	营业外收入		10 000
其他业务成本	8 000		营业外支出	20 000	
销售费用	1 000		合　计	570 708	635 000

将各损益类账户发生额结转到"本年利润"账户，其账务处理如下。

（1）结转收入类账户。

借：主营业务收入   610 000

  其他业务收入   10 000

  投资收益   5 000

  营业外收入   10 000

 贷：本年利润   635 000

（2）结转费用类账户。

借：本年利润   570 708

 贷：主营业务成本   500 000

  税金及附加   16 000

  其他业务成本   8 000

  销售费用   1 000

  管理费用   25 208

  财务费用   500

  营业外支出   20 000

【例 4.34】 接例 4.33，海天有限责任公司依据本期利润总额 64 292（635 000−570 708）元，计算并结转本期所得税费用。（所得税税率为 25%，应税所得额与会计利润相等）

$$所得税费用 = 64\,292 \times 25\% = 16\,073（元）$$

这项经济业务使企业的所得税费用和应交税费都增加，应分别记入"所得税费用"账户的借方和"应交税费"账户的贷方。其账务处理如下。

借：所得税费用　　　　　　　　　　　　16 073

　　贷：应交税费——应交所得税　　　　16 073

将"所得税费用"账户余额结转"本年利润"账户，其账务处理如下。

借：本年利润　　　　　　　　　　　16 073

　　贷：所得税费用　　　　　　　　16 073

综上所述，该企业本期实现利润总额为 64 292 元，减去所得税费用 16 073 元，剩余 48 219 元为本期实现的净利润。

根据例 4.33 和例 4.34 登记的"本年利润"账户如图 4.9 所示。

本年利润

期初余额：0	
（例 4.33）570 708	（例 4.33）635 000
（例 4.34）16 073	
	期末余额：48 219

图 4.9　本年利润账户

二、利润分配业务的核算

（一）账户设置

企业当期实现的净利润要按照法定程序进行分配。首先按一定比例提取法定盈余公积，然后向投资者分配利润，余额为未分配利润。未分配利润可留待以后年度进行分配。企业如发生亏损，可以按规定由以后年度实现的利润进行弥补。利润分配的核算应设置如下账户。

1. "利润分配"账户

（1）性质：所有者权益类账户。

（2）核算内容：核算企业利润的分配（或亏损的弥补）和历年分配（或亏损的弥补）后的积存余额。

（3）结构：借方登记利润分配的去向和从"本年利润"账户转入的亏损数，贷方登记从"本年利润"账户转入的全年实现的净利润和亏损的弥补情况，年末贷方余额为企业历年积存的未分配利润，借方余额为未弥补亏损。

（4）明细设置：本账户按利润分配的去向设置明细账，进行明细分类核算。

2. "盈余公积"账户

（1）性质：所有者权益类账户。

（2）核算内容：核算企业从净利润中提取的盈余公积数额。

（3）结构：贷方登记盈余公积金的提取数额，借方登记用盈余公积弥补亏损或转增资本数额；余额在贷方，表示盈余公积金的实际结存的数额。

（4）明细设置：本账户按盈余公积的种类设置明细账，进行明细分类核算。

3. "应付股利"账户

（1）性质：负债类账户。

（2）核算内容：核算企业经董事会或股东大会或类似机构决议确定分配的现金股利或利润（不包括股票股利）。

（3）结构：贷方登记应支付的现金股利或利润，借方登记实际支付的现金股利或利润；余额在贷方，反映企业尚未支付的现金股利或利润。

（4）明细设置：本账户按投资者设置明细账，进行明细分类核算。

（二）业务核算

【例4.35】 海天有限责任公司全年实现净利润48 219元，年初未分配利润15 000元。假定按当年净利润的10%提取法定盈余公积，按当年净利润的50%向股东分配现金股利。

提取法定盈余公积和向投资者分配利润均属于利润分配去向，应分别记入"利润分配"账户各相关明细账户的借方；提取法定盈余公积使盈余公积增加，应记入"盈余公积"账户的贷方；向股东分配现金股利尚未实际支付，形成负债，应记入"应付股利"账户的贷方。其账务处理如下。

借：利润分配——提取法定盈余公积　　　　4 821.9
　　　　　　——应付现金股利　　　　　　24 109.5
　　贷：盈余公积　　　　　　　　　　　　4 821.9
　　　　应付股利　　　　　　　　　　　　24 109.5

【例4.36】 接例4.35，海天有限责任公司年末进行本年净利润的结转。

年末，应将净利润从"本年利润"账户转入"利润分配——未分配利润"账户，结转后"本年利润"账户应无余额。其账务处理如下。

借：本年利润　　　　　　　　　　　　　　48 219
　　贷：利润分配——未分配利润　　　　　　48 219

【例4.37】 接例4.35，海天有限责任公司年末进行利润分配各明细账户的结转。

年末，应将"利润分配"账户下反映利润分配去向的各明细账户余额转入"利润分配——未分配利润"账户。其账务处理如下。

借：利润分配——未分配利润　　　　　　　28 931.4
　　贷：利润分配——提取法定盈余公积　　　4 821.9
　　　　　　　　——应付现金股利　　　　　24 109.5

根据例4.35～例4.37登记的利润分配明细账户如图4.10～图4.12所示。

利润分配——提取法定盈余公积

期初余额：0	
（例4.35）4 821.9	（例4.37）4 821.9
期末余额：0	

利润分配——应付现金股利

期初余额：0	
（例4.35）24 109.5	（例4.37）24 109.5
期末余额：0	

利润分配——未分配利润

	期初余额：15 000
（例4.37）28 931.4	（例4.36）48 219
	期末余额：34 287.6

图4.10　利润分配明细账户　　　图4.11　利润分配明细账户　　　图4.12　利润分配明细账户

至此，"利润分配"账户仅有"未分配利润"明细账户有贷方余额34 287.6（15 000＋48 219－28 931.4）元，即为海天有限责任公司的年末未分配利润，留待下年使用。

教学做一体化训练

知识测试

一、单项选择题

1．企业计提生产用固定资产折旧，应借记（　　　　）账户。

A．累计折旧　　　　　B．生产成本　　　　　C．制造费用　　　　　D．固定资产

2．工业企业领用材料直接生产产品，应记入（　　）账户。

A．制造费用　　　　　B．生产成本　　　　　C．销售费用　　　　　D．管理费用

3．工业企业销售产品时支付的运输费，应记入（　　）账户。

A．生产成本　　　　　B．管理费用　　　　　C．销售费用　　　　　D．在途物资

4．企业购入一批原材料45 200元，其中含增值税进项税5 200元。发生材料运输费2 000元，装卸费300元。该批材料的采购成本应为（　　）元。

A．47 500　　　　　　B．47 200　　　　　　C．45 200　　　　　　D．42 300

5．企业计提本月生产车间使用的固定资产折旧费40 000元，应编制的会计分录为（　　）。

A．借：固定资产　　　　　　40 000　　　　B．借：累计折旧　　　　　　40 000
　　贷：累计折旧　　　　　　40 000　　　　　　贷：固定资产　　　　　　40 000

C．借：管理费用　　　　　　40 000　　　　D．借：制造费用　　　　　　40 000
　　贷：累计折旧　　　　　　40 000　　　　　　贷：累计折旧　　　　　　40 000

二、多项选择题

1．下列各项中，应计入材料采购成本的有（　　）。

A．买价　　　　　　　　　　　　　　　B．采购费用

C．运输途中责任人丢失　　　　　　　　D．厂部采购人员工资

2．下列各项目属于制造费用核算范围的有（　　）。

A．车间用房的折旧费　　　　　　　　　B．厂部办公楼的折旧费

C．车间机器设备的维修费　　　　　　　D．车间管理人员的工资

3．下列项目可以作为营业收入的有（　　）。

A．出售产品取得的收入　　　　　　　　B．对外投资分得的利润

C．捐赠利得　　　　　　　　　　　　　D．出售材料取得的收入

4．关于“本年利润”账户，在账结法下，下列说法正确的有（　　）。

A．各月末余额反映自年初开始至当月末为止累计实现的净利润或净亏损

B．年终结转后无余额

C．平时月份期末余额可能在借方，也可能在贷方

D．各月末余额反映在当月实现的净利润或净亏损

5．（　　）属于营业外支出的核算内容。

A．购买固定资产的支出　　　　　　　　B．非常损失

C．捐赠支出　　　　　　　　　　　　　D．借入短期借款的利息支出

三、判断题

1．“应付账款”账户和“预付账款”账户同属负债类账户。　　　　　　　　　　　（　　）

2．企业销售产品时，若产品已发出，只要货款尚未收到，就不能作为营业收入实现处理。

　　　　　　　　　　　　　　　　　　　　　　　　　　　　　　　　　　　（　　）

3．企业预付生产车间机器设备的修理费时，会使制造费用增加，应记入“制造费用”账户的借方，同时，贷记“银行存款”账户。　　　　　　　　　　　　　　　　　　（　　）

4．企业应当在收到以前月份销售货款时确认营业收入。　　　　　　　　　　　　（　　）

5. 如果某产品月初、月末均无在产品，则本月为生产该产品发生的全部生产费用就是该产品本月完工产品总成本。 (　　)

实务操作

实训一　资金筹集业务的账务处理

(一)实训目的

掌握资金筹集业务的账务处理。

(二)实训资料

某企业 20×5 年 8 月发生资金筹集的各项经济业务如下。

(1) 3 日，国家投入资金 100 000 元，收到转账支票一张，号码 1993683，存入银行。

(2) 5 日，收到 A 公司投入生产设备一台，评估作价 200 000 元。

(3) 6 日，向银行借入临时借款 150 000 元，期限 3 个月，存入银行。

(4) 8 日，因建造厂房向银行借款 500 000 元，期限 3 年，存入银行。

(5) 10 日，收到 B 公司投入专利权一项，评估作价 300 000 元。

(6) 15 日，以银行存款归还到期的短期借款 100 000 元，并支付当月利息 450 元 (前期月份利息已支付)，开出转账支票一张，号码 2834560。

(7) 17 日，企业原由甲、乙、丙三个投资者组成，分别投资 500 000 元。现有丁投资者愿意加入该企业，经协商，企业将注册资本增加到 2 000 000 元，丁出资 700 000 元取得 25%的股份。企业收到转账支票一张，号码 2993693，存入银行。

(三)实训要求

根据上述经济业务编制会计分录，填入表 4.2 中。

表 4.2　经济业务的会计分录

序　号	摘　　要	会 计 分 录
(1)		
(2)		
(3)		
(4)		

序　号	摘　　要	会 计 分 录
（5）		
（6）		
（7）		

实训二　材料采购业务的账务处理

（一）实训目的

掌握材料采购业务的账务处理。

（二）实训资料

某企业为一般纳税人，20×5年8月发生以下有关材料采购的经济业务。

（1）3日，从M企业购进甲材料1 000千克，单价20元/千克，计20 000元，增值税进项税额2 600元，对方代垫运费600元（不考虑抵扣增值税），均以银行存款支付，开出转账支票一张，号码2914560。材料尚未到达。

（2）5日，甲材料到货，验收无误，入库。

（3）7日，从M企业购进甲材料1 000千克，单价20元/千克，计20 000元，增值税进项税额2 600元；从N企业购进甲材料2 000千克，单价19.50元/千克，计39 000元，增值税进项税额5 070元。材料入库，货款均未支付。

（4）8日，从M企业购进甲材料1 000千克，单价20元/千克，计20 000元，增值税进项税额2 600元；购进乙材料2 000千克，单价15元/千克，计30 000元，增值税进项税额3 900元。货款以银行存款支付，开出转账支票一张，号码2944557。材料尚未到达。

（5）10日，上述甲、乙材料到达，验收无误，入库。

（6）13日，以银行存款归还M企业货款22 600元、N企业货款44 070元。开出转账支票一张，号码2944559。

（7）15日，从N企业购进甲材料3 000千克，单价19.50元/千克，计58 500元，增值税进项税额7 605元，对方代垫运费855元。开出并承兑商业汇票一张。材料验收入库。

（8）17日，从M企业购进甲材料2 000千克，单价20元/千克，计40 000元，增值税进项税额5 200元。上月已预付货款50 000元，余款退回。收到转账支票一张，号码0944557。材料尚未到达。

（三）实训要求

1. 根据上述经济业务编制会计分录，填入表4.3中。

表 4.3　经济业务的会计分录

序号	摘　要	会 计 分 录
（1）		
（2）		
（3）		
（4）		
（5）		
（6）		
（7）		
（8）		

2. 根据会计分录登记"在途物资"和"原材料"T 型总账，填入图 4.13 中。

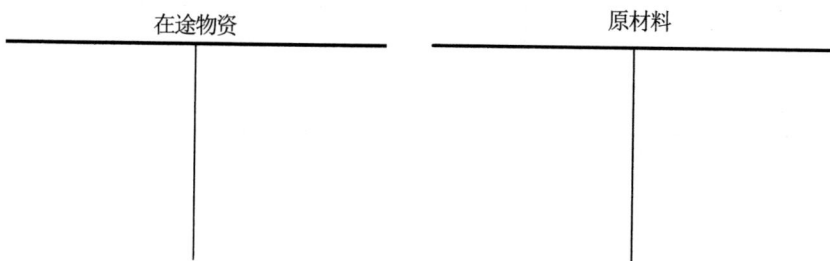

　　　　　在途物资　　　　　　　　　　　　原材料

图 4.13　"在途物资"和"原材料"T 型总账

实训三　产品生产业务的账务处理

（一）实训目的

掌握产品生产业务的账务处理方法。

（二）实训资料

某企业 20×5 年 8 月发生以下经济业务。

（1）3 日，仓库发出甲材料 100 000 元，其中 80 000 元用于 A 产品的生产、20 000 元用于 B 产品的生产；发出乙材料 80 000 元，其中 75 000 元用于 B 产品的生产、3 000 元用于车间一般耗用、2 000 元用于行政管理部门维修耗用。

（2）6 日，以现金支付车间机器维修费 300 元。

（3）8 日，以现金购买办公用品 600 元，其中车间领用 100 元、行政管理部门领用 500 元。

（4）11 日，以银行存款支付本月水电费 5 000 元，其中车间耗用 4 000 元、行政管理部门耗用 1 000 元。开出转账支票一张，号码 2854561。

（5）31 日，分配本月职工薪酬：生产工人薪酬 25 000 元，其中 A 产品 10 000 元、B 产品 15 000 元；车间管理人员薪酬 3 000 元；行政管理人员薪酬 8 000 元。

（6）31 日，从银行提取现金 36 000 元，开出现金支票一张，号码 2009231，准备用于发放职工薪酬。

（7）31 日，发放本月职工薪酬。

（8）31 日，以银行存款支付本月电话费 3 900 元，其中车间 1 300 元、管理部门 2 600 元。开出转账支票一张，号码 2854566。

（9）31 日，计提本月固定资产折旧 15 000 元，其中车间 10 000 元、行政管理部门 5 000 元。

（10）31 日，根据本月"制造费用"账户发生额，按 A、B 产品生产工时比例，计算分配 A、B 产品成本应负担的制造费用并转账。（设 A 产品生产工时 3 000 个，B 产品生产工时 2 000 个）

（11）31 日，假设 A、B 产品月初均无在产品，月末全部完工，计算并结转本月完工产品成本。

（三）实训要求

1. 根据上述经济业务编制会计分录，填入表 4.4 中。

2. 根据会计分录登记"生产成本""制造费用""管理费用"T 型总账，填入图 4.14 中。

3. 根据会计分录登记"生产成本"明细账，填入图 4.15 中。

表 4.4　经济业务的会计分录

序　　号	摘　　要	会 计 分 录
（1）		
（2）		
（3）		

序　号	摘　要	会 计 分 录
（4）		
（5）		
（6）		
（7）		
（8）		
（9）		
（10）		
（11）		

图 4.14　"生产成本""制造费用""管理费用" T 型总账

图 4.15 "生产成本"明细账

实训四 产品销售业务的账务处理

(一)实训目的

掌握产品销售业务的账务处理。

(二)实训资料

某企业为一般纳税人,20×5 年 8 月发生以下有关销售的经济业务。

(1)3 日,销售给甲企业 A 产品 100 件,单价 500 元/件,计 50 000 元;B 产品 200 件,单价 500 元/件,计 100 000 元。增值税销项税额共计 19 500 元。收到转账支票一张,号码 0834560,存入银行。

(2)5 日,销售给乙企业 A 产品 200 件,单价 500 元/件,计 100 000 元,增值税销项税额 13 000 元。货款尚未收到。

(3)8 日,销售给甲企业 B 产品 300 件,单价 500 元/件,计 150 000 元,增值税销项税额 19 500 元。收到银行承兑汇票一张,号码 IC0453。

(4)11 日,支付广告费 100 000 元,开出转账支票一张,号码 2844562。

(5)13 日,以现金支付销售产品运费 500 元。

(6)16 日,销售给乙企业 B 产品 200 件,单价 500 元/件,计 100 000 元,增值税销项税额 13 000 元。购货方已预先汇来货款 100 000 元,收到产品后开来一张 3 个月的商业承兑汇票补付余款,号码 IC0873。

(7)19 日,结转 A、B 两种产品的销售成本,A 产品单位成本 400 元,B 产品单位成本 350 元。

(8)21 日,A 产品为应纳消费税产品,按其销售收入的 10% 计算应缴纳的消费税。

(9)23 日,出售多余材料 100 千克,销售单价 30 元/千克,计 3 000 元,增值税销项税额 390 元。收到转账支票一张,号码 1894560,存入银行。

(10)25 日,计算并结转上述材料的成本(其单位成本为 20 元/千克)。

(三)实训要求

根据上述经济业务编制会计分录,填入表 4.5 中。

表4.5 经济业务的会计分录

序　号	摘　　要	会　计　分　录
（1）		
（2）		
（3）		
（4）		
（5）		
（6）		
（7）		
（8）		
（9）		
（10）		

实训五　利润形成与分配业务的账务处理

（一）实训目的

掌握利润形成与分配业务的账务处理。

（二）实训资料

某企业为一般纳税人，本年利润采用账结法，其相关资料如下。

1. 该企业 20×5 年 1—11 月的本年净利润为 5 000 000 元，"利润分配——未分配利润"账户的年初余额为 150 000 元。

2. 20×5 年 12 月 30 日有关损益类账户的发生额如表 4.6 所示。

单位：元

表 4.6　损益类账户的发生额

账户名称	借方发生额	贷方发生额	账户名称	借方发生额	贷方发生额
主营业务收入		500 000	销售费用	20 000	
主营业务成本	300 000		管理费用	5 000	
税金及附加	35 000		财务费用	3 000	
其他业务收入		10 000	营业外收入		8 000
其他业务成本	6 000		营业外支出	2 000	

3. 20×5 年 12 月 31 日，企业发生下列经济业务。

（1）销售产品一批，售价 50 000 元，增值税税率为 13%，货款收到，存入银行。

（2）结转本月已销产品的成本 30 000 元。

（3）按 10% 的税率计算销售产品应缴纳的消费税 5 000 元。

（4）以银行存款支付第四季度短期借款利息 15 000 元，其中，前两个月已计提 10 000 元。

（5）以银行存款支付报刊广告费 6 000 元。

（6）以现金支付产品销售过程中的运杂费 1 000 元。

（7）以银行存款支付违约罚款 2 000 元。

（8）将本月损益类账户发生额转入"本年利润"账户。

（9）按本月利润总额的 25% 计算并结转所得税（不考虑调整因素）。

（10）按全年净利润的 10% 和 50% 分别计提法定盈余公积并向投资者分配利润。

（11）年终将净利润和利润分配各明细账户余额结转到"利润分配——未分配利润"账户。

（三）实训要求

1. 根据上述经济业务编制会计分录，填入表 4.7 中。

表 4.7　经济业务的会计分录

序　号	摘　要	会 计 分 录
（1）		
（2）		
（3）		

序　号	摘　要	会 计 分 录
（4）		
（5）		
（6）		
（7）		
（8）		
（9）		
（10）		
（11）		

2. 登记"本年利润"总账和"利润分配"各明细账。

实训六　企业基本经济业务的账务处理

（一）实训目的

掌握企业基本经济业务的账务处理。

（二）实训资料

某企业为一般纳税人，20×5 年 12 月发生的经济业务如下。

（1）3 日，仓库发出材料 85 000 元，用于生产甲产品 45 000 元、乙产品 35 000 元，用于车间一般耗用 5 000 元。

（2）7 日，发放职工薪酬 68 000 元，通过银行转入职工个人储蓄账户。

（3）10 日，购入 A 材料 31 640 元（含增值税 13%），运杂费 2 000 元。货款以银行存款支付，开出转账支票一张，号码2954546。材料验收入库，按其实际成本转账。

（4）16日，红光有限责任公司交来转账支票一张，号码4354546，归还前欠货款60 000元，当即送存银行。

（5）31日，本月职工薪酬分配如下：甲产品生产工人薪酬30 000元，乙产品生产工人薪酬30 000元，车间管理人员薪酬6 000元，行政管理人员薪酬2 000元。

（6）31日，计提固定资产折旧30 000元，其中车间16 000元、厂部14 000元。

（7）31日，将制造费用转入甲、乙两种产品成本中，甲、乙两种产品各负担制造费用的50%。

（8）31日，本月甲产品投产900件，乙产品投产500件，月末全部完工，甲、乙产品月初均无在产品，结转完工产品成本。

（9）31日，销售甲产品1 000件，单价150元/件，计150 000元；乙产品2 000件，单价200元/件，计400 000元。增值税共计71 500元。已办妥委托银行收款手续。

（10）31日，结转本月已销产品成本。甲产品单位成本100元，乙产品单位成本150元。

（11）31日，以银行存款支付电视广告费12 000元。

（12）31日，开出转账支票一张，号码2954557，支付短期借款利息6 000元。其中，前两个月已计提4 000元。

（13）31日，按售价计算已售产品应交的消费税12 000元。

（14）31日，销售下脚料收入5 000元，增值税650元，收到转账支票一张，号码32954557，存入银行。同时结转该材料的实际成本3 000元。

（15）31日，将损益类账户本月发生额结转"本年利润"账户。

（16）31日，按本月利润总额的25%计算并结转应交所得税（不考虑调整因素）。

（17）31日，按本月净利润的10%计提法定盈余公积。

（18）年终，将净利润和利润分配各明细账户余额结转到"利润分配——未分配利润"账户。

（三）实训要求

根据上述经济业务编制会计分录，填入表4.8中。登记"本年利润"总账和"利润分配"各明细账，填入图4.16。

表4.8 经济业务的会计分录

序　号	摘　　要	会　计　分　录
（1）		
（2）		
（3）		

序　号	摘　要	会 计 分 录
（4）		
（5）		
（6）		
（7）		
（8）		
（9）		
（10）		
（11）		
（12）		
（13）		
（14）		

序　号	摘　要	会 计 分 录
（15）		
（16）		
（17）		
（18）		

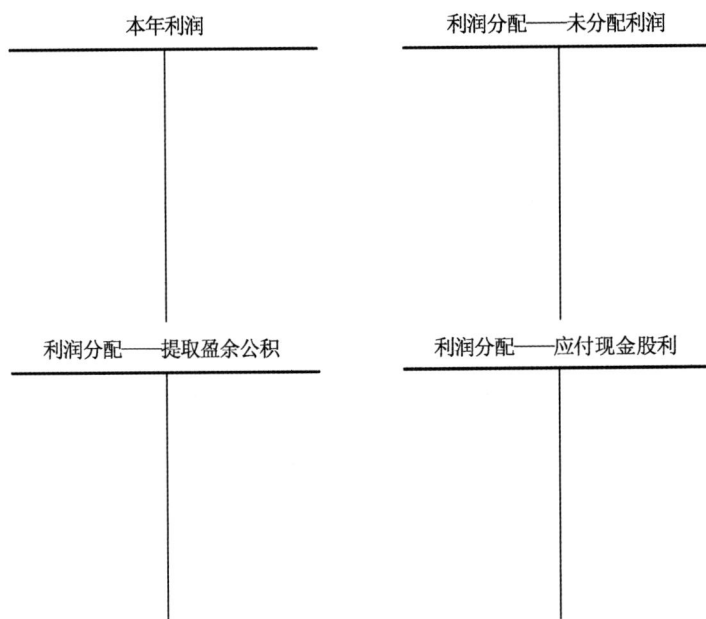

　　本年利润　　　　　　　　　　　　利润分配——未分配利润

　　利润分配——提取盈余公积　　　　利润分配——应付现金股利

图 4.16　"本年利润"总账和"利润分配"各明细账

第二篇　会计核算框架

本部分主要内容

第五章　填制与审核会计凭证

【学习目标】

【知识目标】

熟悉会计凭证的种类；掌握会计凭证的填制与审核方法；了解会计凭证的传递与保管。

【能力目标】

能填制与审核原始凭证与记账凭证。

第一节　原始凭证的填制与审核

一、会计凭证的种类

会计凭证，是指记录经济业务发生或者完成情况的书面证明，是登记账簿的依据，包括纸质会计凭证和电子会计凭证两种形式。

任何单位发生经济业务时，都必须由执行和完成该项经济业务的有关人员取得或填制会计凭证，以证明经济业务的发生及完成情况。任何会计凭证都必须经过审核无误后才能作为记账依据。填制与审核会计凭证是会计核算的首要环节。会计凭证是否真实、完整，对会计信息质量有十分重要的影响。会计凭证按填制的程序和用途不同，可分为原始凭证和记账凭证两类。

视野拓展

为什么电子账普及后高校学生还要学习会计手工账？

所有的财务软件都是根据手工账的原理开发的，如果学生不懂得手工账的原理，对于财务软件的最终数据是怎么整合出来的则会一知半解，处理异常数据时也会无从下手。

学习手工账是做好会计工作的基础，从填制与审核原始凭证到填制与审核记账凭证，再到账簿的登记，最后到编制报表，只有在这个手工账流程中运用过所学的会计知识并掌握了基础的会计操作技能，才能真正明白会计工作的原理、知道每一步操作的具体事项和它的前后工序。

另外，一些特殊的行业、某些公司或某些业务不仅需要电子做账，也需要手工做账。

二、原始凭证的填制

原始凭证，又称单据，是指在经济业务发生或完成时取得或填制的，用以记录或证明经济业务的发生或完成情况的原始凭据。其作用主要是记载经济业务的发生过程和具体内容。常用的原始凭证有现金收据、发货票、增值税发票、差旅费报销单、产品入库单、领料单等。

（一）原始凭证的种类

1. 按取得来源分类

原始凭证按其来源不同，可以分为自制原始凭证和外来原始凭证。

（1）自制原始凭证。自制原始凭证是由本单位内部经办业务时所填的凭证。如材料验收入库时由仓库保管人员填制的"收料单"、职工出差预借差旅费时填制的"借款单"等。部分自制原始凭证的格式如图 5.1 和图 5.2 所示。

（2）外来原始凭证。外来原始凭证是指在同外单位发生经济往来时从外单位取得的原始凭证。如企业购买材料时从购买单位取得的增值税发票、银行收款时开出的进账单（收账通知）、出差时取得的车、船票等。部分外来原始凭证的格式如图 5.3 和图 5.4 所示。

收 料 单

供货单位：   材料类别：
发票号码：   年   月   日   材料仓库：

材料名称（规格）	计量单位	数量		实际成本											
		应收	实收	单价	发票价格	运杂费	合计								
							百	十	万	千	百	十	元	角	分
合　计															

备注：

核算：（印）　　　主管：（印）　　　保管：（印）　　　检验：（印）　　　交库：（印）

图 5.1　收料单格式

借 款 单

　　　　　　　　　　　　　　　年　　月　　日　　　　　　　　　号

借　款　人		借 款 原 因	
借　款　金　额	人民币（大写）：		
领　导　审　批		归 还 方 式	

第三联　财务记账

财务负责人：　　　　　　　　　　　　　借款人签字：

图 5.2　借款单格式

3700082140

山东增值税专用发票

发票联
山东省

№00186598
开票日期：20×5 年 12 月 5 日

购货单位	名　　称：滨海股份有限公司						密码区	略	第一联
	纳税人识别号：№150201000130047								
	地址、电话：山东省北海市滨海路 27 号　3758659								发票联
	开户行及账号：中国工商银行北海市新兴路支行 86476532								

货物或应税劳务名称	规格型号	计量单位	数量	单价	金额	税率	税额
设备		台	1	30 000	30 000.00	13%	3 900.00
合　计					¥30 000.00		¥3 900.00
价税合计（大写）	人民币叁万叁仟玖佰元整					（小写）¥3 3900.00	

购货方记账凭证

销货单位	名　　称：大华有限责任公司				
	纳税人识别号：№123098250167359				
	地址、电话：山东省北海市文化路 7 号　5724068				
	开户行及账号：中国工商银行北海市金水支行 90289445				

大华有限责任公司
123098250167359
发票专用章

收款人：吴江　　复核：李一　　开票人：刘表　　销货单位：（章）

图 5.3　增值税纸质发票格式

图 5.4　电子发票格式

📖 **视野拓展**

全电发票"大循环"试点

　　为贯彻落实中办、国办印发的《关于进一步深化税收征管改革的意见》要求，全面推进税收征管数字化升级和智能化改造，降低征纳成本，稳步实施发票电子化改革，国家税务总局部署于 2021 年 12 月 1 日起，在内蒙古自治区、上海市和广东省（不含深圳市）三个地区开展全面数字化的电子发票（以下简称"全电发票"）试点工作，24 小时在线免费为纳税人提供电子发票申领、开具、交付、查验等服务；并将制定出台电子发票国家标准，有序推进铁路、民航等领域发票电子化，2025 年基本实现发票全领域、全环节、全要素电子化，着力降低制度性交易成本。

增值税电子专票

　　2．按填制手续和内容分类

　　原始凭证按其填制方法不同，可分为一次原始凭证、累计原始凭证和汇总原始凭证。

（1）一次原始凭证。一次原始凭证是指在经济业务发生时，一次性填制完成的原始凭证。外来原始凭证都是一次原始凭证。大部分自制原始凭证，如"收料单""领料单"等也是一次原始凭证。

（2）累计原始凭证。累计原始凭证是指在一定时期内用来连续反映不断重复发生的若干项同类经济业务的原始凭证。这种凭证在规定日期内可以多次、连续地加以使用，等到规定的时期届满以后才根据它所计算的累计数作为编制记账凭证的依据。"限额领料单"是典型的累计原始凭证，如图5.5所示。

（3）汇总原始凭证。汇总原始凭证是指根据一定时期内若干同类经济业务的一次凭证或累计凭证汇总编制的原始凭证。如根据一定时期内的"领料单"和"限额领料单"编制的"发料汇总表"等。发料汇总表的格式如图5.6所示。

限额领料单

领料单位：生产车间　　　　　　　　　　　　　　　　　　　　　　　　编　　号：0024004
用　途：A产品生产　　　　　　　　20×5年12月　　　　　　　发料仓库：总仓库

材料类别	材料编号	材料名称及规格	计量单位	领用限额	实际领用	计划单价	金额	备注
	CD01	甲材料	千克	2 000		100		
日期	领　　料				退　　回			限额结余
	请领数量	实发数量	发料人	领料人	退料数量	收料人	退料人	
1	100	100	王林	李明				1 900
2	500	500	王林	王丽				1 400
6	800	800	王林	张明				600
8	20	20	王林	李山				580

生产计划部门负责人：　　　　　　供应部门负责人：　　　　　　仓库负责人：

图5.5　限额领料单的格式

发料汇总表

年　　月　　日　　　　　　　　　　　　　　　　　　　单位：元

应贷科目		应借科目			
		生　产　成　本		制　造　费　用	合　　计
		甲　产　品	乙　产　品		
原材料	甲材料	350 000	20 000	5 000	375 000
	乙材料	150 000	12 000	3 000	165 000
	丙材料	10 000	15 000	2 000	27 000
周转材料		1 000	2 000	1 000	4 000
合　　计		511 000	49 000	11 000	571 000

图5.6　发料汇总表的格式

3．按格式分类

原始凭证按照格式的不同，可分为通用凭证和专用凭证。

（1）通用凭证。通用凭证是指由有关部门统一印制、在一定范围内使用的具有统一格式和使用方法的原始凭证。通用凭证的使用范围因制作部门的不同而有所差异，可以是分地区、分行业使用，也可以全国通用，如某省（市）印制的在该省（市）通用的发票、收据等，由中国人民银行制作的在全国通用的银行转账结算凭证，由国家税务总局统一印制的全国通用的增值税专用发票等。

（2）专用凭证。专用凭证是指由单位自行印制的原始凭证，如领料单、差旅费报销单、折旧计算表、工资费用分配表等。

（二）原始凭证的基本内容

由于经济业务的种类和内容不同，原始凭证的格式和内容也千差万别。但无论何种原始凭证，作为记录和证明经济业务的发生或完成情况、明确经办单位和人员的经济责任的原始证据，都必须具备以下基本内容。

（1）原始凭证的名称。原始凭证的名称标明原始凭证所记录业务内容的种类，反映原始凭证的作用，如"收款收据""入库单"等。

（2）原始凭证的编号。原始凭证应连续编号，以利于查对核实。

（3）填制原始凭证的日期。填制原始凭证的日期一般是业务发生或完成的日期。如果在业务发生或完成时，因各种原因未能及时填制原始凭证，则应以实际填制日期为准。

（4）接受原始凭证的单位名称。接受原始凭证的单位名称即原始凭证的"抬头"，是指发生经济业务的对方单位。"抬头"将接受凭证单位与填制凭证单位或填制人相联系，标明经济业务的来龙去脉。

（5）经济业务的内容。经济业务的内容主要包括经济业务的项目、名称、规格及有关的数量、计量单位、单价和金额等，这是原始凭证的核心。

（6）填制单位和经办人员的签名盖章。依据填制单位和经办人员的签名盖章，可以明确经济责任。

（三）原始凭证的填制要求

填制原始凭证必须符合下列要求。

（1）记录要真实。原始凭证上填列的内容、数字，必须真实可靠，符合有关经济业务的实际情况，不得弄虚作假，更不得伪造凭证。

（2）内容要完整。原始凭证所要求填列的项目必须逐项填列齐全，不得遗漏和省略。

（3）手续要完备。无论是自制凭证还是外来凭证，都必须有经办单位和经办人员的签章。例如，自制原始凭证，必须有经办部门和经办人员的签章；对外开出的原始凭证，必须有本单位公章和经办人员的签章；从外部取得的原始凭证，必须有填制单位的公章和填制人员的签章；从个人取得的原始凭证，必须有填制人员的签章。

（4）书写要清楚、规范。原始凭证要按规定填写，使用规范的简化字，文字要简要，字迹要清楚，易于辨认。大小写金额必须相符且填写规范：小写金额用阿拉伯数字逐个书写，不得写连笔字。在小写金额前要填写人民币符号"¥"，人民币符号"¥"与阿拉伯数字之间不得留有空白。小写金额数字一律填写到角分，无角分的，写"00"或符号"－"；有角无分的，分位写"0"，不得用符号"－"。大写金额用汉字壹、贰、叁、肆、伍、陆、柒、捌、玖、拾、佰、仟、万、亿、元、角、分、零和整，一律用正楷或行书书写。大写金额前未印有"人民币"字样的，

应加写"人民币"三个字,"人民币"字样和大写金额之间不得留有空白。大写金额到元或角为止的,后面要写"整"或"正"字;有分的,不写"整"或"正"字。如小写金额为¥1 008.00,大写金额应写成"壹仟零捌元整"。

（5）编号要连续。如果原始凭证已预先印定编号,在写错作废时,则应加盖"作废"戳记,妥善保管,不得撕毁。

（6）不得涂改、刮擦、挖补。原始凭证有错误的,应当由出具单位重开或更正,更正处应当加盖出具单位印章。其中,如果是原始凭证金额有错误,必须由出具单位重开,不得在原始凭证上更正。

（7）填制要及时。各种原始凭证一定要及时填写,并按规定的程序及时送交会计机构或会计人员进行审核。

三、原始凭证的审核

1. 原始凭证审核的主要内容

在会计核算工作中,原始凭证只有经过审核无误后,才能作为填制记账凭证和记账的依据。审核的主要内容包括如下六个方面。

（1）原始凭证的真实性。真实性的审核包括凭证日期、业务内容、数据是否真实等方面的审查。

（2）原始凭证的合法性。审核原始凭证所记录经济业务是否符合国家法律法规,是否履行了规定的凭证传递和审核程序等。

（3）原始凭证的合理性。审核原始凭证所记录经济业务是否符合企业生产经营活动的需要、是否符合有关的计划和预算等。

（4）原始凭证的完整性。审核原始凭证各项基本要素是否齐全、是否有漏项情况、日期是否完整、数字是否清晰、文字是否工整、有关人员签章是否齐全、凭证联次是否正确等。

（5）原始凭证的正确性。审核原始凭证记载的各项内容是否正确,包括:①接受原始凭证单位的名称是否正确。②金额的填写和计算是否正确。阿拉伯数字分位填写,不得连写。小写金额前要标明"￥"字样,中间不能留有空位。大写金额前要加"人民币"字样,大写金额与小写金额要相符。③更正是否正确。原始凭证记载的各项内容均不得涂改、刮擦和挖补。

（6）原始凭证的及时性。审核原始凭证的填制日期是否及时。

2. 原始凭证审核后的处理

经审核的原始凭证应根据不同情况分别进行处理:①对于完全符合要求的原始凭证,应及时据以编制记账凭证入账。②对于真实、合法、合理但内容不够完整、填写有错误的原始凭证,应退回给有关经办人员,由其负责将有关凭证补充完整、更正错误或重开后,再办理正式会计手续。③对于不真实、不合法的原始凭证,会计机构和会计人员有权不予接受,并向单位负责人报告。

四、案例实操：滨海公司原始凭证的填制与审核

1. 案例案情

滨海股份有限公司为增值税一般纳税人,纳税人识别号为 150201000130047,公司地址为山东省北海市滨海路 27 号,电话号码为 3758659;设有一个基本生产车间,生产 A、B 两种产

品；库存现金只有人民币一个币种，银行存款只在中国工商银行北海市新兴路支行一家开户银行，账号为 86476532；存货发出时用先进先出法；采用科目汇总表账务处理程序；20×5 年公司总账 1—11 月累计发生额及 11 月末余额如表 5.1 所示；20×5 年公司部分明细账 1—11 月累计发生额及 11 月末余额如表 5.2～表 5.6 所示。

表 5.1　总账余额

单位：元

账　户	1—11 月累计发生额		11 月末余额	
	借　方	贷　方	借　方	贷　方
库存现金	16 678	18 800	3 400	
银行存款	281 238	271 200	530 940	
交易性金融资产	249 212	25 300	120 000	
应收账款	876 200	963 200	230 000	
原材料	1 734 550	1 645 000	1 370 000	
周转材料	489 500	405 600	483 100	
库存商品	3 156 200	3 465 000	1 543 600	
债权投资			100 000	
长期股权投资		3 000 000	356 000	
固定资产	5 200 000	3 000 000	6 400 000	
累计折旧	150 000	260 000		2 618 000
无形资产	2 600 000	100 000	500 000	
短期借款				200 000
应付账款	808 000	860 000		237 000
应付票据	309 000	309 000		160 000
应付职工薪酬	1 180 000	1 180 000		55 620
应交税费	1 015 000	1 202 200		187 200
长期借款	2 400 000	2 400 000		480 000
股本				5 070 000
资本公积		5 958		315 000
盈余公积				616 720
本年利润	8 338 780	9 693 100		1 354 320
利润分配				343 180
生产成本	3 150 000	3 150 000		
制造费用	650 000	650 000		
主营业务收入	9 625 000	9 625 000		
主营业务成本	6 665 000	6 665 000		
税金及附加	603 170	603 170		
管理费用	247 020	247 020		
销售费用	68 200	68 200		
财务费用	67 400	67 400		
投资收益	32 500	32 500		

账　户	1—11 月累计发生额		11 月末余额	
	借　方	贷　方	借　方	贷　方
其他业务收入	24 200	24 200		
其他业务成本	16 400	16 400		
营业外收入	11 400	11 400		
营业外支出	9 610	9 610		
所得税费用	661 980	661 980		
合　计	50 636 238	50 636 238	11 637 040	11 637 040

表 5.2　应收账款明细账　　　　　　　　　　　　单位：元

明细账户	1—11 月累计发生额		11 月末余额	
	借　方	贷　方	借　方	贷　方
南方经贸有限责任公司	600 000	500 000	200 000	
宏光有限责任公司	276 200	463 200	30 000	
合　计	876 200	963 200	230 000	

表 5.3　原材料明细账　　　　　　　　　　　金额单位：元

明细账户	计量单位	收　入	发　出	结　存		
				数　量	单　价	金　额
甲材料	千克	650 000	600 000	25 200	20	504 000
乙材料	千克	700 000	630 000	56 000	10	560 000
丙材料	件	384 550	415 000	20 400	15	306 000
合　计		1 734 550	1 645 000			1 370 000

表 5.4　库存商品明细账　　　　　　　　　　金额单位：元

明细账户	计量单位	收　入	发　出	结　存		
				数　量	单位成本	金　额
A 产品	件	850 000	1 050 000	6 556	100	655 600
B 产品	辆	906 200	1 015 000	400	2 220	888 000
合　计		1 756 200	2 065 000			1 543 600

表 5.5　应付账款明细账　　单位：元

明细账户	1—11 月累计发生额		11 月末余额	
	借方	贷方	借方	贷方
新兴有限责任公司	408 000	450 000		230 000
海明有限责任公司	400 000	410 000		7 000
合　计	808 000	860 000		237 000

表 5.6　生产成本明细账　　单位：元

明细账户	成本项目（1—11 月累计发生额）		
	直接材料	直接人工	制造费用
A 产品	600 000	500 000	300 000
B 产品	1 000 000	400 000	350 000
合　计	1 600 000	900 000	650 000

相关客户关系资料如下。

（1）宏光有限责任公司：开户行为中国工商银行东平市文化路支行；账号为 83856303。

（2）东风有限责任公司：纳税人识别号为 150201012219727；地址、电话为山东省东平市文化路 57 号，8107893；开户行及账号为中国工商银行东平市复兴路支行，83857241。

滨海股份有限公司20×5年12月发生如下经济业务。

（1）12月1日，接受宏利有限责任公司货币资金投资200 000元，存入银行（原始凭证№1-1、№1-2见本书附册，余同）。

（2）12月2日，企业为扩大业务经营向银行申请取得3年期借款300 000元，存入银行，利率为8%（原始凭证№2）。

（3）12月3日，接受外商（李林）捐赠机器设备1套，经评估确认价值180 000元（原始凭证№3）。

（4）12月4日，从北海有限责任公司购入甲材料3 000千克，每千克20元，计货款60 000元，增值税7 800元。材料已验收入库，款项以银行存款支付（原始凭证№4-1～№4-4）。

（5）12月5日，以银行存款支付产品广告费6 000元（原始凭证№5-1、№5-2）。

（6）12月5日，销售给南方经贸有限责任公司A产品1 000件，每件售价380元，计货款380 000元，增值税49 400元。产品已发出，货款尚未收到（原始凭证№6）。

（7）12月6日，出纳员签发现金支票提取现金2 000元备用（原始凭证№7）。

（8）12月7日，向地震灾区捐款100 000元，以银行存款支付（原始凭证№8-1、№8-2）。

（9）12月7日，王林出差预借差旅费600元（原始凭证№9）。

（10）12月8日，收到宏光有限责任公司转账支票一张，归还上月欠的购货款30 000元，存入银行（原始凭证№10）。

（11）12月9日，从海明有限责任公司购进甲材料2 000千克，单价19.9元/千克，计39 800元；乙材料4 000千克，单价9.9元/千克，计39 600元。材料验收入库，以银行存款支付材料款79 400元，增值税10 322元，运杂费600元（按材料重量比例分配）（原始凭证№11-1～№11-6，抵扣联略）。

（12）12月10日，从银行提取现金43 780元，准备发放工资（原始凭证№12）。

（13）12月10日，以现金支付本月职工工资43 780元（原始凭证№13）。

（14）12月10日，为生产A产品领用甲材料6 000千克，单位成本20元；为生产B产品领用乙材料20 000千克，单位成本10元；车间一般耗用丙材料4 000件，单位成本15元（原始凭证№14-1～№14-3）。

（15）12月11日，王林出差归来，报销差旅费540元，交回现金60元，结清本月预借的差旅费600元（原始凭证№15-1、№15-2）。

（16）12月12日，以现金支付办公用品费440元（原始凭证№16）。

（17）12月12日，以银行存款偿付到期的商业汇票款160 000元（原始凭证№17）。

（18）12月13日，向银行申请取得借款200 000元，期限6个月，年利率6%，存入银行（原始凭证№18）。

（19）12月14日，以银行存款缴纳上月应交税费187 200元，其中增值税151 200元，所得税36 000元（原始凭证№19-1、№19-2）。

（20）12月15日，销售给东风有限责任公司B产品120辆，每辆售价3 300元，计货款396 000元，增值税51 480元。产品已发出，货款收到，存入银行（原始凭证№20-1、№20-2）。

（21）12月16日，以银行存款偿还前欠新兴有限责任公司的货款100 000元，开出转账支票一张（原始凭证№21）。

（22）12月17日，以银行存款支付生产车间机器设备维修费1 000元（原始凭证№22-1、

№22-2）。

（23）12月18日，销售给东风有限责任公司A产品500件，每件售价380元，计190 000元；B产品80辆，每辆售价3 300元，计264 000元。增值税总计59 020元。产品已发出，收到东风有限责任公司开出为期3个月的商业汇票一张（原始凭证№23-1、№23-2）。

（24）12月20日，从海明有限责任公司购进乙材料8 000千克，单价10元/千克，计80 000元；丙材料5 000件，每件15元，计75 000元。增值税总计20 150元。材料运到，验收入库，开出3个月期限的商业汇票（原始凭证№24-1～№24-4，抵扣联略）。

（25）12月22日，以银行存款支付电费5 650元，其中增值税进项税额650元，生产车间负担电费4 000元，行政管理部门负担电费1 000元（按照部门用电量分担电费，原始凭证№25-1～№25-3，抵扣联略）。

（26）12月22日，以银行存款支付水费3 924元，其中增值税进项税额324元，生产车间负担水费3 000元，行政管理部门负担水费600元（按照部门用水量分担水费，原始凭证№26-1～№26-3，抵扣联略）。

（27）12月26日，以现金报销办公用品费2 000元（原始凭证№27）。

（28）12月28日，向东风有限责任公司销售甲材料1 000千克，单价30元/千克，货款30 000元，增值税3 900元，款项已收存银行（原始凭证№28-1、№28-2）。

（29）12月31日，按规定计提本月固定资产折旧35 000元。其中，生产用固定资产折旧26 400元，非生产用固定资产折旧8 600元（原始凭证№29）。

（30）12月31日，结转本月职工工资43 780元。其中，生产A产品工人工资17 700元，生产B产品工人工资14 880元，车间管理人员工资5 500元，行政管理人员工资5 700元（原始凭证№30）。

（31）12月31日，按工资总额的2%计提工会经费，按工资总额的8%计提职工教育经费（原始凭证№31）。

（32）12月31日，将本月发生的制造费用按生产工时比例分配转入A、B产品制造成本（A产品生产工时8 000、B产品生产工时12 000，原始凭证№32）。

（33）12月31日，计算结转本月完工入库A产品2 000件、B产品160辆的制造成本（本月A、B产品全部完工，原始凭证№33-1、№33-2）。

（34）12月31日，结转本月已售A、B产品的销售成本（原始凭证№34，存货发出用先进先出法）。

（35）12月31日，结转本月销售甲材料的成本（原始凭证№35，存货发出用先进先出法）。

（36）12月31日，计算本月应交的城市维护建设税（本公司适用税率为7%）及教育费附加（本公司适用附加率为3%）[原始凭证№36-1、№36-2；城建税的计算公式为：应纳税额=（实际缴纳的增值税+消费税）×适用税率；教育费附加的计算公式为：应纳税额=（实际缴纳的增值税+消费税）×适用附加率]。

（37）12月31日，将各损益类账户余额转入"本年利润"账户（原始凭证№37）。

（38）12月31日，计算并结转本月所得税费用（税率为25%，原始凭证№38）。

（39）12月31日，按全年税后利润的10%提取法定盈余公积（原始凭证№39）。

（40）12月31日，按全年税后利润的40%向投资者分配现金股利（原始凭证№40）。

（41）12月31日，将"本年利润"和"利润分配"各明细账户结转至"利润分配——未分配利润"账户。

请根据以上模拟案例资料,为滨海股份有限公司填制 12 月经济业务中的空白原始凭证(常用原始凭证),并对所有原始凭证(见本书附册)进行审核。

2. 示范操作

第(5)笔经济业务的原始凭证№5-2 填制如图 5.7 所示;第(7)笔经济业务的原始凭证№7 填制如图 5.8 所示;第(10)笔经济业务的原始凭证№10 填制如图 5.9 所示;第(11)笔经济业务的原始凭证№11-5 填制如图 5.10 所示;第(14)笔经济业务的原始凭证№14-3 填制如图 5.11 所示;第(15)笔经济业务的原始凭证№15-1 填制如图 5.12 所示;第(18)笔经济业务的原始凭证№18 填制如图 5.13 所示;第(23)笔经济业务的原始凭证№23-1 填制如图 5.14 所示。

中国工商银行现金支票存根(鲁)

支票号码 2265869
科　　目＿＿＿＿＿＿＿＿＿＿＿＿
对方科目＿＿＿＿＿＿＿＿＿＿＿＿
签发日期 20×5 年 12 月 5 日

| 收款人：潍坊电视台 |
| 金　额：6 000.00 |
| 用　途：产品广告费 |
| 备　注： |

单位主管　　　会计
复　核　　　记账

图 5.7　原始凭证№5-2

中国工商银行现金支票存根(鲁)

支票号码 1226586
科　　目＿＿＿＿＿＿＿＿＿＿＿＿
对方科目＿＿＿＿＿＿＿＿＿＿＿＿
签发日期 20×5 年 12 月 6 日

| 收款人：滨海股份有限公司 |
| 金　额：2 000.00 |
| 用　途：备用金 |
| 备　注： |

单位主管　　　会计
复　核　　　记账

图 5.8　原始凭证№7

中国工商银行进账单(收账通知)

20×5 年 12 月 8 日　　　　　　　　　　　　　第 42 号

收款人	全　称	滨海股份有限公司	付款人	全　称	宏光有限责任公司								
	账　号	86476532		账　号	83856303								
	开户银行	中国工商银行北海市新兴路支行		开户银行	中国工商银行东平市文化路支行								

		百	十	万	千	百	十	元	角	分
人民币(大写):叁万元整				¥	3	0	0	0	0	0	0

| 票据种类 | 转账支票 |
| 票据张数 | 1张 |

单位主管　　　　　　复核
会计　　　　　　　　记账

工行北海新兴路支行
20×5.12.08
收讫　收款人开户行盖章

图 5.9　原始凭证№10

3. 自己动手

仿照以上操作,请同学们自行填制模拟案例中的空白原始凭证№5-2、№7、№10、№11-5、№14-3、№15-1、№18、№23-1、№31、№32、№33-1、№33-2、№34、№35、№36-1、№36-2、№37、№38、№39、№40,并对所有原始凭证进行审核。(在附册中填制)

收 料 单

供货单位：海明有限责任公司   材料类别：原材料

发票号码：   20×5 年 12 月 9 日   材料仓库：2

材料名称（规格）	计量单位	数量		实际成本											
		应收	实收	单价	价格	运杂费	合 计								
							百	十	万	千	百	十	元	角	分
乙材料	千克	4 000	4 000	9.9	39 600	400			4	0	0	0	0	0	0
合 计								¥	4	0	0	0	0	0	0
备 注：															

核算：（印）   主管：（印）   保管：（印）   检验：（印）   交库：（印）

图 5.10　原始凭证№11-5

领 料 单

领用单位：生产车间   20×5 年 12 月 10 日   3 号仓库   编号：055

用途	车间—一般耗用		产品批量			订单号		财务存
材料类别	材料编号	材料名称	规格	计量单位	数量		单价	金额
					请领	实发		
		丙材料		件	4 000	4 000	15	60 000
合 计			人民币（大写）陆万元整					¥60 000
备注								

核算：（印）   主管：（印）   发料：（印）   主管：（印）   领料：（印）

图 5.11　原始凭证№14-3

收款收据（三联单）

20×5 年 12 月 11 日   №6703520

交款单位或交款人	王林	收款方式	现金	第三联记账依据
事　由　报销差旅费、交回余款			备注： 核销 540 元 现金 60 元	
人民币（大写）陆拾元整		¥60.00		

收款单位（章）   收款人（签章）

图 5.12　原始凭证№15-1

借款借据（收账通知）

20×5 年 12 月 13 日   借款编号：37689

借款单位名称	滨海股份有限公司	借款单位账号	86476532								
				百	十	万	千	百	十	元	角	分

借款金额	人民币（大写）：贰拾万元整		¥	2	0	0	0	0	0	0	0

借款用途	生产周转借款	期限	6 个月
还款期限	20×6 年 6 月 13 日	利率	6%

上列借款已批准发放，转入你单位存款账户 此致 借款单位 （银行签章）	单位分录： （借） （贷） 主管　会计　复核　记账 　　　年　月　日

图 5.13　原始凭证№18

3700083152　　　　　　山东增值税专用发票　　　　　№00286253

记账联
山东省
国家税务局监制

开票日期：20×5 年 12 月 18 日

购 货 单 位	名　　称：东风有限责任公司 纳税人识别号：№150201012219727 地址、电话：山东省东平市文化路 57 号　8107893 开户行及账号：中国工商银行东平市复兴路支行 83857241	密 码 区	略

货物或应税劳务名称	规格型号	单位	数量	单价	金　额	税率	税　额
A 产品		件	500	380	190 000.00	13%	24 700.00
B 产品		辆	80	3 300	264 000.00	13%	34 320.00
合　计					¥454 000.00		¥59 020.00

价税合计（大写）	人民币伍拾壹万叁仟零贰拾元整	（小写）¥ 513 020.00

销 货 单 位	名　　称：滨海股份有限公司 纳税人识别号：№150201000130047 地址、电话：山东省北海市滨海路 27 号　3758659 开户行及账号：中国工商银行北海市新兴路支行 86476532	备 注	滨海股份有限公司 150s201000130047 发票专用章

收款人：李红　复核：李天　开票人：刘明　　　　　销货单位：（章）

第三联　记账联　销货方记账凭证

图 5.14　原始凭证№23-1

第二节　记账凭证的填制与审核

一、记账凭证的填制

记账凭证又称记账凭单，是会计人员根据审核无误的原始凭证，按照经济业务事项的内容加以归类，并据以确定会计分录后所填制的会计凭证，作为登记账簿的直接依据。记账凭证可以根据每一张原始凭证编制，也可以根据同类原始凭证汇总编制或根据原始凭证汇总表编制。

（一）记账凭证的种类

1. 按所反映的经济内容不同分类

记账凭证按其所反映的经济内容不同，分为专用记账凭证和通用记账凭证。

（1）专用记账凭证。专用记账凭证是用来专门记录某一类经济业务的记账凭证。专用记账凭证按其所记录的经济业务与现金和银行存款的收付有无关系，又分为收款凭证、付款凭证和转账凭证三种：①收款凭证是指用以记录库存现金或银行存款增加业务的记账凭证，其格式如图5.15所示；②付款凭证是指用以记录库存现金或银行存款减少业务的记账凭证，其格式如图5.16所示；③转账凭证是指用以记录库存现金和银行存款以外业务的会计凭证，其格式如图5.17所示。

（2）通用记账凭证。通用记账凭证是用来记录所有经济业务（不分收款、付款和转账业务）的记账凭证。对于经济业务较简单、规模较小、收付业务较少的单位，为了简化核算，可采用通用记账凭证来记录所有经济业务。通用记账凭证的格式与转账凭证基本相同（见图5.18）。

收 款 凭 证

借方科目：　　　　　　　　　　　年　　月　　日　　　　　　　　　　总字第＿＿＿号　　收字第＿＿＿号

摘　要	贷方科目		金　额										记账√
	总账科目	明细科目	千	百	十	万	千	百	十	元	角	分	
附件　　　张	合　计												

会计主管　　　记账　　　出纳　　　审核　　　制证

图5.15　收款凭证

付 款 凭 证

贷方科目：　　　　　　　　　　　年　　月　　日　　　　　　　　　　总字第＿＿＿号　　付字第＿＿＿号

摘　要	借方科目		金　额										记账√
	总账科目	明细科目	千	百	十	万	千	百	十	元	角	分	
附件　　　张	合　计												

会计主管　　　记账　　　出纳　　　审核　　　制证

图5.16　付款凭证

转 账 凭 证

年　　月　　日

总字第＿＿＿号
转字第＿＿＿号

摘要	总账科目	明细科目	记账∨	借方金额										贷方金额									
				千	百	十	万	千	百	十	元	角	分	千	百	十	万	千	百	十	元	角	分
附件 张	合　计																						

会计主管　　　　　记账　　　　　　审核　　　　　　制证

图 5.17　转账凭证

记 账 凭 证

年　　月　　日

字第＿＿＿号

摘要	总账科目	明细科目	记账∨	借方金额										贷方金额									
				千	百	十	万	千	百	十	元	角	分	千	百	十	万	千	百	十	元	角	分
附件 张	合　计																						

会计主管　　　　　记账　　　　　　审核　　　　　　制证

图 5.18　通用记账凭证

2. 按填制方式不同分类

记账凭证按其填制方式不同，分为复式记账凭证和单式记账凭证。

（1）复式记账凭证。复式记账凭证是指将每一项经济业务事项所涉及的全部会计科目及其发生额，均在同一张凭证中反映的记账凭证。前述收款凭证、付款凭证、转账凭证和通用记账凭证都是复式记账凭证。它是实际工作中应用最普遍的记账凭证。复式记账凭证可集中反映一项经济业务的科目对应关系，便于分析对照，有助于相关人员了解有关经济业务的全貌，但不利于会计人员分工记账。

（2）单式记账凭证。单式记账凭证是指每一张记账凭证只填列经济业务事项所涉及的一个会计科目及其金额的记账凭证。填列借方科目的称为借项记账凭证，填列贷方科目的称为贷项记账凭证。单式记账凭证反映内容单一，便于分工记账，但一张凭证不能反映每一笔经济业务的全貌。其格式如图 5.19 和图 5.20 所示。

借项记账凭证

对方科目：			年 月 日											第＿＿号
摘 要	总 账 科 目	明 细 科 目	金 额											账√
			千	百	十	万	千	百	十	元	角	分		
附件 张	合 计													
会计主管 记账 出纳		审核 制证												

图 5.19　借项记账凭证

贷项记账凭证

对方科目：			年 月 日											第＿＿号
摘 要	总 账 科 目	明 细 科 目	金 额											账√
			千	百	十	万	千	百	十	元	角	分		
附件 张	合 计													
会计主管 记账 出纳		审核 制证												

图 5.20　贷项记账凭证

（二）记账凭证的基本内容

记账凭证作为登记账簿的直接依据，必须具备以下基本内容。

（1）记账凭证的名称。记账凭证的名称即收款凭证、付款凭证、转账凭证或记账凭证。

（2）填制记账凭证的日期。记账凭证的填制日期与原始凭证的填制日期可能相同，也可能不同。记账凭证应及时填制，但一般稍晚于原始凭证的填制。

（3）记账凭证的编号。记账凭证的编号可以采用统一编号法，也可采用分类编号法。如果一项经济业务需要填列多张记账凭证，则可采用"分数编号法"。

（4）经济业务事项的内容摘要。

（5）经济业务事项所涉及的会计科目、记账方向及金额。

（6）记账标记。

（7）所附原始凭证张数。

（8）会计主管、记账、审核、出纳、制证等有关人员签章。

（三）记账凭证的填制要求

各种记账凭证必须按规定及时、准确、完整地填制。其基本要素填写要求如下。

（1）日期的填写。记账凭证的日期一般是会计人员填制记账凭证的当天，也可根据管理需要填写经济业务发生日期或月末日期。

（2）摘要栏的填写。摘要是对经济业务的简要说明，填写时要求真实准确、简明扼要，并书写工整。

（3）会计科目的填写。会计科目应填写会计科目的全称，不得简写。需填明细科目的，应在"明细科目"栏填写明细科目的名称。

（4）金额的填写。记账凭证的金额必须与原始凭证的金额相符。在记账凭证的"合计"行填列合计金额，在合计金额前应填写货币符号，不是合计金额前不应填写货币符号。一笔经济业务因涉及会计科目较多，故需填写多张记账凭证的，只在最末一张记账凭证的"合计"行填写合计金额。

（5）附件张数的填写。除结账和更正错误的记账凭证可以不附原始凭证之外，其他记账凭证必须附有原始凭证，必须注明所附原始凭证的张数。所附原始凭证张数的计算，一般以原始凭证的自然张数为准。附件张数应用阿拉伯数字填写。

（6）记账凭证的编号。记账凭证的编号每月从"第1号"开始按经济业务的先后顺序编号，不得跳号、重号。使用通用记账凭证的，可按经济业务发生的顺序编号。采用收款凭证、付款凭证和转账凭证的，可采用"字号编号法"，即按凭证类别顺序编号，如收字第×号、付字第×号、转字第×号（或现收字第×号、银收字第×号、现付字第×号、银付字第×号、转字第×号）；也可采用"双重编号法"，即按总字顺序编号与按类别顺序编号相结合，如某收款凭证为"总字第×号，收字第×号"。一笔经济业务需要编制多张记账凭证时，应按顺序采用"分数编号法"。

如第3笔业务需要填制两张记账凭证，则这两张记账凭证的编号分别为 $3\frac{1}{2}$ 和 $3\frac{2}{2}$。在每月最后一张记账凭证的编号旁边可加注"全"字，以防凭证散失。

（7）签名或盖章。记账凭证上规定的有关人员签名或盖章，应全部签章齐全，以明确经济责任。

（8）对空行的要求。记账凭证不准跳行或留有余行。填制完毕的记账凭证如有空行的，应在金额栏画一斜线或"S"形线注销。线应从金额栏最后一笔金额数字下面的空行画到合计数行的上面一行，注意斜线或"S"形线两端都不能画到有金额数字的行次上。

（9）记账标记的填写。记账凭证的内容登记入账后，应在凭证上的"记账"栏内注明账户页码或做"√"标记，以避免重复记账。

👓 视野拓展

（1）出纳人员根据收款凭证收款或根据付款凭证付款时，要在凭证上加盖"收讫"或"付讫"的戳记，以免重收重付。

（2）涉及现金和银行存款之间的划转业务，按规定只填制付款凭证，以免重复记账。

（3）记账凭证填制出现错误时，应重新填制，不得在凭证上更正。如果该凭证已登记入账，则按规定的错账更正方法进行更正。

二、记账凭证的审核

记账凭证填制完毕后，必须经过审核无误才能据以登记账簿。记账凭证审核的主要内容包括以下两个方面。

（1）内容是否真实。审核记账凭证是否附有原始凭证，所附原始凭证是否齐全，所附原始凭证的内容与记账凭证的内容是否一致等。

（2）填制项目是否齐全、正确。记账凭证上的各个项目是否填写完整、清楚，应借应贷的账户是否正确，金额计算是否正确。

三、案例实操：滨海公司记账凭证的填制与审核

1．案例案情

接本章第一节案例案情，根据模拟案例中滨海股份有限公司12月经济业务的原始凭证，填制与审核记账凭证。

2．示范操作

（1）根据原始凭证№1-1、№1-2填制的记账凭证如图5.21所示。

（2）根据原始凭证№2、№3填制的记账凭证如图5.22和图5.23所示。

（3）根据原始凭证№4-2～№4-4填制的记账凭证如图5.24所示。

（4）根据原始凭证№5-1、№5-2填制的记账凭证如图5.25所示。

（5）根据原始凭证№6、№7填制的记账凭证如图5.26和图5.27所示。

（6）根据原始凭证№8-1、№8-2填制的记账凭证如图5.28所示。

（7）根据原始凭证№9、№10填制的记账凭证如图5.29和图5.30所示。

（8）根据原始凭证№11-1～№11-6填制的记账凭证如图5.31所示。

（9）根据原始凭证№12填制的记账凭证如图5.32所示。

（10）根据原始凭证№13填制的记账凭证如图5.33所示。

（11）根据原始凭证№14-1～№14-3填制的记账凭证如图5.34所示。

收 款 凭 证

总字第___1___号

借方科目：银行存款　　　　　20×5年12月1日　　　　　收字第___1___号

摘　要	贷 方 科 目		金　额										记账√
	总 账 科 目	明 细 科 目	千	百	十	万	千	百	十	元	角	分	
接受投资	股本	宏利有限责任公司		2	0	0	0	0	0	0	0	0	
附件　2　张	合　计			¥	2	0	0	0	0	0	0	0	

会计主管　　　记账　　　出纳（签章）　　　审核　　　制证（签章）

图5.21　根据原始凭证№1-1、№1-2填制的记账凭证

收 款 凭 证

总字第___2___号

借方科目：银行存款　　　　　　　　20×5 年 12 月 2 日　　　　　　　　收字第___2___号

摘　要	贷 方 科 目		金　　额									记账
	总账科目	明细科目	千	百	十	万	千	百	十	元	角	分	√
借入长期借款	长期借款	生产经营借款			3	0	0	0	0	0	0	0	
附件　1　张	合　　计		¥	3	0	0	0	0	0	0	0	

会计主管　　　记账　　　出纳（签章）　　　审核　　　制证（签章）

图 5.22　根据原始凭证№2 填制的记账凭证

转 账 凭 证

总字第___3___号

20×5 年 12 月 3 日　　　　　　　　转字第___1___号

摘要	总账科目	明细科目	记账√	借 方 金 额										贷 方 金 额									
				千	百	十	万	千	百	十	元	角	分	千	百	十	万	千	百	十	元	角	分
接受捐赠	固定资产					1	8	0	0	0	0	0	0										
	营业外收入															1	8	0	0	0	0	0	0
附件1张	合　计			¥	1	8	0	0	0	0	0	0		¥	1	8	0	0	0	0	0	0	

会计主管　　　记账　　　审核　　　制证（签章）

图 5.23　根据原始凭证№3 填制的记账凭证

付 款 凭 证

总字第___4___号

贷方科目：银行存款　　　　　　　　20×5 年 12 月 4 日　　　　　　　　付字第___1___号

摘　要	借 方 科 目		金　　额									记账
	总账科目	明细科目	千	百	十	万	千	百	十	元	角	分	√
购入材料	原材料	甲材料				6	0	0	0	0	0	0	
	应交税费	应交增值税（进项税）					7	8	0	0	0	0	
附件　3　张	合　　计		¥	6	7	8	0	0	0	0	0	

会计主管　　　记账　　　出纳（签章）　　　审核　　　制证（签章）

图 5.24　根据原始凭证№4-2～№4-4 填制的记账凭证

付 款 凭 证

总字第 __5__ 号
付字第 __2__ 号

贷方科目：银行存款　　　　20×5 年 12 月 5 日

摘　要	借方科目		金　额										记账√
	总账科目	明细科目	千	百	十	万	千	百	十	元	角	分	
支付广告费	销售费用	广告费					6	0	0	0	0	0	
附件　2　张	合　计					¥	6	0	0	0	0	0	

会计主管　　　记账　　　出纳（签章）　　　审核　　　制证（签章）

图 5.25　根据原始凭证№5-1、№5-2 填制的记账凭证

转 账 凭 证

总字第 __6__ 号

20×5 年 12 月 5 日

转字第 __2__ 号

摘要	总账科目	明细科目	记账√	借方金额										贷方金额									
				千	百	十	万	千	百	十	元	角	分	千	百	十	万	千	百	十	元	角	分
销售产品	应收账款	南方经贸有限责任公司			4	2	9	4	0	0	0	0											
	主营业务收入	A产品														3	8	0	0	0	0	0	0
	应交税费	应交增值税(销项税)															4	9	4	0	0	0	0
附件1张	合　计			¥	4	2	9	4	0	0	0	0		¥	4	2	9	4	0	0	0	0	

会计主管　　　记账　　　审核　　　制证（签章）

图 5.26　根据原始凭证№6 填制的记账凭证

付 款 凭 证

总字第 __7__ 号
付字第 __3__ 号

贷方科目：银行存款　　　　20×5 年 12 月 6 日

摘　要	借方科目		金　额										记账√
	总账科目	明细科目	千	百	十	万	千	百	十	元	角	分	
提取现金备用	库存现金							2	0	0	0	0	0	
附件　1　张	合　计						¥	2	0	0	0	0	0	

会计主管　　　记账　　　出纳（签章）　　　审核　　　制证（签章）

图 5.27　根据原始凭证№7 填制的记账凭证

付 款 凭 证

总字第 __8__ 号
付字第 __4__ 号

贷方科目：银行存款　　　　　　　　20×5 年 12 月 7 日

摘　　要	借 方 科 目		金　　额									记账√
	总账科目	明细科目	千	百	十	万	千	百	十	元	角	分	
公益性捐赠	营业外支出	公益性捐赠			1	0	0	0	0	0	0	0	
附件　2　张	合　　计				¥	1	0	0	0	0	0	0	0	

会计主管　　　记账　　　出纳（签章）　　　审核　　　制证（签章）

图 5.28　根据原始凭证№8-1、№8-2 填制的记账凭证

付 款 凭 证

总字第 __9__ 号
付字第 __5__ 号

贷方科目：库存现金　　　　　　　　20×5 年 12 月 7 日

摘　　要	借 方 科 目		金　　额									记账√
	总账科目	明细科目	千	百	十	万	千	百	十	元	角	分	
预借差旅费	其他应收款	王林						6	0	0	0	0	
附件　1　张	合　　计						¥	6	0	0	0	0	

会计主管　　　记账　　　出纳（签章）　　　审核　　　制证（签章）

图 5.29　根据原始凭证№9 填制的记账凭证

收 款 凭 证

总字第 __10__ 号
收字第 __3__ 号

借方科目：银行存款　　　　　　　　20×5 年 12 月 8 日

摘　　要	贷 方 科 目		金　　额									记账√
	总账科目	明细科目	千	百	十	万	千	百	十	元	角	分	
收回欠款	应收账款	宏光有限责任公司				3	0	0	0	0	0	0	
附件　1　张	合　　计					¥	3	0	0	0	0	0	0	

会计主管　　　记账　　　出纳（签章）　　　审核　　　制证（签章）

图 5.30　根据原始凭证№10 填制的记账凭证

付 款 凭 证

贷方科目：银行存款　　　　　20×5 年 12 月 9 日

摘　要	借 方 科 目		金　额										记账√
	总账科目	明 细 科 目	千	百	十	万	千	百	十	元	角	分	
购入材料	原材料	甲材料				4	0	0	0	0	0	0	
	原材料	乙材料				4	0	0	0	0	0	0	
	应交税费	应交增值税（进项税）				1	0	3	2	2	0	0	
附件　6　张	合　计				¥	9	0	3	2	2	0	0	

会计主管　　　记账　　　出纳（签章）　　　审核　　　制证（签章）

图 5.31　根据原始凭证№11-1～№11-6 填制的记账凭证

付 款 凭 证

贷方科目：银行存款　　　　　20×5 年 12 月 10 日

摘　要	借 方 科 目		金　额										记账√
	总账科目	明 细 科 目	千	百	十	万	千	百	十	元	角	分	
提取现金	库存现金					4	3	7	8	0	0	0	
附件　1　张	合　计				¥	4	3	7	8	0	0	0	

会计主管　　　记账　　　出纳（签章）　　　审核　　　制证（签章）

图 5.32　根据原始凭证№12 填制的记账凭证

付 款 凭 证

贷方科目：库存现金　　　　　20×5 年 12 月 10 日

摘　要	借 方 科 目		金　额										记账√
	总账科目	明 细 科 目	千	百	十	万	千	百	十	元	角	分	
发放职工薪酬	应付职工薪酬					4	3	7	8	0	0	0	
附件　1　张	合　计				¥	4	3	7	8	0	0	0	

会计主管　　　记账　　　出纳（签章）　　　审核　　　制证（签章）

图 5.33　根据原始凭证№13 填制的记账凭证

转 账 凭 证

20×5 年 12 月 10 日

总字第 __14__ 号
转字第 __3__ 号

摘要	总账科目	明细科目	记账√	借方金额 千	百	十	万	千	百	十	元	角	分	贷方金额 千	百	十	万	千	百	十	元	角	分
领用材料	生产成本	A产品				1	2	0	0	0	0	0	0										
	生产成本	B产品				2	0	0	0	0	0	0	0										
	制造费用	材料费					6	0	0	0	0	0	0										
	原材料	甲材料														1	2	0	0	0	0	0	0
	原材料	乙材料														2	0	0	0	0	0	0	0
	原材料	丙材料															6	0	0	0	0	0	0
附件3张	合　　计				¥	3	8	0	0	0	0	0	0		¥	3	8	0	0	0	0	0	0

会计主管　　　　　记账　　　　　审核　　　　　制证（签章）

图 5.34　根据原始凭证№14-1～№14-3 填制的记账凭证

3. 自己动手

仿照以上操作，请同学们根据模拟案例中滨海股份有限公司 12 月经济业务的全部原始凭证，自行填制记账凭证，并将本书附册中的原始凭证裁剪后附在相应的记账凭证后面。记账凭证填制完毕后进行审核。（使用真实的记账凭证）

四、会计凭证的传递与保管

1. 会计凭证的传递

会计凭证的传递是指会计凭证从取得或填制到归档保管的整个过程中，在本单位内部各有关部门和人员之间的传送、交接程序。

★ 提炼点睛 ★

原始凭证的取得 → 单位主管审批 → 会计核准

审核记账凭证 ← 编制记账凭证 ← 出纳付款

会计做账 → 会计凭证的保管

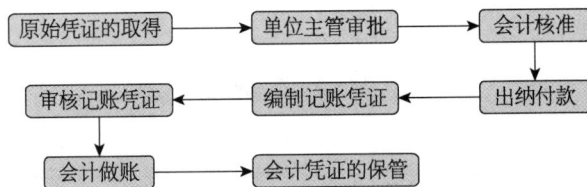

会计凭证传递的流程

会计凭证的传递要能够满足内部控制制度的要求，传递程序应合理、有效，同时尽量节约传递时间，减少传递的工作量。单位应根据具体情况制定每一种凭证的传递程序和方法。

2. 会计凭证的保管

会计凭证的保管是指会计凭证记账后的整理、装订、归档和存查工作。会计凭证是重要的会计档案和经济资料，每个单位都要建立保管制度，予以妥善保管。对各种会计凭证要分门别类、按照编号顺序整理，装订成册。封面上要注明会计凭证的名称、起讫号、时间以及有关人员的签章。要妥善保管好会计凭证，在保管期间会计凭证不得外借，如有特殊原因需要调阅会计凭证时，必须办理相关的审批调阅手续。对超过规定期限（一般是 30 年）的会计凭证，要严

格依照有关程序销毁。需永久保留的有关会计凭证，不能销毁。（具体见第九章）

教学做一体化训练

知识测试

一、单项选择题

1. 会计凭证是（　　）的依据。

　　A. 编制报表　　　　　B. 填制记账凭证　　　　C. 登记账簿　　　　D. 填制原始凭证

2. 以下经济业务中，应填制转账凭证的是（　　）。

　　A. 职工借支差旅费 5 000 元　　　　　　　B. 以现金 2 000 元购买办公用品

　　C. 销售甲产品收入现金 3 000 元　　　　　D. 购入设备一台，价款 60 000 元未付

3. 原始凭证是由（　　）取得或填制的。

　　A. 总账会计　　　　　　　　　　　　　　B. 业务经办单位或人员

　　C. 会计主管　　　　　　　　　　　　　　D. 出纳人员

4. 货币资金之间的划转业务只编制（　　）。

　　A. 付款凭证　　　　　B. 收款凭证　　　　　C. 转账凭证　　　　D. 记账凭证

5. 按填制的程序和用途不同，会计凭证分为（　　）。

　　A. 收款凭证、付款凭证和转账凭证　　　　B. 一次凭证和累计凭证

　　C. 原始凭证和记账凭证　　　　　　　　　D. 外来凭证和自制凭证

6. 下列表示方法正确的是（　　）。

　　A. ¥508.00　　　　　　　　　　　　　　B. ¥86.00

　　C. 人民币伍拾陆元捌角伍分整　　　　　　D. 人民币　柒拾陆元整

7. 在实际工作中，规模小、业务简单的单位，为了简化会计核算工作，可以使用一种统一格式的（　　）。

　　A. 转账凭证　　　　　B. 收款凭证　　　　　C. 付款凭证　　　　D. 通用记账凭证

二、多项选择题

1. 属于记账凭证的基本内容的有（　　）。

　　A. 记账凭证的日期

　　B. 记账凭证的名称

　　C. 记账标记

　　D. 经济业务事项所涉及的会计科目及其记账方向

2. 原始凭证的审核内容有（　　）。

　　A. 合法性　　　　　B. 完整性　　　　　C. 正确性　　　　D. 合理性

3. 现金和银行存款之间的划转应编制（　　）。

　　A. 现金收账凭证　　　　　　　　　　　　B. 银行存款付款凭证

　　C. 现金付款凭证　　　　　　　　　　　　D. 银行存款收款凭证

4．下列属于外来原始凭证的有（　　　　）。

    A．购货发票　　　　B．出差人员车船票　　C．银行结算凭证　　　D．领料单

5．下列记账凭证中可以不附原始凭证的有（　　　　）。

    A．收款凭证　　　　　　　　　　　　B．付款凭证

    C．结账的记账凭证　　　　　　　　　D．更正错账的记账凭证

三、判断题

1．对于真实、合法、合理但内容不够完善、填写有错误的原始凭证，会计机构和会计人员不予以接受。　　　　　　　　　　　　　　　　　　　　　　　　　　　　　（　　　）

2．所有的记账凭证都必须附有原始凭证，否则，不能作为记账的依据。　　（　　　）

3．把多项经济业务合并登记在一起的记账凭证，称为复式记账凭证。　　（　　　）

4．记账凭证是登记账簿的间接依据，原始凭证是登记账簿的直接依据。　（　　　）

5．会计凭证应定期装订成册，加具封面，归档保管。　　　　　　　　　（　　　）

6．原始凭证金额有错误的，应当由出具单位重开或更正，更正处应当加盖出具单位印章。　　　　　　　　　　　　　　　　　　　　　　　　　　　　　　　　　　（　　　）

7．出纳人员在办理收款或付款业务后，应在收款或付款凭证上加盖"收讫"或"付讫"的戳记。　　　　　　　　　　　　　　　　　　　　　　　　　　　　　　　　　　（　　　）

实务操作

实训一　原始凭证的审核

（一）实训目的

掌握原始凭证的审核方法，能根据会计法规和原始凭证填制要求，审核原始凭证的合法性、正确性。

（二）实训资料

蓝天股份有限责任公司20×5年4月发生下列经济业务。

（1）3日，采购员王五赴北京采购材料，填写借款单一份，并经主管领导批准。所填制的借款单如图5.35所示。

借　款　单
20×5年4月3日

部　　门	供应科		借款事由：参加订货会
借款金额（人民币大写）贰仟元		¥：2 000.00	
批准金额（人民币大写）贰仟元		¥：2 000.00	
领导	贺伟	财务主管　王林	借款人：

图5.35　借款单

（2）8日，加工车间张三领用材料生产A产品。其中，领用圆钢4 000千克，计划单价10元/千克；领用角钢3 000千克，计划单价5元/千克。所填制的领料单如图5.36所示。

领 料 单

领料单位：基本生产车间　　　　　　　　　　　　　　　　　　　　　　　　编号：18

用　途：　　　　　　　　　20×5 年 4 月 8 日　　　　　　　　　　　　仓库：1 库

材料类别	材料编号	材料名称及规格	计量单位	数　量		单价	金额
				请领	实领		
主要材料		圆钢	千克	4 000	4 000	10.00	4 000.00
		角钢	千克	3 000	3 000	5.00	15 000.00
合　计							19 000.00

记账：　　　　发料：王立　　　　领料部门负责人：　　　　领料：

图 5.36　领料单

（3）9 日，销售甲产品 500 件，单价 200 元/件；乙产品 500 件，单价 100 元/件。开出增值税专用发票一张，并将有关联交与东方有限责任公司，同时收到东方有限责任公司签发的转账支票一张，尚未送存银行。开出的增值税专用发票及收取的转账支票如图 5.37 和图 5.38 所示。

山东增值税专用发票

3700182175　　　　　　　　　记账联　　　　№20839887

山东省　　　　　　　开票日期：20×5 年 4 月 9 日

购货单位	名　　称：东方有限责任公司 纳税人识别号：№370216912563012 地址、电话：山东省北海市幸福路 16 号 6230355 开户行及账号：中国工商银行北海市幸福路支行 8040-4129	密码区	略

货物或应税劳务名称	规格型号	计量单位	数量	单价	金　额	税率	税　额
甲产品		件	500	200	100 000.00	13%	13 000.00
乙产品		件	500	100	50 000.00	13%	6 500.00
合　计					150 000.00		19 500.00

价税合计（大写）　　人民币拾陆万玖仟伍佰元整　　　　（小写）￥169 500.00

销货单位	名　　称：蓝天股份有限责任公司 纳税人识别号：№150201000130147 地址、电话：山东省北海市滨海路 10 号 3478659 开户行及账号：中国工商银行北海市滨海路支行 76476532	150201000130147 发票专用章

收款人：李红　　复核：李天　　开票人：刘明　　　　销货单位：（章）

图 5.37　增值税专用发票

中国工商银行转账支票　　　No. 33889890

签发日期（大写）贰零×捌年肆月玖日　　付款行名称：中国工商银行北海市幸福路支行

收款人：蓝天股份有限责任公司　　出票人账号：8040-4129

人民币（大写）	拾陆万玖仟伍佰元	百	十	万	千	百	十	元	角	分
		￥	1	6	9	5	0	0	0	0

用途　购货款

上列款项请从

我账户内支付

出票人签章（公章）（章）　　复核　　记账

本支票付款期限十天

图 5.38　转账支票

（4）10 日，签发支票一张（如图 5.39 所示），金额 38 000 元，从银行提取现金以备发工资。

图 5.39　转账支票

（5）18日，办公室职员张明拿来发票一张，报销购买笔记本、签字笔等办公用品费用。发票如图 5.40 所示。

图 5.40　商品销售统一发票

（三）实训要求

根据所给资料审核原始凭证，指出其中存在的问题并提出修改意见。

实训二　记账凭证的审核

（一）实训目的

掌握记账凭证的审核方法，能根据记账凭证填制要求，审核记账凭证填制的正确性。

（二）实训资料

华丰有限责任公司 20×5 年 5 月根据相关经济业务填制的部分记账凭证如下。

（1）2日，收到本地达利有限责任公司偿还前欠货款的转账支票一张，金额 42 653.20 元，当即填制进账单将支票送存银行，收到进账单回单。填制记账凭证如图 5.41 所示，指出其中的问题并在图 5.42 中填制正确的凭证。

付 款 凭 证

贷方科目：银行存款　　　　20×5 年 5 月 2 日

总字号____号　付字第__6__号

摘　要	借方科目		金　额									记账 √
	总账科目	明细科目	百	十	万	千	百	十	元	角	分	
收回货款	应收账款	达利有限责任公司			4	2	5	6	3	2	0	
附件 3 张	合　计				¥	4	2	5	6	3	2	0	

会计主管 季鑫　　记账 陈宇　　出纳 赵华　　审核 杨金　　制证 刘华

图 5.41　付款凭证

收 款 凭 证

借方科目：　　　　　　　年　月　日

总字第____号　收字第____号

摘　要	贷方科目		金　额									记账 √
	总账科目	明细科目	百	十	万	千	百	十	元	角	分	
附件　张	合　计											

会计主管　　　记账　　　出纳　　　审核　　　制证

图 5.42　收款凭证

（2）5 日，开出现金支票 1 张，从银行提取现金 26 000 元，以备发放工资。填制的记账凭证如图 5.43 所示，指出其中的问题并在图 5.44 中填制正确的凭证。

付 款 凭 证

贷方科目：银行存款　　　　20×5 年 5 月 5 日

总字第_____号　付字第__12__号

摘　要	借方科目		金　额									记账 √
	总账科目	明细科目	百	十	万	千	百	十	元	角	分	
提取现金发放工资	应付职工薪酬	工资			2	6	0	0	0	0	0	
附件 1 张	合　计			¥	2	6	0	0	0	0	0	

会计主管 季鑫　　记账 陈宇　　出纳 赵华　　审核 杨金　　制证 刘华

图 5.43　付款凭证

付款凭证

总字第＿＿号
付字第＿＿号

贷方科目：　　　　　　　　　　　　年　月　日

摘　要	借方科目		金　额									记账√
	总账科目	明细科目	百	十	万	千	百	十	元	角	分	
附件　张	合　计											

会计主管　　　　　记账　　出纳　　审核　　制证

图 5.44　付款凭证

（3）6 日，采购员林峰出差归来，报销差旅费 950 元。原预借款 1 000 元，余款 50 元交回现金，由出纳员开出收据。填制记账凭证如图 5.45 和图 5.46 所示，指出其中的问题并在图 5.47 和图 5.48 中填制正确的凭证。

收款凭证

总字第＿＿号
收字第＿3＿号

借方科目：库存现金　　　　　　　20×5 年 5 月 6 日

摘　要	贷方科目		金　额									记账√
	总账科目	明细科目	百	十	万	千	百	十	元	角	分	
收回借款	其他应收款	林峰						5	0	0	0	
附件 4 张	合　计							¥	5	0	0	0	

会计主管 季鑫　　记账 陈宇　　出纳 赵华　　审核 杨金　　制证 刘华

图 5.45　收款凭证

转账凭证

总字第＿＿号
转字第＿7＿号

20×5 年 5 月 6 日

摘　要	总账科目	明细科目	记账√	借方金额									贷方金额								
				百	十	万	千	百	十	元	角	分	百	十	万	千	百	十	元	角	分
差旅费	管理费用	差旅费															9	5	0	0	0
	其他应收款	林峰					9	5	0	0	0										
附件 6 张	合　计						¥	9	5	0	0	0				¥	9	5	0	0	0

会计主管 季鑫　　记账 陈宇　　审核 杨金　　制证 刘华

图 5.46　转账凭证

收款凭证

总字第____号
收字第____号

借方科目：　　　　　　　　　　　年　月　日

摘　要	贷方科目		金　额									记账√
	总账科目	明细科目	百	十	万	千	百	十	元	角	分	
附件　　张	合　计											

会计主管　　　记账　　　出纳　　　　审核　　　　制证

图 5.47　收款凭证

转账凭证

年　月　日

字第____号

摘　要	总账科目	明细科目	记账√	借 方 金 额									贷 方 金 额								
				百	十	万	千	百	十	元	角	分	百	十	万	千	百	十	元	角	分
附件　　张	合　计																				

会计主管　　　记账　　　　出纳　　　　审核　　　　制证

图 5.48　转账凭证

（4）10 日，办公室职员孙娜凭普通发票一张报销购买办公用品费用 165 元，已经领导签字批准。填制记账凭证如图 5.49 所示，指出其中的问题并在图 5.50 中填制正确的凭证。

付 款 凭 证

总字第____号
付字第_15_号

贷方科目：库存现金　　　　　20×5年5月10日

摘　要	借方科目		金　额									记账√
	总账科目	明 细 科 目	百	十	万	千	百	十	元	角	分	
购买办公用品	制造费用	办公费					1	6	5	0	0	
附件 1 张	合　计					￥	1	6	5	0	0	

会计主管　季鑫　　记账　陈宇　　出纳　赵华　　　审核　杨金　　　制证　刘华

图 5.49　付款凭证

付 款 凭 证

贷方科目：　　　　　　　　　　　　　　年　月　日

摘　要	借 方 科 目		金　额									记账∨
	总 账 科 目	明 细 科 目	百	十	万	千	百	十	元	角	分	
附件　张	合　计											

会计主管　　　　记账　　　　出纳　　　　　　审核　　　　　制证

图 5.50　付款凭证

（三）实训要求

根据记账凭证填制要求和审核方法，对以上记账凭证进行审核，指出存在的问题，并填制正确的记账凭证。

第六章　设置与登记会计账簿

【学习目标】

【知识目标】

熟悉账簿的种类，掌握各种账簿的建账与记账方法，掌握错账的更正方法。

【能力目标】

能规范建立与登记各种账簿，能规范更正各种错账。

第一节　会计账簿概述

会计账簿，简称账簿，是指由具有一定格式、相互联系的账页所组成的，以经过审核的会计凭证为依据，用来全面、系统、连续地记录各项经济业务和会计事项的簿籍。

一、会计账簿的基本内容

在实际工作中，由于各种会计账簿所记录的经济业务不同，账簿的格式也多种多样，但各种账簿都应具备以下基本内容。

（1）封面。封面主要用来标明账簿的名称，如总分类账、各种明细分类账、库存现金日记账、银行存款日记账等。

（2）扉页。扉页主要用来列明会计账簿的使用信息，如科目索引、账簿启用和经管人员一览表等。

（3）账页。账页是账簿用来记录经济业务的主要载体，包括账户的名称、日期栏、凭证种类和编号栏、摘要栏、金额栏，以及总页次和分户页次等基本内容。

二、会计账簿的分类

会计账簿可以按照用途、外表形式、账页格式等进行分类。

（一）按用途分类

会计账簿按其用途划分，可分为序时账簿、分类账簿和备查账簿。

1. 序时账簿

序时账簿又称日记账，是按照经济业务发生的时间先后顺序，逐日逐笔登记经济业务的账簿。序时账簿按其记录的内容不同，可以分为普通日记账和特种日记账。

（1）普通日记账。普通日记账是用来登记各单位全部经济业务的日记账。

（2）特种日记账。特种日记账是用来登记某一类经济业务发生情况的日记账。在会计实践中，通常只对库存现金、银行存款设置日记账进行序时核算。库存现金日记账如图 6.1 所示，银行存款日记账如图 6.2 所示。

库存现金日记账

币种：人民币　　　　　　　　　　　　　　　　　　　　　　　　　　　　　　　　第 10 页

20×5年		凭证		摘要	对应科目	借方											贷方											余额										
月	日	字	号			亿	千	百	十	万	千	百	十	元	角	分	亿	千	百	十	万	千	百	十	元	角	分	亿	千	百	十	万	千	百	十	元	角	分
10	1			期初余额																									3	0	0	0	0	0
	2	收	1	收到罚款	管理费用						5	0	0	0	0														3	5	0	0	0	0
	3	付	1	借差旅费	其他应收款																1	0	0	0	0	0				2	5	0	0	0	0
	4	付	2	付办公费	管理费用																	3	5	0	0	0				2	1	5	0	0	0
	5	付	3	提取现金	银行存款						2	0	0	0	0	0													4	1	5	0	0	0
				……																																	

图 6.1　库存现金日记账

银行存款日记账

开户银行：工商银行　　　　　　　　　　　　　　　　　　　　　　　　　　　　　　第 12 页

20×5年		凭证		摘要	结算方式		对应科目	借方										贷方										余额									
月	日	字	号		种类	号数		千	百	十	万	千	百	十	元	角	分	千	百	十	万	千	百	十	元	角	分	千	百	十	万	千	百	十	元	角	分
10	1			期初余额																								8	0	0	0	0	0
	2	收	1	收回欠款	转支	4012	应收账款		1	2	0	0	0	0	0													2	0	0	0	0	0	0
	3	付	1	购材料	转支	4013	材料采购										5	0	0	0	0	0					1	5	0	0	0	0	0
	4	付	2	提取现金	现支	2015	库存现金										2	0	0	0	0	0					1	3	0	0	0	0	0
				……																																	

图 6.2　银行存款日记账

2．分类账簿

分类账簿是对全部经济业务进行分类登记的账簿。分类账簿按其提供核算指标的详细程度不同，可分为总账和明细账。

（1）总账是根据总分类科目开设账户，用来登记全部经济业务，以进行总分类核算，提供总括核算资料的分类账簿，如图 6.3 所示。

（2）明细账是根据明细分类科目开设账户，用来登记某一类经济业务，进行明细分类核算，提供明细核算资料的分类账簿。其格式有三栏式、数量金额式、多栏式等，分别如图 6.4～图 6.6 所示。

3．备查账簿

备查账簿又称辅助账簿，是对某些在日记账簿和分类账簿中未能记载或记载不全的经济业务进行补充登记的账簿。

（二）按外表形式分类

会计账簿按其外表形式划分，可分为订本式账簿、活页式账簿和卡片式账簿。

1．订本式账簿

订本式账簿又称订本账，是在启用前将编有顺序页码的一定数量的账页装订成册的账簿，适用于总账、库存现金日记账和银行存款日记账。

总分类账

账户名称：银行存款

20×5年 月	日	凭证 字	号	摘要	借方 亿千百十万千百十元角分	贷方 亿千百十万千百十元角分	借或贷	余额 亿千百十万千百十元角分
12	1			期初余额			借	5 3 0 9 4 0 0 0
	1	收	1	接受投资	2 0 0 0 0 0 0 0			
	2	收	2	借入借款	3 0 0 0 0 0 0 0			
	3	付	1	购入材料		7 0 2 0 0 0 0		
	5	付	2	付广告费		6 0 0 0 0 0		
	6	付	3	提取现金		2 0 0 0 0 0		
	7	付	4	公益捐赠		1 0 0 0 0 0 0		
	8	收	3	收回欠款	3 0 0 0 0 0 0			
	9	付	6	购入材料		9 3 4 9 8 0 0		
	10	付	7	提取现金		4 3 7 8 0 0 0		

图 6.3　总分类账——银行存款总账

2. 活页式账簿

活页式账簿又称活页账，是将一定数量的账页置于活页夹内，可根据记账内容的变化而随时增加或减少部分账页的账簿，适用于明细账。

3. 卡片式账簿

卡片式账簿又称卡片账，是将一定数量的卡片式账页存放于专设的卡片箱中，账页可以根据需要随时增添的账簿，适用于低值易耗品、固定资产等的明细核算。

（三）按账页格式分类

会计账簿按账页格式划分，可分为三栏式账簿、数量金额式账簿和多栏式账簿。

1. 三栏式账簿

三栏式账簿是由具有"借方""贷方""余额"等三个基本栏目的账页所组成的账簿，主要用于总账、日记账和不需要进行数量核算的明细账，如图 6.4 所示。

明细分类账　　　　　第 2 页　连续第　页

明细科目：宏光有限责任公司　　　　　　总账科目：应收账款

20×5年 月	日	凭证 字	号	摘要	借方 千百十万千百十元角分	√	贷方 千百十万千百十元角分	√	借或贷	余额 千百十万千百十元角分
12	1			期初余额					借	3 0 0 0 0 0 0
	8	收	3	收回欠款			3 0 0 0 0 0 0		平	0

图 6.4　三栏式明细账

2. 数量金额式账簿

数量金额式账簿是在"借方""贷方""余额"等三个栏次内分别设有"数量""单价""金

额"等三个小栏次的账簿，主要用于既要进行金额核算又要进行数量核算的各种实物资产明细账，如图6.5所示。

原材料明细账　　　　　　　　　总第　页 分第 1 页

部类 ____　产地 ____　单位 __千克__　规格 ____　品名 __甲材料__

20×5年		凭证		摘要	收入		金额	发出		金额	结存		金额	√
月	日	字	号		数量	单价	千百十万千百十元角分	数量	单价	千百十万千百十元角分	数量	单价	千百十万千百十元角分	
12	1			期初余额							25200	20	5 0 4 0 0 0 0 0	
	4	付	1	购甲材料	3 000	20	6 0 0 0 0 0				28 200	20	5 6 4 0 0 0 0 0	
	9	付	6	购甲材料	2 000	20	4 0 0 0 0 0				30 200	20	6 0 4 0 0 0 0 0	
	10	转	3	领用材料				6 000	20	1 2 0 0 0 0 0 0	24 200	20	4 8 4 0 0 0 0 0	

图 6.5　数量金额式明细账

3. 多栏式账簿

多栏式账簿是由在"借方""贷方"或借、贷双方均设若干专栏的账页所组成的账簿，主要用于有关成本、费用和收入等的明细核算，如图6.6所示。

生产成本明细账

产品名称 ___A产品___

20×5年		凭证		摘要	直接材料	直接人工	制造费用	合计
月	日	字	号		千百十万千百十元角分	千百十万千百十元角分	千百十万千百十元角分	千百十万千百十元角分
12	10			领用材料	1 2 0 0 0 0 0 0			1 2 0 0 0 0 0 0

图 6.6　多栏式明细账

第二节　会计账簿的设置

设置和登记账簿是会计核算的一种专门方法，是会计核算工作的重要环节，它能提供系统、完整的会计核算资料，为编制会计报表提供依据。

一、总账的设置

总账必须采用三栏式账页的订本账。其账簿由封面、扉页和账页等组成。账簿名称一般已印制在封面上，无须手工填写。总账的具体设置过程如下。

1. 启用账簿

启用总账账簿时，首先填写扉页，扉页上印有"账簿启用及交接表"。表中主要填写两方面的内容：一是要详细填写单位名称、账簿名称、账簿号码、账簿页数和启用日期等；二是要填写单位主管、财务主管和记账人员等并加盖姓名章和单位公章。

记账人员调动工作时，应由会计机构负责人监交，由交接双方填写交接日期并签名盖章，以明确双方的经济责任。

启用总账时，还应缴纳印花税并粘贴印花税票。企业将购置的印花税票粘贴在"印花粘贴处"，并画几条平行横线注销。若企业使用缴款书缴纳印花税，则只需在"印花粘贴处"注明印花税已缴以及缴款金额即可。"账簿启用及交接表"如图6.7所示。

2. 开设总账

本单位会计核算涉及的总账，无论期初是否有余额，都需在总账中设置相应账户，并根据实际需要预留账页。也即在总账账簿中相应账页的"会计科目及编号"处填上会计科目的名称及编号，如"1001 库存现金"等，如图6.8所示。

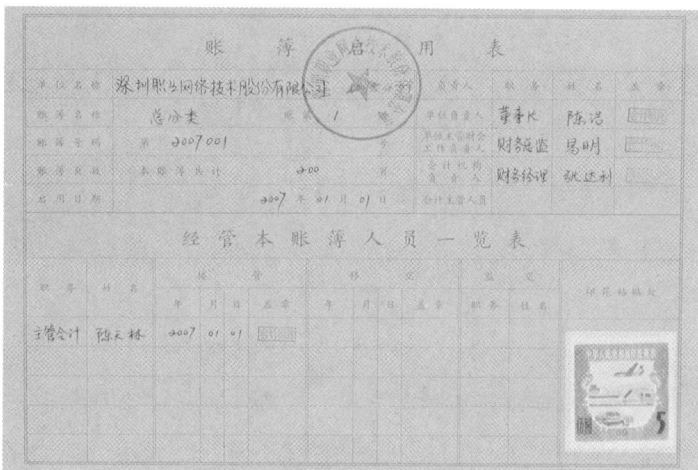

图6.7 账簿启用及交接表

图6.8 开设的库存现金总账

3. 登记期初余额

对于上年年末有余额的总账，应将上年年末余额作为本年度期初余额登记在第一行。具体方法是：日期栏填入期初日期，摘要栏填入"上年结转"（非年初建账的填入"期初余额"），借或贷方向栏填入"借"或"贷"，余额栏填入余额。对于没有余额的账户，则无须登记。登记期初余额后的库存现金总账如图6.9所示。

图6.9 库存现金总账

4. 填写账户目录

所有总账设置完毕后，应在账簿启用页后的"账户目录"中填入各账户的编号、名称和页数，以便查找。账户目录如图 6.10 所示。

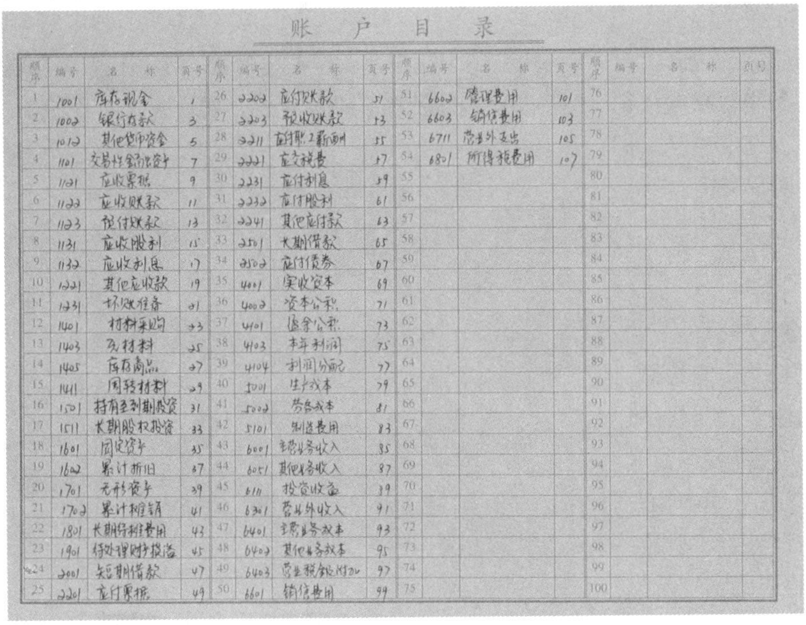

账户目录

顺序	编号	名称	页号	顺序	编号	名称	页号	顺序	编号	名称	页号	顺序	编号	名称	页号
1	1001	库存现金	1	26	2202	应付账款	51	51	6602	管理费用	101	76			
2	1002	银行存款	3	27	2203	预收账款	53	52	6603	销售费用	103	77			
3	1012	其他货币资金	5	28	2211	应付职工薪酬	55	53	6711	营业外支出	105	78			
4	1101	交易性金融资产	7	29	2221	应交税费	57	54	6801	所得税费用	107	79			
5	1121	应收票据	9	30	2231	应付利息	59	55				80			
6	1122	应收账款	11	31	2232	应付股利	61	56				81			
7	1123	预付账款	13	32	2241	其他应付款	63	57				82			
8	1131	应收股利	15	33	2501	长期借款	65	58				83			
9	1132	应收利息	17	34	2502	应付债券	67	59				84			
10	1221	其他应收款	19	35	4001	实收资本	69	60				85			
11	1231	坏账准备	21	36	4002	资本公积	71	61				86			
12	1401	材料采购	23	37	4101	盈余公积	73	62				87			
13	1403	原材料	25	38	4103	本年利润	75	63				88			
14	1405	库存商品	27	39	4104	利润分配	77	64				89			
15	1411	周转材料	29	40	5001	生产成本	79	65				90			
16	1501	持有至到期投资	31	41	5002	劳务成本	81	66				91			
17	1511	长期股权投资	33	42	5101	制造费用	83	67				92			
18	1601	固定资产	35	43	6001	主营业务收入	85	68				93			
19	1602	累计折旧	37	44	6051	其他业务收入	87	69				94			
20	1701	无形资产	39	45	6111	投资收益	89	70				95			
21	1702	累计摊销	41	46	6301	营业外收入	91	71				96			
22	1801	长期待摊费用	43	47	6401	主营业务成本	93	72				97			
23	1901	待处理财产损溢	45	48	6402	其他业务成本	95	73				98			
24	2001	短期借款	47	49	6403	营业税金及附加	97	74				99			
25	2201	应付票据	49	50	6601	销售费用	99	75				100			

图 6.10　账户目录

二、日记账的设置

为加强货币资金的管理，企业应设置库存现金和银行存款日记账各 1 本，一般均采用订本式账簿、三栏式格式账页，其账簿均由封面、扉页和账页等组成。账簿名称一般已印制在封面上，无须手工填写。日记账的具体设置过程如下。

日记账的启用方法、登记方法和填写方法同总账，这里不再重述。

库存现金日记账按现金币种开设账户，每个账户均需要预留一定数量的账页；银行存款日记账按单位在银行开立的账户和币种开设账户，每个账户均需要预留一定数量的账页。开设方法同总分类账。

三、明细账的设置

明细账一般采用活页式账簿，其账页格式有三栏式、数量金额式和多栏式等三种。

设置明细账时，不用为每一明细账预留账页，只需在相关账簿中设置有期初余额的明细账即可。对于期初无余额的明细账可暂不开设，待进行日常账务处理用到时再设置。

启用明细账簿，其方法同总账，这里不再重述。

1. 开设明细账

开设明细账时，在选定的明细账账页上方填写该明细账所属的总账名称、明细账名称、科目编码及该明细账当前的页码。活页式明细账簿每一页均有两个编码：“第　页”(“分第　页”)，是指按明细账对账页所进行的编码；“连续　页”(“总第　页”)，是指不区分明细账，对账簿中包含的账页按排列顺序进行的编码。

2. 登记期初余额

登记明细账期初余额时，其登记方法与总账基本一致，只是数量金额式明细账除登记金额外，还需登记数量和单价；多栏式明细账不仅需在合计栏登记余额，还需在各分栏登记余额。图 6.11 所示为原材料明细账。

原材料明细账　　　　总第　页　分第 1 页

部类____　产地____　单位 千克　规格____　品名 甲材料

20×5年 月	日	凭证 字号	摘要	收入 数量	单价	金额 千百十万千百十元角分	发出 数量	单价	金额 千百十万千百十元角分	结存 数量	单价	金额 千百十万千百十元角分	√
11	30		1—11月累计发生额及余额			6 5 0 0 0 0 0 0			6 0 0 0 0 0 0 0	25200	20	5 0 4 0 0 0 0 0	

图 6.11　原材料明细账

四、案例实操：滨海公司会计账簿的设置

（一）案例案情

承接第五章第一节的实操案例，根据滨海股份有限公司 20×5 年 1—11 月总账和部分明细账的累计发生额及余额，为滨海股份有限公司设置总账、日记账和明细账。

（二）示范操作

1. 设置总账

根据表 5.1 建"库存现金"总账，如图 6.12 所示；根据表 5.1 建"主营业务收入"总账，如图 6.13 所示。表 5.1 中其他总账的建账方法同上。

总 分 类 账

会计科目：库存现金____

20×5年 月	日	凭证 字号	摘要	借方 亿千百十万千百十元角分	贷方 亿千百十万千百十元角分	借或贷	余额 亿千百十万千百十元角分
11	30		1—11月累计发生额及余额	1 6 6 7 8 0 0	1 8 8 0 0 0 0	借	3 4 0 0 0 0

图 6.12　库存现金总账

总 分 类 账

会计科目：__主营业务收入__

20×5年		凭证		摘要	借 方										贷 方										借或贷	余 额									
月	日	字	号		亿	千	百	十	万	千	百	十	元	角	分	亿	千	百	十	万	千	百	十	元	角	分		亿	千	百	十	万	千	百	十	元	角	分
11	30			1—11月累计发生额及余额			9	6	2	5	0	0	0	0	0			9	6	2	5	0	0	0	0	0	平										0	

图 6.13 主营业务收入总账

2. 设置日记账

根据表 5.1 建"库存现金"日记账，如图 6.14 所示。

库存现金日记账

20×5年		凭证		摘要	对应科目	借 方											贷 方											余 额											√
月	日	字	号			亿	千	百	十	万	千	百	十	元	角	分	亿	千	百	十	万	千	百	十	元	角	分	亿	千	百	十	万	千	百	十	元	角	分	
11	30			1—11月累计发生额及余额				1	6	6	7	8	0	0					1	8	8	0	0	0	0						3	4	0	0	0	0		

图 6.14 库存现金日记账

3. 设置明细账

（1）根据表 5.2 建"应收账款"明细账，如图 6.15 和图 6.16 所示。

（2）根据表 5.3 建"原材料"明细账，如图 6.17～图 6.19 所示。

明细分类账
第 1 页 连续第 页

明细科目：__南方经贸有限责任公司__　　　　　　　　　　　　　总账科目：__应收账款__

20×5年		凭证		摘要	借 方											贷 方											借或贷	余 额										
月	日	字	号		亿	千	百	十	万	千	百	十	元	角	分	亿	千	百	十	万	千	百	十	元	角	分		亿	千	百	十	万	千	百	十	元	角	分
11	30			1—11月累计发生额及余额			6	0	0	0	0	0	0	0	0			5	0	0	0	0	0	0	0	0	借			2	0	0	0	0	0	0	0	0

图 6.15 应收账款明细账（一）

明细分类账 第 2 页 连续第 页

明细科目 宏光有限责任公司　　　　　　总账科目 应收账款

20×5年 月	日	凭证 字号	摘要	借方	贷方	借或贷	余额
11	30		1—11月累计发生额及余额	27620000	46320000	借	3000000

图 6.16　应收账款明细账（二）

原材料明细账 总第　页 分第 1 页

部类 ＿＿　产地 ＿＿　单位 千克　规格 ＿＿　品名 甲材料

20×5年 月	日	凭证 字号	摘要	收入 数量	单价	金额	发出 数量	单价	金额	结存 数量	单价	金额	√
11	30		1—11月累计发生额及余额			65000000			6000000	25200	20	50400000	

图 6.17　原材料明细账（一）

原材料明细账 总第　页 分第 2 页

部类 ＿＿　产地 ＿＿　单位 千克　规格 ＿＿　品名 乙材料

20×5年 月	日	凭证 字号	摘要	收入 数量	单价	金额	发出 数量	单价	金额	结存 数量	单价	金额	√
11	30		1—11月累计发生额及余额			70000000			6300000	56000	10	56000000	

图 6.18　原材料明细账（二）

（三）自己动手

仿照以上操作，根据模拟案例中表 5.1 的相关资料，为滨海股份有限公司建立总账、库存现金日记账和银行存款日记账，完成总账和日记账的设置工作。（使用真实的账簿）

仿照以上操作，根据模拟案例中表 5.2～表 5.6 的相关资料，为滨海股份有限公司建立"应收账款""应付账款""原材料""库存商品""生产成本"明细账，完成明细账的设置工作。（使用真实账簿）

原材料明细账　　　　　　　　　　总第　页　分第 3 页

部类____　产地____　单位　件　　规格____　品名 丙材料

20×5年		凭证	摘要	收入		金额	发出		金额	结存		金额	√
月	日	字号		数量	单价	千百十万千百十元角分	数量	单价	千百十万千百十元角分	数量	单价	千百十万千百十元角分	
11	30		1—11月累计发生额及余额			3 8 4 5 5 0 0 0			4 1 5 0 0 0 0	20400	15	3 0 6 0 0 0 0	

图 6.19　原材料明细账（三）

第三节　总账的登记

一、登记会计账簿的基本要求

财政部颁布的《会计基础工作规范》第六十条对登记会计账簿应遵循的基本要求作了具体的规定。

1. 准确完整

《会计基础工作规范》第六十条规定："登记会计账簿时，应当将会计凭证日期、编号、业务内容摘要、金额和其他有关资料逐项登记入账，做到数字准确、摘要清楚、登记及时、字迹工整。"

每一项会计事项，一方面要记入有关的总账，另一方面要记入该总账所属的明细账。账簿记录中的日期，应该填写记账凭证上的日期；以自制的原始凭证（如收料单、领料单等）作为记账依据的，账簿记录中的日期应按有关自制凭证上的日期填列。

登记账簿要及时，但对各种账簿的登记间隔应该多长，《会计基础工作规范》未作统一规定。一般来说，由单位所采用的具体会计核算形式而定。

2. 注明记账符号

《会计基础工作规范》第六十条规定："账簿登记完毕后，要在记账凭证上签名或者盖章，并注明已经登账的符号，表示已经记账。"

在记账凭证上设有专门的栏目供注明记账的符号，一般在专门的栏目中画"√"或注明记账页码表示已经记账，以免发生重记或漏记。

3. 书写留空

《会计基础工作规范》第六十条规定："账簿中书写的文字和数字上面要留有适当空格，不要写满格，一般应占格距的1/2。"

这样，一旦发生登记错误，就能比较容易地进行更正，同时也方便进行查账。

4. 正常记账使用蓝黑墨水

《会计基础工作规范》第六十条规定："登记账簿要用蓝黑墨水或者碳素墨水书写，不得使用圆珠笔（银行的复写账簿除外）或者铅笔书写。"

在会计上，数字的颜色是重要的语素之一，它同数字和文字一起传达出会计信息。如同数字和文字错误可能导致信息错误一样，书写墨水的颜色用错了，也可能导致信息错误，而且其导致的概念混乱程度不亚于数字和文字错误。

5. 特殊记账使用红墨水

《会计基础工作规范》第六十条规定下列情况可以用红色墨水记账：①按照红字冲账的记账凭证，冲销错误记录；②在不设借贷等栏的多栏式账页中，登记减少数；③在三栏式账户的余额栏前，如未印明余额方向的，在余额栏内登记负数余额；④根据国家统一会计制度的规定可以用红字登记的其他会计记录。在以上几种情况下使用红色墨水记账是会计工作中的惯例。

6. 顺序连续登记

《会计基础工作规范》第六十条规定："各种账簿按页次顺序连续登记，不得跳行、隔页。如果发生跳行、隔页，应当将空行、空页划线注销，或者注明'此行空白''此页空白'字样，并由记账人员签名或者盖章。"具体操作如图 6.20 所示。这对防止在账簿登记中可能出现的漏洞，是十分必要的防范措施。

图 6.20　空行、空页的注销

7. 结出余额

《会计基础工作规范》第六十条规定："凡需要结出余额的账户，结出余额后，应当在'借或贷'等栏内写明'借'或者'贷'等字样。没有余额的账户，应当在'借或贷'等栏内写'平'字，并在余额栏内用'0'表示。现金日记账和银行存款日记账必须逐日结出余额。"

一般来说，对于没有余额的账户，在余额栏内标注的"0"应当放在"元"位。

8. 过次页、承前页

《会计基础工作规范》第六十条规定："每一账页登记完毕结转下页时，应当结出本页合计数及余额，写在本页最后一行和下页第一行有关栏内，并在摘要栏内注明'过次页'和'承前页'字样；也可以将本页合计数及金额只写在下页第一行有关栏内，并在摘要栏内注明'承前页'字样。"

也就是说，"过次页"和"承前页"的方法有两种：一是在本页最后一行内结出发生额合计数及余额，然后过次页并在次页第一行承前页；二是只在次页第一行承前页写出发生额合计数及余额，不在上页最后一行结出发生额合计数及余额后过次页。方法一如图 6.21 所示。

《会计基础工作规范》第六十条还对"过次页"的本页合计数的结计方法，根据不同需要作了规定。

（1）"对需要结计本月发生额的账户，结计'过次页'的本页合计数应当为自本月初起至本页末止的发生额合计数。"这样做，便于根据"过次页"的合计数随时了解本月初到本页末止的发生额，也便于月末结账时加计"本月合计"数。

图6.21 过次页与承前页

（2）"对需要结计本年累计发生额的账户，结'过次页'的本页合计数应当为自年初起至本页末止的累计数。"这样做，便于根据"过次页"的合计数随时了解本年初到本页末止的累计发生额，也便于年终结账时加计"本年累计"数。

（3）"对既不需要结计本月发生额也不需要结计本年累计发生额的账户，可以只将每页末的余额结转次页。"如某些材料明细账户就没有必要将每页的发生额结转次页。

视野拓展

账簿书写规范

（1）使用蓝黑墨水或者碳素墨水书写，不得使用圆珠笔（银行的复写账簿除外）或者铅笔书写。

（2）账簿中书写的文字和数字上面要留有适当空格，不要写满格，一般应占格距的1/2。

（3）账簿的阿拉伯数字要紧贴底线书写，并有60°左右的倾斜度。书写"6"时上端要比其他数字高出1/4，书写"7"和"9"时下端要比其他数字多伸出1/4。

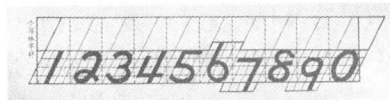

（4）账簿中的小写金额前不用加币别符号。

小写数字书写规范
（教学视频）

二、总账的登记方法

总账的登记方法因账务处理程序的不同而不同。

账务处理程序又称会计核算程序或会计核算形式，是指对会计数据的记录、归类、汇总、报告的步骤和方法，即从原始凭证的整理、汇总，记账凭证的填制、汇总，日记账、分类账的登记，到会计报表编制的步骤和方法。账务处理程序的基本模式可以概括为：原始凭证→记账凭证→会计账簿→会计报表。

目前，我国各经济单位一般采用的账务处理程序主要有记账凭证账务处理程序、科目汇总表账务处理程序、汇总记账凭证账务处理程序、多栏式日记账账务处理程序和日记总账账务处理程序等。

各种账务处理程序的主要区别在于登记总账的方法和程序不同，本章主要介绍三种常用的账务处理程序，即记账凭证账务处理程序、科目汇总表账务处理程序和汇总记账凭证账务处理程序，重点介绍记账凭证账务处理程序和科目汇总表账务处理程序下总账的登记方法。

（一）记账凭证账务处理程序及其总账的登记方法

1. 记账凭证账务处理程序的主要特点

记账凭证账务处理程序是指对发生的经济业务事项，根据原始凭证或汇总原始凭证编制记账凭证，然后直接根据记账凭证逐笔登记总账的一种账务处理程序。

记账凭证账务处理程序的主要特点是直接根据记账凭证逐笔登记总账，它是最基本的账务处理程序，其他各种账务处理程序基本上是在这种账务处理程序的基础上发展和演变而来的。

采用记账凭证账务处理程序时，凭证设置可以采用通用记账凭证，也可以采用专用记账凭证，即收款凭证、付款凭证和转账凭证。其账簿设置主要包括特种日记账（库存现金日记账和银行存款日记账）和分类账（总账和明细账）。其中，特种日记账一般采用三栏式；总账采用三栏式；明细账则视业务特点和管理需要，可采用三栏式、数量金额式和多栏式等。

2. 记账凭证账务处理程序的基本步骤

（1）根据原始凭证编制汇总原始凭证。

（2）根据原始凭证或汇总原始凭证编制记账凭证。

（3）根据收款凭证、付款凭证逐笔登记库存现金日记账和银行存款日记账。

（4）根据原始凭证、汇总原始凭证和记账凭证登记各种明细账。

（5）根据记账凭证逐笔登记总账。

（6）期末，将日记账和明细账的余额同有关总账的余额核对相符。

（7）期末，根据总账和明细账的记录，编制会计报表。

记账凭证账务处理程序的基本步骤如图 6.22 所示。

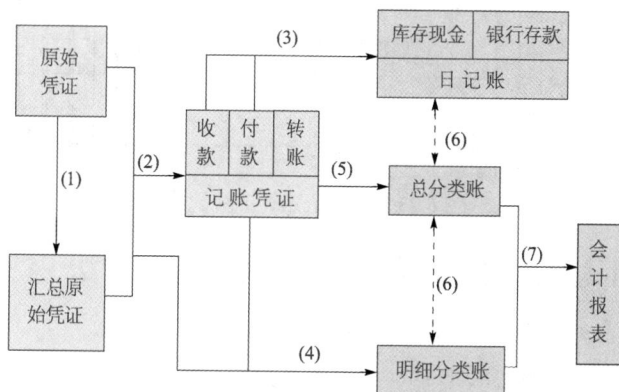

图 6.22　记账凭证账务处理程序的流程

3. 记账凭证账务处理程序的优缺点和适用范围

（1）优点：一是简单明了，易于理解和运用；二是由于总账是直接根据各种记账凭证逐笔登记的，因此能比较详细和具体地反映各项经济业务，便于查账。

（2）缺点：直接根据记账凭证逐笔登记总账，工作量较大。

（3）适用范围：一般适用于规模较小、经济业务量较少的单位。

4. 记账凭证账务处理程序下总账的登记方法

在记账凭证账务处理程序下，直接根据记账凭证定期（3 天、5 天或 10 天）逐笔登记总账。各栏目的具体填写方法如下。

（1）日期栏。日期栏中填入的是据以登记账簿的会计凭证上的日期。总账一般根据记账凭证登记，因此，此处的日期是记账凭证的编制日期。

（2）"凭证字号"栏。"凭证字号"栏中填入的是据以登记账簿的会计凭证类型及编号，如"收×号""付×号"等。

（3）"摘要"栏。"摘要"栏要说明登记入账的经济业务的内容，说明要力求简明扼要。一般与记账凭证的摘要相同。

（4）"借方"金额栏、"贷方"金额栏。"借方"金额栏、"贷方"金额栏应根据相关凭证中记录的该账户的借贷方向及金额填入。

（5）"余额"栏。"余额"栏应根据"期末余额=期初余额 +本期增加发生额-本期减少发生额"结出余额后填入，可以平时不填，月末结账时一并填写。

根据记账凭证逐笔登记的总账格式如图 6.23 所示。

总 分 类 账

账户名称：银行存款

20×5年 月	日	凭证 字	号	摘要	借方	贷方	借或贷	余额
12	1			期初余额			借	530940 00
	1	收	1	接受投资	200000 00			
	2	收	2	借入借款	300000 00			
	4	付	1	购入材料		678000 00		
	5	付	2	付广告费		60000 00		
	6	付	3	提取现金		20000 00		
	7	付	4	公益捐赠		100000 00		
	8	收	3	收回欠款	300000 00			
	9	付	6	购入材料		90322 00		
	10	付	7	提取现金		43780 00		

图 6.23　根据记账凭证登记的总账

（二）科目汇总表账务处理程序及其总账的登记方法

1. 科目汇总表账务处理程序的主要特点

科目汇总表账务处理程序又称记账凭证汇总表账务处理程序，它是根据记账凭证定期编制科目汇总表，再根据科目汇总表登记总账的一种账务处理程序。

科目汇总表账务处理程序的主要特点是先定期把全部记账凭证按科目汇总，编制科目汇总表，然后再根据科目汇总表登记总账。

采用科目汇总表账务处理程序时，其凭证设置和账簿设置与记账凭证账务处理程序基本相同，但需要增加科目汇总表。科目汇总表编制的时间，应根据经济业务量的多少而定，可选择 5 天、10 天、15 天或 1 个月编制一次。

2. 科目汇总表账务处理程序的基本步骤

（1）根据原始凭证编制汇总原始凭证。

（2）根据原始凭证或汇总原始凭证编制记账凭证。

（3）根据收款凭证、付款凭证逐笔登记库存现金日记账和银行存款日记账。

（4）根据原始凭证、汇总原始凭证和记账凭证登记各种明细账。

（5）根据各种记账凭证编制科目汇总表。

（6）根据科目汇总表登记总账。

（7）期末，将日记账和明细账的余额同有关总账的余额进行核对，确认是否相符。

（8）期末，根据总账和明细账的记录编制会计报表。

科目汇总表账务处理程序的基本步骤如图6.24所示。

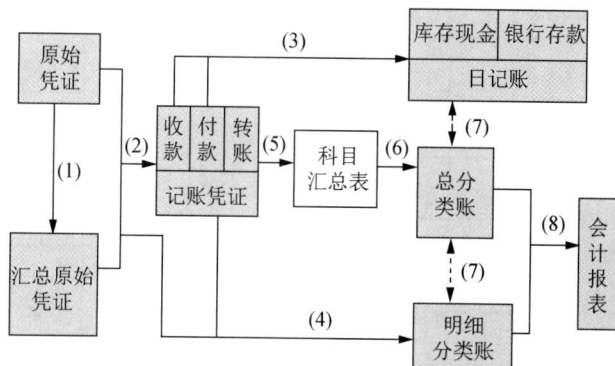

图6.24 科目汇总表账务处理程序的流程

3. 科目汇总表的编制方法

科目汇总表是根据本期填制的全部记账凭证，以科目作为归类标志进行编制的。具体编制方法如下。

（1）为本期全部记账凭证所涉及的会计账户开设T型账户，按记账凭证编号顺序将每张记账凭证的内容逐笔记入T型账户，并结出每个账户的借贷发生额合计数。

（2）将本期经济业务所涉及的全部会计科目填列在科目汇总表的"会计科目"栏。

（3）将每个T型账户的借贷发生额合计数填列在科目汇总表相应会计科目行的"借方"金额和"贷方"金额栏。

（4）将科目汇总表中每个会计科目的借方发生额和贷方发生额汇总，进行发生额的试算平衡。

（5）相关人员复核后在所有的签章处签章，以明确责任。

4. 科目汇总表账务处理程序的优缺点和适用范围

（1）优点：根据科目汇总表登记总账，可以简化总账的登记工作，减轻登记总账的工作量，并可做到试算平衡，便于及时发现差错，从而保证记账工作的质量。

（2）缺点：科目汇总表不能反映账户对应关系，不便于查对账目。

（3）适用范围：一般适用于规模较大、经济业务量较多的单位。

5. 科目汇总表账务处理程序下总账的登记

在科目汇总表账务处理程序下，根据定期汇总编制的科目汇总表登记总账。

根据科目汇总表登记总账时，日期栏填写科目汇总表的编制日期；"凭证种类及编号"栏填写科目汇总表的编号，如"科汇1""科汇2"等；"摘要"栏填写汇总的时间范围，如"1—10日汇总""11—20日汇总"等；"借方"金额栏、"贷方"金额栏分别填写科目汇总表中本科目的借方发生额和贷方发生额。

根据科目汇总表登记的总账格式如图6.25所示。

总 分 类 账

账户名称：银行存款

20×5年		凭证		摘 要	借　方										贷　方										借或贷	余　额									
月	日	字	号		亿	千	百	十	万	千	百	十	元	角	分	亿	千	百	十	万	千	百	十	元	角	分		亿	千	百	十	万	千	百	十	元	角	分
10	1			期初余额																							借				3	0	0	0	0	0	0
	10	科汇	1	1—10日汇总				3	6	0	0	0	0	0					2	0	0	0	0	0	0	借				4	6	0	0	0	0	0
	20	科汇	2	11—20日汇总				5	8	5	0	0	0	0					1	2	0	0	0	0	0	借				9	2	5	0	0	0	0
				…																																

图6.25　根据科目汇总表登记的总账

（三）汇总记账凭证账务处理程序

1. 汇总记账凭证账务处理程序的主要特点

汇总记账凭证账务处理程序是根据记账凭证定期分类编制汇总收款凭证、汇总付款凭证和汇总转账凭证，再根据汇总记账凭证登记总账的一种账务处理程序。

汇总记账凭证账务处理程序的主要特点是先定期把全部记账凭证汇总编制成各种汇总记账凭证，然后再根据各种汇总记账凭证登记总账。

采用汇总记账凭证账务处理程序时，其凭证设置和账簿设置与记账凭证账务处理程序基本相同，但需要增加汇总记账凭证。汇总记账凭证编制的时间，应根据经济业务量的多少而定，可选择5天、10天汇总一次，1个月编制一次。

2. 汇总记账凭证账务处理程序的基本步骤

（1）根据原始凭证编制汇总原始凭证。

（2）根据原始凭证或汇总原始凭证编制记账凭证。

（3）根据收款凭证、付款凭证逐笔登记库存现金日记账和银行存款日记账。

（4）根据原始凭证、汇总原始凭证和记账凭证登记各种明细账。

（5）根据各种记账凭证编制各种汇总记账凭证。

（6）根据各种汇总记账凭证登记总账。

（7）期末，将日记账和明细账的余额同有关总账的余额进行核对，确认是否相符。

（8）期末，根据总账和明细账的记录编制会计报表。

汇总记账凭证账务处理程序的基本步骤如图6.26所示。

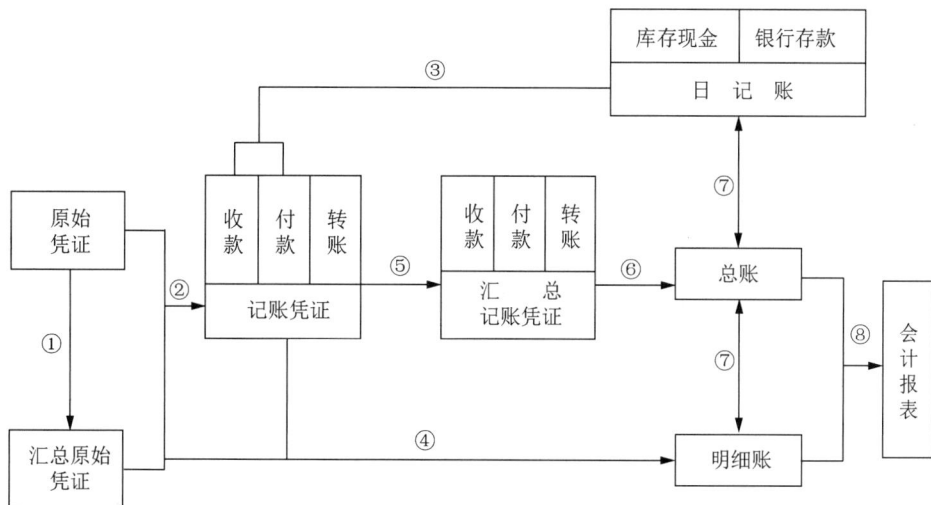

图6.26　汇总记账凭证账务处理程序的流程

3．汇总记账凭证账务处理程序的优缺点和适用范围

（1）优点：根据汇总记账凭证登记总账，可以简化总账的登记工作，减轻登记总账的工作量，由于是按照账户对应关系汇总编制记账凭证的，因此便于了解账户之间的对应关系。

（2）缺点：按每一贷方科目编制汇总转账凭证，不利于会计核算的日常分工，并且当转账凭证较多时，编制汇总转账凭证的工作量较大。

（3）适用范围：一般适用于规模较大、经济业务量较多的单位。

三、案例实操：滨海公司总账的登记

（一）案例案情

承接第五章第一节的实操案例，根据滨海股份有限公司20×5年12月经济业务的全部记账凭证登记总账。登记总账采用以下两种方法分别练习：方法一，根据记账凭证逐笔登记总账；方法二，根据记账凭证，每10天编制一张科目汇总表，再根据科目汇总表汇总登记总账。

（二）示范操作

1．根据记账凭证逐笔登记总账

根据滨海股份有限公司20×5年12月1—10日经济业务的记账凭证，逐笔登记总账，如图6.27～图6.42所示。

2．根据科目汇总表登记总账

根据滨海股份有限公司20×5年12月1—10日经济业务的记账凭证，编制科目汇总表，如表6.1所示。根据科目汇总表登记总账，如图6.43～图6.58所示。

总 分 类 账

账户名称：银行存款

20×5年 月	日	凭证 字	凭证 号	摘要	借方	贷方	借或贷	余额
11	30			1—11月累计发生额及余额	281238.00	271200.00	借	530940.00
12	1	收	1	接受投资	200000.00			
	2	收	2	借入借款	300000.00			
	4	付	1	购入材料		67800.00		
	5	付	2	付广告费		6000.00		
	6	付	3	提取现金		2000.00		
	7	付	4	公益捐赠		10000.00		
	8	收	3	收回欠款	3000.00			
	9	付	6	购入材料		90322.00		
	10	付	7	提取现金		43780.00		

图 6.27　银行存款总账

总 分 类 账

账户名称：股本

20×5年 月	日	凭证 字	凭证 号	摘要	借方	贷方	借或贷	余额
11	30			1—11月累计发生额及余额			贷	5070000.00
12	1	收	1	接受投资		200000.00		

图 6.28　股本总账

总 分 类 账

账户名称：长期借款

20×5年 月	日	凭证 字	凭证 号	摘要	借方	贷方	借或贷	余额
11	30			1—11月累计发生额及余额	2400000.00	2400000.00	贷	4800000.00
12	2	收	2	借入借款		300000.00		

图 6.29　长期借款总账

总 分 类 账

账户名称：固定资产

20×5年 月	日	凭证 字	凭证 号	摘要	借方	贷方	借或贷	余额
11	30			1—11月累计发生额及余额	5200000.00	3000000.00	借	6400000.00
12	3	转	1	接受捐赠	180000.00			

图 6.30　固定资产总账

总 分 类 账

账户名称：营业外收入

20×5年 月	日	凭证 字	号	摘要	借方 亿	千	百	十	万	千	百	十	元	角	分	贷方 亿	千	百	十	万	千	百	十	元	角	分	借或贷	余额 亿	千	百	十	万	千	百	十	元	角	分
11	30			1—11月累计发生额及余额				1	1	4	0	0	0	0	0				1	1	4	0	0	0	0	0	平									0		
12	3	转	1	接受捐赠														1	8	0	0	0	0	0	0	0												

图 6.31　营业外收入总账

总 分 类 账

账户名称：原材料

20×5年 月	日	凭证 字	号	摘要	借方 亿	千	百	十	万	千	百	十	元	角	分	贷方 亿	千	百	十	万	千	百	十	元	角	分	借或贷	余额 亿	千	百	十	万	千	百	十	元	角	分
11	30			1—11月累计发生额及余额		1	7	3	4	5	5	0	0	0	0		1	6	4	5	0	0	0	0	0	0	借		1	3	7	0	0	0	0	0	0	0
12	4	付	1	购入材料					6	0	0	0	0	0	0																								
	9	付	6	购入材料					8	0	0	0	0	0	0																								
	10	转	3	领用材料															3	8	0	0	0	0	0	0												

图 6.32　原材料总账

总 分 类 账

账户名称：应交税费

20×5年 月	日	凭证 字	号	摘要	借方 亿	千	百	十	万	千	百	十	元	角	分	贷方 亿	千	百	十	万	千	百	十	元	角	分	借或贷	余额 亿	千	百	十	万	千	百	十	元	角	分
11	30			1—11月累计发生额及余额		1	0	1	5	0	0	0	0	0	0		1	2	0	2	2	0	0	0	0	0	贷			1	8	7	2	0	0	0	0	0
12	4	付	1	购入材料						7	8	0	0	0	0																								
	5	转	2	销售产品																4	9	4	0	0	0	0												
	9	付	6	购入材料					1	0	3	2	2	0	0																								

图 6.33　应交税费总账

总分类账

账户名称：销售费用

20×5年 月	日	凭证 字	号	摘要	借方	贷方	借或贷	余额
11	30			1—11月累计发生额及余额	682000 00	682000 00	平	0
12	5	付	2	付广告费	6000 00			

图 6.34　销售费用总账

总分类账

账户名称：应收账款

20×5年 月	日	凭证 字	号	摘要	借方	贷方	借或贷	余额
11	30			1—11月累计发生额及余额	876200 00	963200 00	借	2300000 00
12	5	转	2	销售产品	429400 00			
	8	收	3	收回欠款		30000 00		

图 6.35　应收账款总账

总分类账

账户名称：主营业务收入

20×5年 月	日	凭证 字	号	摘要	借方	贷方	借或贷	余额
11	30			1—11月累计发生额及余额	9625000 00	9625000 00	平	0
12	5	转	2	销售产品		380000 00		

图 6.36　主营业务收入总账

总 分 类 账

账户名称：库存现金

20×5年 月	日	凭证 字	号	摘要	借方 亿	千	百	十	万	千	百	十	元	角	分	贷方 亿	千	百	十	万	千	百	十	元	角	分	借或贷	余额 亿	千	百	十	万	千	百	十	元	角	分
11	30			1—11月累计发生额及余额					1	6	6	7	8	0	0					1	8	8	0	0	0	0	借			3	4	0	0	0	0
12	6	付	3	提取现金						2	0	0	0	0	0																				
	7	付	5	预借差旅费																	6	0	0	0	0										
	10	付	7	提取现金					4	3	7	8	0	0	0																				
	10	付	8	发放职工薪酬																4	3	7	8	0	0	0										

图 6.37　库存现金总账

总 分 类 账

账户名称：营业外支出

20×5年 月	日	凭证 字	号	摘要	借方 亿	千	百	十	万	千	百	十	元	角	分	贷方 亿	千	百	十	万	千	百	十	元	角	分	借或贷	余额 亿	千	百	十	万	千	百	十	元	角	分
11	30			1—11月累计发生额及余额						9	6	1	0	0	0						9	6	1	0	0	0	平								0		
12	7	付	4	公益捐赠			1	0	0	0	0	0	0	0	0																						

图 6.38　营业外支出总账

总 分 类 账

账户名称：其他应收款

20×5年 月	日	凭证 字	号	摘要	借方 亿	千	百	十	万	千	百	十	元	角	分	贷方 亿	千	百	十	万	千	百	十	元	角	分	借或贷	余额 亿	千	百	十	万	千	百	十	元	角	分
12	7	付	5	预借差旅费							6	0	0	0	0																							

图 6.39　其他应收款总账

总 分 类 账

账户名称：应付职工薪酬

20×5年 月	日	凭证 字	号	摘要	借方 亿	千	百	十	万	千	百	十	元	角	分	贷方 亿	千	百	十	万	千	百	十	元	角	分	借或贷	余额 亿	千	百	十	万	千	百	十	元	角	分
11	30			1—11月累计发生额及余额			1	1	8	0	0	0	0	0	0			1	1	8	0	0	0	0	0	0	贷				5	5	6	2	0	0	0
12	10	付	8	发放职工薪酬					4	3	7	8	0	0	0																							

图 6.40　应付职工薪酬总账

总 分 类 账

账户名称：生产成本

20×5年 月	日	凭证 字	号	摘要	借方 亿	千	百	十	万	千	百	十	元	角	分	贷方 亿	千	百	十	万	千	百	十	元	角	分	借或贷	余额 亿	千	百	十	万	千	百	十	元	角	分
11	30			1—11月累计发生额及余额			3	1	5	0	0	0	0	0	0			3	1	5	0	0	0	0	0	0	平											0
12	10	转	3	领用材料				3	2	0	0	0	0	0	0																							

图 6.41　生产成本总账

总 分 类 账

账户名称：制造费用

20×5年 月	日	凭证 字	号	摘要	借方 亿	千	百	十	万	千	百	十	元	角	分	贷方 亿	千	百	十	万	千	百	十	元	角	分	借或贷	余额 亿	千	百	十	万	千	百	十	元	角	分
11	30			1—11月累计发生额及余额				6	5	0	0	0	0	0	0				6	5	0	0	0	0	0	0	平											0
12	10	转	3	领用材料					6	0	0	0	0	0	0																							

图 6.42　制造费用总账

表 6.1　科目汇总表

20×5 年 12 月 1—10 日　　　　科汇 1　　　单位：元

会计科目	借方金额	贷方金额	备注	会计科目	借方金额	贷方金额	备注
银行存款	530 000	309 902		主营业务收入		380 000	
股本		200 000		库存现金	45 780	44 380	
长期借款		300 000		营业外支出	100 000		
固定资产	180 000			其他应收款		600	
营业外收入		180 000		应付职工薪酬		43 780	
原材料	140 000	380 000		生产成本		320 000	
应交税费	18 122	49 400		制造费用		60 000	
销售费用	6 000			合　计	1 873 682	1 873 682	
应收账款	429 400	30 000					

总 分 类 账

账户名称：银行存款

20×5年 月	日	凭证 字	号	摘要	借方 亿	千	百	十	万	千	百	十	元	角	分	贷方 亿	千	百	十	万	千	百	十	元	角	分	借或贷	余额 亿	千	百	十	万	千	百	十	元	角	分
11	30			1—11月累计发生额及余额				2	8	1	2	3	8	0	0				2	7	1	2	0	0	0	0	借				5	3	0	9	4	0	0	0
12	10	科汇	1	1—10日汇总				5	3	0	0	0	0	0	0				3	0	9	9	0	2	0	0	借				7	5	1	0	3	8	0	0

图 6.43　银行存款总账

总 分 类 账

账户名称：股本

20×5年 月	日	凭证 字	号	摘要	借方 亿	千	百	十	万	千	百	十	元	角	分	贷方 亿	千	百	十	万	千	百	十	元	角	分	借或贷	余额 亿	千	百	十	万	千	百	十	元	角	分
11	30			1—11月累计发生额及余额																							贷		5	0	7	0	0	0	0	0	0	0
12	10	科汇	1	1—10日汇总															2	0	0	0	0	0	0	0	贷		5	2	7	0	0	0	0	0	0	0

图 6.44　股本总账

总 分 类 账

账户名称：长期借款

20×5年 月	日	凭证 字	号	摘要	借方 亿	千	百	十	万	千	百	十	元	角	分	贷方 亿	千	百	十	万	千	百	十	元	角	分	借或贷	余额 亿	千	百	十	万	千	百	十	元	角	分
11	30			1—11月累计发生额及余额		2	4	0	0	0	0	0	0	0	0		2	4	0	0	0	0	0	0	0	0	贷				4	8	0	0	0	0	0	0
12	10	科汇	1	1—10日汇总															3	0	0	0	0	0	0	0	贷				7	8	0	0	0	0	0	0

图 6.45　长期借款总账

总 分 类 账

账户名称：固定资产

20×5年 月	日	凭证 字	号	摘要	借方 亿	千	百	十	万	千	百	十	元	角	分	贷方 亿	千	百	十	万	千	百	十	元	角	分	借或贷	余额 亿	千	百	十	万	千	百	十	元	角	分
11	30			1—11月累计发生额及余额		5	2	0	0	0	0	0	0	0	0		3	0	0	0	0	0	0	0	0	0	借		6	4	0	0	0	0	0	0	0	0
12	10	科汇	1	1—10日汇总			1	8	0	0	0	0	0	0	0												借		6	5	8	0	0	0	0	0	0	0

图 6.46　固定资产总账

总 分 类 账

账户名称：营业外收入

20×5年 月	日	凭证 字	号	摘要	借方 亿	千	百	十	万	千	百	十	元	角	分	贷方 亿	千	百	十	万	千	百	十	元	角	分	借或贷	余额 亿	千	百	十	万	千	百	十	元	角	分
11	30			1—11月累计发生额及余额					1	1	4	0	0	0	0				1	1	4	0	0	0	0	0	平										0	
12	10	科汇	1	1—10日汇总															1	8	0	0	0	0	0	0	贷				1	8	0	0	0	0	0	0

图 6.47　营业外收入总账

总分类账

账户名称：原材料

20×5年 月	日	凭证 字	号	摘要	借方（亿千百十万千百十元角分）	贷方（亿千百十万千百十元角分）	借或贷	余额（亿千百十万千百十元角分）
11	30			1—11月累计发生额及余额	1 7 3 4 5 5 0 0 0 0	1 6 4 5 0 0 0 0 0	借	1 3 7 0 0 0 0 0 0
12	10	科汇	1	1—10日汇总	1 4 0 0 0 0 0 0	3 8 0 0 0 0 0 0	借	1 1 3 0 0 0 0 0 0

图 6.48　原材料总账

总分类账

账户名称：应交税费

20×5年 月	日	凭证 字	号	摘要	借方（亿千百十万千百十元角分）	贷方（亿千百十万千百十元角分）	借或贷	余额（亿千百十万千百十元角分）
11	30			1—11月累计发生额及余额	1 0 1 5 0 0 0 0 0	1 2 0 2 2 0 0 0 0	贷	1 8 7 2 0 0 0 0
12	10	科汇	1	1—10日汇总	1 8 1 2 2 0 0	4 9 4 0 0 0 0	贷	2 1 8 4 7 8 0 0

图 6.49　应交税费总账

总分类账

账户名称：销售费用

20×5年 月	日	凭证 字	号	摘要	借方（亿千百十万千百十元角分）	贷方（亿千百十万千百十元角分）	借或贷	余额（亿千百十万千百十元角分）
11	30			1—11月累计发生额及余额	6 8 2 0 0 0 0	6 8 2 0 0 0 0	平	0
12	10	科汇	1	1—10日汇总	6 0 0 0 0 0		借	6 0 0 0 0 0

图 6.50　销售费用总账

总分类账

账户名称：应收账款

20×5年 月	日	凭证 字	号	摘要	借方（亿千百十万千百十元角分）	贷方（亿千百十万千百十元角分）	借或贷	余额（亿千百十万千百十元角分）
11	30			1—11月累计发生额及余额	8 7 6 2 0 0 0 0	9 6 3 2 0 0 0 0	借	2 3 0 0 0 0 0 0
12	10	科汇	1	1—10日汇总	4 2 9 4 0 0 0 0	3 0 0 0 0 0 0	借	6 2 9 4 0 0 0 0

图 6.51　应收账款总账

总 分 类 账

账户名称：主营业务收入

| 20×5年 | | 凭证 | | 摘要 | 借方 | | | | | | | | | | | 贷方 | | | | | | | | | | | 借或贷 | 余额 | | | | | | | | | | |
月	日	字	号		亿	千	百	十	万	千	百	十	元	角	分	亿	千	百	十	万	千	百	十	元	角	分		亿	千	百	十	万	千	百	十	元	角	分
11	30			1—11月累计发生额及余额		9	6	2	5	0	0	0	0	0	0		9	6	2	5	0	0	0	0	0	0	平贷									0		
12	10	科汇	1	1—10日汇总														3	8	0	0	0	0	0	0	0	贷			3	8	0	0	0	0	0	0	0

图 6.52　主营业务收入总账

总 分 类 账

账户名称：库存现金

| 20×5年 | | 凭证 | | 摘要 | 借方 | | | | | | | | | | | 贷方 | | | | | | | | | | | 借或贷 | 余额 | | | | | | | | | | |
月	日	字	号		亿	千	百	十	万	千	百	十	元	角	分	亿	千	百	十	万	千	百	十	元	角	分		亿	千	百	十	万	千	百	十	元	角	分
11	30			1—11月累计发生额及余额					1	6	6	7	8	0	0					1	8	8	0	0	0	0	借				3	4	0	0	0	0		
12	10	科汇	1	1—10日汇总					4	5	7	8	0	0	0					4	4	3	8	0	0	0	借				4	8	0	0	0	0		

图 6.53　库存现金总账

总 分 类 账

账户名称：营业外支出

| 20×5年 | | 凭证 | | 摘要 | 借方 | | | | | | | | | | | 贷方 | | | | | | | | | | | 借或贷 | 余额 | | | | | | | | | | |
月	日	字	号		亿	千	百	十	万	千	百	十	元	角	分	亿	千	百	十	万	千	百	十	元	角	分		亿	千	百	十	万	千	百	十	元	角	分
11	30			1—11月累计发生额及余额					9	6	1	0	0	0	0					9	6	1	0	0	0	0	平借									0		
12	10	科汇	1	1—10日汇总		1	0	0	0	0	0	0	0	0	0												借		1	0	0	0	0	0	0	0	0	0

图 6.54　营业外支出总账

总 分 类 账

账户名称：其他应收款

| 20×5年 | | 凭证 | | 摘要 | 借方 | | | | | | | | | | | 贷方 | | | | | | | | | | | 借或贷 | 余额 | | | | | | | | | | |
月	日	字	号		亿	千	百	十	万	千	百	十	元	角	分	亿	千	百	十	万	千	百	十	元	角	分		亿	千	百	十	万	千	百	十	元	角	分
12	10	科汇	1	1—10日汇总						6	0	0	0	0	0												借					6	0	0	0	0	0	

图 6.55　其他应收款总账

总 分 类 账

账户名称：应付职工薪酬

20×5年 月	日	凭证 字	号	摘要	借方 亿千百十万千百十元角分	贷方 亿千百十万千百十元角分	借或贷	余额 亿千百十万千百十元角分
11	30			1—11月累计发生额及余额	1 1 8 0 0 0 0 0 0	1 1 8 0 0 0 0 0 0	贷	5 5 6 2 0 0 0
12	10	科汇	1	1—10日汇总	4 3 7 8 0 0 0		贷	1 1 8 4 0 0 0

图6.56　应付职工薪酬总账

总 分 类 账

账户名称：生产成本

20×5年 月	日	凭证 字	号	摘要	借方 亿千百十万千百十元角分	贷方 亿千百十万千百十元角分	借或贷	余额 亿千百十万千百十元角分
11	30			1—11月累计发生额及余额	3 1 5 0 0 0 0 0 0	3 1 5 0 0 0 0 0 0	平	0
12	10	科汇	1	1—10日汇总	3 2 0 0 0 0 0 0		借	3 2 0 0 0 0 0 0

图6.57　生产成本总账

总 分 类 账

账户名称：制造费用

20×5年 月	日	凭证 字	号	摘要	借方 亿千百十万千百十元角分	贷方 亿千百十万千百十元角分	借或贷	余额 亿千百十万千百十元角分
11	30			1—11月累计发生额及余额	6 5 0 0 0 0 0 0	6 5 0 0 0 0 0 0	平	0
12	10	科汇	1	1—10日汇总	6 0 0 0 0 0 0		借	6 0 0 0 0 0 0

图6.58　制造费用总账

（三）自己动手

仿照以上操作，根据滨海股份有限公司20×5年12月经济业务的全部记账凭证，逐笔登记总账；每10天编制一张科目汇总表，根据科目汇总表汇总登记总账。

第四节　明细账的登记

一、明细账的登记方法

不同类型经济业务的明细账，可根据管理需要，依据记账凭证、原始凭证或汇总原始凭证逐日逐笔或定期汇总登记。固定资产、债权、债务等明细账应逐日逐笔登记；库存商品、原材料收发明细账，以及收入、费用明细账可以逐笔登记，也可定期（3天或5天）汇总登记。

明细账一般采用活页式账簿，也有的采用卡片式账簿，如固定资产明细账。

明细账的格式因经营管理的要求及经济业务内容的不同而不同。常用的明细账格式有三栏式、多栏式、数量金额式和横线登记式（或称平行式）等多种。

下面分别介绍三栏式、数量金额式和多栏式等三种明细账的具体登记方法。

1. 三栏式明细账的登记方法

三栏式明细账是在账页内只设"借方""贷方""余额"三个金额栏的明细账。它适用于只要求进行金额核算而不要求进行数量核算的明细账，如"应收账款""应付账款""实收资本""长期借款"等账户的明细账。

三栏式明细账一般根据记账凭证逐笔登记，其登记方法与记账凭证账务处理程序下总账的登记方法基本相同，不同之处在于一般随时结出余额。

三栏式明细账的登记样本如图6.59所示。

明细分类账

第　页　　连续第　　页

明细科目：东方有限责任公司

总账科目　　应收账款

20×5年		凭证		摘　要	对应科目	借　　　方	贷　　　方	借或贷	余　　额
月	日	字	号			亿千百十万千百十元角分	亿千百十万千百十元角分	借或贷	亿千百十万千百十元角分
10	1			期初余额				借	3 0 0 0 0 0 0
	5	收	4	收回欠款	银行存款		2 0 0 0 0 0 0	借	1 0 0 0 0 0 0
	8	收	10	销售产品	主营业务收入	5 8 0 0 0 0 0		借	6 8 0 0 0 0 0
				…					

图6.59　三栏式明细账

2. 数量金额式明细账的登记方法

数量金额式明细账是在账页的"借方""贷方""余额"各栏中再分别设置"数量""单价""金额"栏目的明细账。它适用于既要进行金额核算又要进行数量核算的各种财产物资类账户的明细账，如"原材料""库存商品"等账户的明细账。

数量金额式明细账由会计人员根据审核无误的记账凭证及所附的原始凭证，按经济业务发生的时间先后顺序，逐日逐笔登记或定期汇总登记。具体登记时，需要根据记账凭证所附原始凭证的具体内容，详细登记每一笔经济业务收入或发出的数量、单价和金额，并根据选定的计价方法计算出结余的数量、单价和金额。

数量金额式明细账的登记样本如图6.60所示。

3. 多栏式明细账的登记方法

多栏式明细账是根据经营管理的需要和经济业务的特点，在"借方"栏或"贷方"栏下再设置多个栏目，用以记录某一会计科目所属各明细科目内容的明细账。它一般适用于成本、费用、收入类的明细账，如"管理费用""生产成本""制造费用"等账户的明细账。

原材料明细账

部类＿＿＿　　产地＿＿＿＿　　单位　**千克**　规格＿＿＿＿　品名　**甲材料**

20×5年		凭证		摘要	收入			发出			结存		
月	日	字	号		数量	单价	金额 千百十万千百十元角分	数量	单价	金额 千百十万千百十元角分	数量	单价	金额 千百十万千百十元角分
3	1			期初余额							200	10	2 0 0 0 0 0
	3	收料	1	购入材料	500	10	5 0 0 0 0 0				700	10	7 0 0 0 0 0
	8	领料	3	领用材料				300	10	3 0 0 0 0 0	400	10	4 0 0 0 0 0
				…									

图 6.60　数量金额式明细账

多栏式明细账的格式视管理需要而呈多样化，有的借方和贷方分别设置多个专栏，如"应交增值税"明细账；有的只有借方或贷方设置多个专栏，如"管理费用"明细账（借方多栏）、"主营业务收入"明细账（贷方多栏）等；还有的在设置"借方""贷方""余额"栏的基础上，再设专栏对借方或贷方构成项目进行分析，如"管理费用"明细账（借方构成项目分析）、"主营业务收入"明细账（贷方构成项目分析）。

各种格式的多栏式明细账，其登记方法不完全相同，登记时需注意以下两点：①根据记账凭证登记时，一方面要将具体内容记入相应的专栏，另一方面要将本行各专栏数字合计后记入本行"合计栏"；②只设借方多栏或贷方多栏的账户，登记内容的方向与栏目设计的方向相反时，用红字进行登记。

多栏式明细账的样本如图 6.61 所示。

生产成本明细账

产品名称　**A产品**

20×5年		凭证		摘要	直接材料	直接人工	制造费用	合计
月	日	字	号		千百十万千百十元角分	千百十万千百十元角分	千百十万千百十元角分	千百十万千百十元角分
12	1			期初余额	4 0 0 0 0 0 0	3 2 0 0 0 0 0	1 5 6 0 0 0 0	8 7 6 0 0 0 0
12	10			领用材料	1 2 0 0 0 0 0			1 2 0 0 0 0 0

图 6.61　多栏式明细账

二、总账和明细账的平行登记

平行登记是指在经济业务发生后，以会计凭证为依据，一方面要在有关的总账进行总括登记，另一方面要在总账所属的明细账进行详细登记。通过总账和明细账的平行登记及期末进行相互核对，可以及时发现错账并予以更正，从而保证账簿记录的正确性。

1. 平行登记的要点

总账与明细账平行登记的要点如下。

（1）依据相同。每一项经济业务，记入总账和明细账的原始凭证依据必须相同。

（2）期间相同。每一项经济业务，在同一会计期间，一方面要记入有关总账，另一方面也要记入总账所属的有关各明细账。

（3）方向相同。每一项经济业务，记入总账和记入所属明细账的借贷方向必须相同。如果在总账中记入借方，则在所属明细账中也记入借方；如果在总账中记入贷方，则在所属明细账中也记入贷方。

（4）金额相等。每一项经济业务，记入总账中的金额要与记入所属明细账中的金额相等。如果同时涉及该总账的若干明细账，则该总账登记的金额应与各个明细账登记的金额之和相等。

> **★提炼点睛★**
>
> 借：应付账款——甲公司　　300 000
> 　　　　　　　——乙公司　　200 000
> 　　贷：银行存款　　　　　　　500 000
>
> 应付账款总账
> 500 000 |
>
> 应付账款——甲公司明细账
> 300 000 |
>
> 应付账款——乙公司明细账
> 200 000 |
>
> **平行登记的 T 型账户展示**

2. 平行登记的结果

通过总账和明细账的平行登记，总账的发生额及余额与其所属的明细账的发生额及余额应存在以下相等关系（具体见第七章中的对账部分）。

总账的期初余额 = 所属明细账的期初余额合计

总账的本期借方发生额 = 所属明细账的本期借方发生额合计

总账的本期贷方发生额 = 所属明细账的本期贷方发生额合计

总账的期末余额 = 所属明细账的期末余额合计

三、案例实操：滨海公司明细账的登记

1. 案例案情

承接第五章第一节的实操案例，根据滨海股份有限公司 20×5 年 12 月经济业务的记账凭证及相关原始凭证，分别登记应收账款、应付账款、原材料、库存商品和生产成本明细账。

2. 示范操作

（1）根据 12 月 1—10 日经济业务的记账凭证及相关原始凭证登记应收账款明细账，如图 6.62 和图 6.63 所示。

（2）根据 12 月 1—10 日经济业务的记账凭证及相关原始凭证登记原材料明细账，如图 6.64～图 6.66 所示。

（3）根据 12 月 1—10 日经济业务的记账凭证及相关原始凭证登记生产成本明细账，如图 6.67 和图 6.68 所示。

明细分类账　　　　　　　第 1 页　连续第　页

明细科目　　南方经贸有限责任公司　　　　　　总账科目　　应收账款

20×5年 月	日	凭证 字	号	摘要	借 方 千百十万千百十元角分	√	贷 方 千百十万千百十元角分	√	借或贷	余 额 千百十万千百十元角分
11	30			1—11月累计发生额及余额	6 0 0 0 0 0 0 0		5 0 0 0 0 0 0		借	2 0 0 0 0 0 0 0
12	5	转	2	销售产品	4 2 9 4 0 0 0 0				借	6 2 9 4 0 0 0 0

图 6.62　应收账款明细账（一）

明细分类账　　　　　　　第 2 页　连续第　页

明细科目　　宏光有限责任公司　　　　　　总账科目　　应收账款

20×5年 月	日	凭证 字	号	摘要	借 方 千百十万千百十元角分	√	贷 方 千百十万千百十元角分	√	借或贷	余 额 千百十万千百十元角分
11	30			1—11月累计发生额及余额	2 7 6 2 0 0 0 0		4 6 3 2 0 0 0 0		借	3 0 0 0 0 0 0
12	8	收	3	收回欠款			3 0 0 0 0 0 0		平	0

图 6.63　应收账款明细账（二）

原材料明细账　　　　　　　总第　页　分第 1 页

部类　　　　产地　　　　单位　千克　　规格　　　　品名　甲材料

20×5年 月	日	凭证 字	号	摘要	收入 数量	单价	金额 千百十万千百十元角分	发出 数量	单价	金额 千百十万千百十元角分	结存 数量	单价	金额 千百十万千百十元角分	√
11	30			1—11月累计发生额及余额			6 5 0 0 0 0 0 0			6 0 0 0 0 0 0 0	25 200	20	5 0 4 0 0 0 0 0	
12	4	付	1	购甲材料	3 000	20	6 0 0 0 0 0 0				28 200	20	5 6 4 0 0 0 0 0	
12	9	付	6	购甲材料	2 000	20	4 0 0 0 0 0 0				30 200	20	6 0 4 0 0 0 0 0	
12	10	转	3	领用材料				6 000	20	1 2 0 0 0 0 0 0	24 200	20	4 8 4 0 0 0 0 0	

图 6.64　原材料明细账（一）

原材料明细账　　　　　　　总第　页　分第 2 页

部类　　　　产地　　　　单位　千克　　规格　　　　品名　乙材料

20×5年 月	日	凭证 字	号	摘要	收入 数量	单价	金额 千百十万千百十元角分	发出 数量	单价	金额 千百十万千百十元角分	结存 数量	单价	金额 千百十万千百十元角分	√
11	30			1—11月累计发生额及余额			7 0 0 0 0 0 0 0			6 3 0 0 0 0 0 0	56 000	10	5 6 0 0 0 0 0 0	
12	9	付	6	购乙材料	4 000	10	4 0 0 0 0 0 0				60 000	10	6 0 0 0 0 0 0 0	
12	10	转	3	领用材料				20 000	10	2 0 0 0 0 0 0	40 000	10	4 0 0 0 0 0 0 0	

图 6.65　原材料明细账（二）

部类_____　　产地_____　　单位　件　　规格_____　　品名　丙材料

20×5年 月	日	凭证 字	号	摘要	收入 数量	单价	金额 千百十万千百十元角分	发出 数量	单价	金额 千百十万千百十元角分	结存 数量	单价	金额 千百十万千百十元角分	√
11	30			1—11月累计发生额及余额			3 8 4 5 5 0			4 1 5 0 0 0 0 0	20 400	15	3 0 6 0 0 0 0 0	
12	10	转	3	领用材料				4 000	15	6 0 0 0 0 0	16 400	15	2 4 6 0 0 0 0 0	

图 6.66　原材料明细账（三）

生产成本明细账

产品名称____A 产品____

20×5年 月	日	凭证 字	号	摘要	直接材料 千百十万千百十元角分	直接人工 千百十万千百十元角分	制造费用 千百十万千百十元角分	合计 千百十万千百十元角分
12	10	转	3	领用材料	1 2 0 0 0 0 0 0			1 2 0 0 0 0 0 0

图 6.67　生产成本明细账（一）

生产成本明细账

产品名称____B 产品____

20×5年 月	日	凭证 字	号	摘要	直接材料 千百十万千百十元角分	直接人工 千百十万千百十元角分	制造费用 千百十万千百十元角分	合计 千百十万千百十元角分
12	10	转	3	领用材料	2 0 0 0 0 0 0 0			2 0 0 0 0 0 0 0

图 6.68　生产成本明细账（二）

3. 自己动手

仿照以上操作，根据滨海股份有限公司 20×5 年 12 月经济业务的全部记账凭证及相关原始凭证，登记已设置好的应收账款、应付账款、原材料、库存商品和生产成本明细账。

第五节　日记账的登记

一、日记账的登记方法

日记账可分为普通日记账和特种日记账，其中特种日记账又包括库存现金日记账和银行存款日记账。在我国会计实践中，通常只对库存现金和银行存款设置日记账进行序时核算。

库存现金日记账是用来逐日反映库存现金的收入、付出及结余情况的特种日记账。它是由单位出纳人员根据审核无误的现金收、付款凭证和银行存款付款凭证（记录从银行提取现金的业务），逐日逐笔顺序登记的。每日终了，应结出当日现金收入、现金支出合计数及结余数，并将账面结存数与库存现金实存数进行核对，做到账实相符。

为了确保账簿的安全、完整，库存现金日记账必须采用订本式账簿。其账页格式可以采用三栏式，也可以采用多栏式，在实际工作中大多采用三栏式账页格式。

登记库存现金日记账，除了遵循登记账簿的基本要求外，各栏目的具体填写方法如下。

（1）日期栏。日期栏中填入的是据以登记账簿的会计凭证上的日期。库存现金日记账一般根据记账凭证登记，因此，此处的日期是记账凭证的编制日期。

（2）"凭证字号"栏。"凭证字号"栏中填入的是据以登记账簿的会计凭证类型及编号，如"收×号""付×号"等。

（3）"摘要"栏。"摘要"栏要说明登记入账的经济业务的内容，并力求简明扼要。其一般与记账凭证的摘要相同。

（4）"对应科目"栏。"对应科目"栏应填写会计分录中"库存现金"账户的对应账户。填写对应科目时，应注意以下几点：①对应科目只填总账科目，不需填明细科目；②当对应科目有多个时，应填入主要对应科目；③当对应科目有多个且不能从科目上划分出主次时，可在对应科目栏中填入其中金额较大的科目，并在其后加上"等"字。

（5）"借方"金额栏、"贷方"金额栏。"借方"金额栏、"贷方"金额栏应根据相关凭证中记录的"库存现金"科目的借贷方向及金额填入。

（6）"余额"栏。"余额"栏应根据"本日余额=上日余额+本日收入合计−本日支出合计"逐日结出余额后，每日终了时填入（也可逐笔结出余额后逐行填入）。

库存现金日记账余额栏前未印有借贷方向，其余额方向默认为借方，因为正常情况下库存现金日记账是不会出现贷方余额的。若由某种原因出现了贷方余额，则在余额栏中用红字登记，表示贷方余额。

库存现金日记账的登记样本如图 6.69 所示。

库存现金日记账

币种：人民币　　　　　　　　　　　　　　　　　　　　　　　第 12 页

20×5年 月	日	凭证 字	号	摘要	对应科目	借方	贷方	余额
11	1			期初余额				3 0 0 0 0 0
	2	收	1	收到罚款	管理费用	5 0 0 0 0		3 5 0 0 0 0
	3	付	1	借差旅费	其他应收款		1 0 0 0 0 0	2 5 0 0 0 0
	4	付	2	付办公费	管理费用		3 5 0 0 0	2 1 5 0 0 0
	5	付	3	提取现金	银行存款	2 0 0 0 0 0		4 1 5 0 0 0
				…				

图 6.69　库存现金日记账

2. 银行存款日记账的登记方法

银行存款日记账是专门用来记录银行存款收支业务的一种特种日记账，它也是由单位出纳人员根据审核无误的银行存款收、付款凭证和现金付款凭证（记录将现金存入银行的业务），逐日逐笔顺序登记的。每日终了，应分别计算银行存款收入、支出的合计数并结出当日余额，以便于检查监督各项收支款项。银行存款日记账还应定期与银行送来的"银行对账单"逐笔核对，至少每月核对一次，并按月编制"银行存款余额调节表"。

银行存款日记账和库存现金日记账一样，也必须采用订本式账簿。其账页格式可以采用三栏式，也可以采用多栏式，在实际工作中大多采用三栏式账页格式。

银行存款日记账的登记方法与库存现金日记账的登记方法基本相同。需要说明的是结算凭证的种类和号数栏，该栏根据每笔银行存款收、付业务所依据的结算方式的种类和号数填写，结算方式的种类有转账支票、现金支票、信汇、电汇、银行汇票和银行本票等，号数则根据结算方式后四位数字填写。银行存款日记账其余栏目的填写方法同库存现金日记账，这里不再重述。

银行存款日记账的登记样本如图 6.70 所示。

银行存款日记账

开户银行：中国工商银行　　　　　　　　　　　　　　　　　　　　　　第 12 页

20×5年 月	日	凭证 字	凭证 号	摘要	结算方式 种类	结算方式 号数	对应科目	借方	贷方	余额
10	1			期初余额						8 0 0 0 0 0
	2	收	1	收回欠款	转支	4012	应收账款	1 2 0 0 0 0		2 0 0 0 0 0
	3	付	1	购材料	转支	4013	材料采购		5 0 0 0 0	1 5 0 0 0 0
	4	付	2	提取现金	现支	2015	库存现金		2 0 0 0 0	1 3 0 0 0 0
				...						

图 6.70　银行存款日记账

二、案例实操：滨海公司日记账的登记

1. 案例案情

承接第五章第一节的实操案例，根据滨海股份有限公司 20×5 年 12 月填制的收款凭证和付款凭证，登记库存现金日记账和银行存款日记账。

2. 示范操作

（1）根据 12 月 1—10 日经济业务的收款凭证（收字 1～3 号）和付款凭证（付字 1～8 号）登记库存现金日记账，如图 6.71 所示。

（2）根据 12 月 1—10 日经济业务的收款凭证（收字 1～3 号）和付款凭证（付字 1～8 号）登记银行存款日记账，如图 6.72 所示。

库存现金日记账

币种：人民币　　　　　　　　　　　　　　　　　　　　　　　　　　第12页

20×5年月	日	凭证字	号	摘要	对应科目	借方千	百	十	万	千	百	十	元	角	分	贷方千	百	十	万	千	百	十	元	角	分	余额千	百	十	万	千	百	十	元	角	分
11	30			1—11月累计发生额及余额			1	6	6	7	8	0	0	0	0		1	8	8	0	0	0	0	0	0			3	4	0	0	0	0	0	0
12	6	付	3	提取现金	银行存款			2	0	0	0	0	0	0	0													5	4	0	0	0	0	0	0
12	7	付	5	预借差旅费	其他应收款														6	0	0	0	0	0	0			4	8	0	0	0	0	0	0
12	10	付	7	提取现金	银行存款			4	3	7	8	0	0	0	0																				
12	10	付	8	发放职工薪酬	应付职工薪酬													4	3	7	8	0	0	0	0			4	8	0	0	0	0	0	0

图6.71　库存现金日记账

银行存款日记账

开户银行：中国工商银行　　　　　　　　　　　　　　　　　　　　第15页

20×5年月	日	凭证字	号	摘要	结算方式种类	号数	对应科目	借方千	百	十	万	千	百	十	元	角	分	贷方千	百	十	万	千	百	十	元	角	分	余额千	百	十	万	千	百	十	元	角	分
11	30			1—11月累计发生额及余额					2	8	1	2	3	8	0	0	0		2	7	1	2	0	0	0	0	0		5	3	0	9	4	0	0	0	0
12	1	收	1	接受投资	转支		实收资本		2	0	0	0	0	0	0	0	0												7	3	0	9	4	0	0	0	0
12	2	收	2	借入借款			长期借款		3	0	0	0	0	0	0	0	0	1	0	3	0	9	4	0	0	0	0										
12	4	付	1	购入材料	转支	5868	原材料													6	7	8	0	0	0	0	0		9	6	3	1	4	0	0	0	0
12	5	付	2	付广告费	转支	5869	销售费用														6	0	0	0	0	0	0		9	5	7	1	4	0	0	0	0
12	6	付	3	提取现金	现支	6586	库存现金													2	0	0	0	0	0	0		9	5	5	1	4	0	0	0	0
12	7	付	4	公益捐赠	转支	5879	营业外支出											1	0	0	0	0	0	0	0	0		8	5	5	1	4	0	0	0	0
12	8	收	3	收回欠款	转支		应收账款			3	0	0	0	0	0	0	0												8	8	5	1	4	0	0	0	0
12	9	付	6	购入材料	转支	5873	原材料													9	0	3	2	2	0	0	0		7	9	4	8	1	8	0	0	0
12	10	付	7	提取现金	现支	6587	库存现金													4	3	7	8	0	0	0	0		7	5	1	0	3	8	0	0	0

图6.72　银行存款日记账

3. 自己动手

仿照以上操作，根据滨海股份有限公司20×5年12月经济业务的全部收款凭证和付款凭证，登记已设置好的库存现金日记账和银行存款日记账。

第六节　错账更正

一、错账更正方法

账簿记录发生错误，不准涂改、挖补、刮擦或者用药水消除字迹，不准重新抄写，必须按下列方法更正。

（一）划线更正法

在结账前发现账簿记录有文字或数字错误，而记账凭证没有错误的，采用划线更正法。更正时，可在错误的文字或数字上划一条红线，原有字迹须仍能辨认，在红线的上方用蓝字填写正确的文字或数字，并由更正人员在更正处盖章。对于错误的数字，应全部划红线更正，不得只更正其中的错误数字；对于文字错误，可只划去错误的部分。

例如，入库材料 5 000 元，记账凭证正确，但在登记原材料总账时误写成 50 000 元，更正方法如图 6.73 所示。

总 分 类 账

账户名称：原材料

20×5年		凭证		摘 要	借 方										贷 方										借或贷	余 额									
月	日	字	号		亿	千	百	十	万	千	百	十	元	角	分	亿	千	百	十	万	千	百	十	元	角	分		亿	千	百	十	万	千	百	十	元	角	分
12	1			期初余额																							借			3	0	0	0	0	0	0
	10	转	9	购入材料					5	0	0	0	0	0		张山																						
									5	0	0	0	0	0													借			3	5	0	0	0	0	0

图 6.73　划线更正法示意图

注： 图中数字"5000000"上的横线为红色。

（二）红字更正法

记账后在当年内发现记账凭证所记的会计科目、借贷方向错误，或者会计科目、借贷方向无误而所记金额大于应记金额，而引起记账错误的，采用红字更正法。更正时，上述两种情况分别采用不同的方法。

1. 记账凭证上会计科目或借贷方向错误引起的错账

记账凭证所记的会计科目或借贷方向错误而引起的错账按以下步骤更正。

（1）用红字填写一张与原错误记账凭证科目金额完全相同的记账凭证，日期填写编制红字凭证的实际日期，编号按当前凭证顺序编号，摘要注明"冲销×月×日×号错误凭证"，并用红字金额登记入账。

（2）用蓝字填写一张正确的记账凭证，日期填写编制凭证的实际日期，编号按当前凭证顺序编号，摘要注明"更正×月×日×号错误凭证"，并用蓝字登记入账。

（3）将两张凭证全部登记入账后，在原错误记账凭证的摘要栏内注明"已用×月×日×号凭证更正"。

例如，20×5 年 12 月 11 日收到大华有限责任公司交来转账支票一张，归还前欠货款 8 000 元，当日将支票送存银行，取得进账单回单。根据有关原始凭证填制的记账凭证如图 6.74 所示，根据该记账凭证登记的账簿如图 6.75 所示。

由于记账凭证中会计科目用错，因此应用红字更正法进行更正，具体操作如下。

（1）用红字填写一张与原错误记账凭证科目金额完全相同的记账凭证，如图 6.76 所示。用红字金额登记入账，如图 6.75 所示。

收 款 凭 证

借方科目：银行存款　　　　　20×5 年 12 月 11 日　　　　　总字第 ＿ 号　　收字第 10 号

摘　要	贷方科目		金　额									记账
	总账科目	明细科目	千	百	十	万	千	百	十	元	角 分	√
收回货款	应付账款	大华公司					8	0	0	0	0 0	√
已用 12 月 21 日收 30 号、31 号凭证更正												
附件　1　张	合　计					¥	8	0	0	0	0 0	

会计主管（签章）　　记账（签章）　　出纳（签章）　　审核（签章）　　制证（签章）

图 6.74　填制的记账凭证

总 分 类 账

账户名称：应付账款

20×5年		凭证		摘　要	借　方										贷　方										借或贷	余　额									
月	日	字	号		亿	千	百	十	万	千	百	十	元	角分	亿	千	百	十	万	千	百	十	元	角分		亿	千	百	十	万	千	百	十	元	角分
12	1			期初余额																					贷			3	0	0	0	0	0	0	0
	11	收	10	收回欠款															8	0	0	0	0	0	贷			3	8	0	0	0	0	0	0
	21	收	30	更正错账															8	0	0	0	0	0	贷			3	0	0	0	0	0	0	0
				···																															

图 6.75　登记的应付账款总账

注：图中深色灰底处的数字为红字，以下图表同。

收 款 凭 证

借方科目：银行存款　　　　　20×5 年 12 月 21 日　　　　　总字第 ＿ 号　　收字第 30 号

摘　要	贷方科目		金　额									记账
	总账科目	明细科目	千	百	十	万	千	百	十	元	角 分	√
冲销 12 月 11 日收字 10 号错误凭证	应付账款	大华公司					8	0	0	0	0 0	√
附件　张	合　计					¥	8	0	0	0	0 0	

会计主管（签章）　　记账（签章）　　出纳（签章）　　审核（签章）　　制证（签章）

图 6.76　用红字填写的记账凭证

（2）用蓝字填写一张正确的记账凭证，如图 6.77 所示。用蓝字登记入账，如图 6.78 所示。

（3）在原错误记账凭证的摘要栏内注明"已用 12 月 21 日收 30 号、31 号凭证更正"，如图 6.74 所示。

收 款 凭 证

借方科目：银行存款   20×5 年 12 月 21 日   总字第＿＿号
收字第＿31＿号

摘 要	贷方科目		金 额									记账√
	总账科目	明细科目	千	百	十	万	千	百	十	元	角	分	
更正 12 月 11 日收字 10 号错误凭证	应收账款	大华公司					8	0	0	0	0	0	√
附件　张	合　计					¥	8	0	0	0	0	0	

会计主管（签章）　记账（签章）　出纳（签章）　审核（签章）　制证（签章）

图 6.77　蓝字填制的记账凭证

总 分 类 账

账户名称：应收账款

20×5年		凭证		摘 要	借 方										贷 方										借或贷	余 额									
月	日	字	号		亿	千	百	十	万	千	百	十	元	角	分	亿	千	百	十	万	千	百	十	元	角	分		亿	千	百	十	万	千	百	十	元	角	分
12	1			期初余额																						借			3	0	0	0	0	0	0
	10	转	9	销售产品			3	6	0	0	0	0	0													借			6	6	0	0	0	0	0
	21	收	31	更正错账															8	0	0	0	0	0	借			5	8	0	0	0	0	0
				…																																

图 6.78　登记的应收账款总账

2. 记账凭证上所记金额大于应记金额引起的错账

记账凭证所记的会计科目、借贷方向均无误，只是所记金额大于应记金额而引起的错账按以下步骤更正。

（1）按多记的金额用红字填写一张与原错误记账凭证应借、应贷科目完全相同的记账凭证，日期填写编制红字凭证的实际日期，编号按当前凭证顺序编号，摘要注明"冲销×月×日×号错误凭证多记金额"，并用红字金额登记入账。

（2）登记入账后，在原错误记账凭证的摘要栏内注明"已用×月×日×号凭证更正"。

例如，20×5 年 12 月 6 日开出转账支票支付本月电话费 1 580 元，根据支票存根和发票编制的记账凭证如图 6.79 所示，根据该记账凭证登记的账簿如图 6.80 和图 6.81 所示。

付 款 凭 证

贷方科目：银行存款   20×5 年 12 月 6 日   总字第＿＿＿号
付字第＿5＿号

摘 要	借方科目		金 额									记账√
	总账科目	明细科目	千	百	十	万	千	百	十	元	角	分	
支付电话费	管理费用	电话费					1	5	8	0	0	0	√
已用 12 月 16 日付 15 号凭证更正													
附件　2　张	合　计					¥	1	5	8	0	0	0	

会计主管（签章）　记账（签章）　出纳（签章）　审核（签章）　制证（签章）

图 6.79　填制的记账凭证

总 分 类 账

账户名称：银行存款

20×5年		凭证		摘要	借方 亿千百十万千百十元角分	贷方 亿千百十万千百十元角分	借或贷	余额 亿千百十万千百十元角分
月	日	字	号					
12	1			期初余额			借	3 0 0 0 0 0 0
	6	付	5	支付电话费		1 8 5 0 0 0	借	2 8 1 5 0 0 0
	16	付	15	更正错账		2 7 0 0 0	借	2 8 4 2 0 0 0
				…				

图 6.80　登记的银行存款总账

总 分 类 账

账户名称：管理费用

20×5年		凭证		摘要	借方 亿千百十万千百十元角分	贷方 亿千百十万千百十元角分	借或贷	余额 亿千百十万千百十元角分
月	日	字	号					
12	6	付	5	支付电话费	1 8 5 0 0 0		借	1 8 5 0 0 0
	16	付	15	更正错账	2 7 0 0 0		借	1 5 8 0 0 0

图 6.81　登记的管理费用总账

由于记账凭证中会计科目、借贷方向均正确，只是金额多记了 270 元，因此应用红字更正法对多记金额进行冲销。具体操作如下。

（1）按多记的金额用红字填写一张与原错误记账凭证应借、应贷科目完全相同的记账凭证，如图 6.82 所示。用红字金额登记入账，如图 6.80 和图 6.81 所示。

付 款 凭 证

总字第＿＿＿号

贷方科目：银行存款　　　　　20×5 年 12 月 16 日　　　　　付字第＿15＿号

摘要	借方科目		金额										记账
	总账科目	明细科目	千	百	十	万	千	百	十	元	角	分	√
冲销12月6日付5号错误凭证多记金额	管理费用	电话费						2	7	0	0	0	√
附件　　张		合计					¥	2	7	0	0	0	

会计主管（签章）　　记账（签章）　　出纳（签章）　　审核（签章）　　制证（签章）

图 6.82　用红字填写的记账凭证

（2）在原错误记账凭证的摘要栏内注明"已用 12 月 16 日付 15 号凭证更正"，如图 6.79所示。

（三）补充登记法

记账后若发现记账凭证填写的会计科目、借贷方向无误，只是所记金额小于应记金额时，则采用补充登记法。具体更正步骤如下。

（1）按少记的金额用蓝字填写一张与原错误记账凭证应借、应贷科目完全相同的记账凭证，日期填写编制凭证的实际日期，编号按当前凭证顺序编号，摘要注明"补充×月×日×号错误凭证少记金额"，并用蓝字登记入账。

（2）登记入账后，在原错误记账凭证的摘要栏内注明"已用×月×日×号凭证更正"。

例如，20×5 年 12 月 8 日采购员周林预借差旅费，经领导批准支付现金 3 000 元，根据借款单编制的记账凭证如图 6.83 所示，根据该记账凭证登记的账簿如图 6.84 和图 6.85 所示。

付 款 凭 证

总字第____号
付字第_8_号

贷方科目：库存现金　　　　　　　20×5 年 12 月 8 日

摘　要	借方科目		金　额	记账√
	总账科目	明细科目	千 百 十 万 千 百 十 元 角 分	
预借差旅费	其他应收款	周林	3 0 0 0 0	√
已用 12 月 20 日付 18 号凭证更正				
附件　1　张	合　计		￥ 3 0 0 0 0	

会计主管（签章）　　记账（签章）　　出纳（签章）　　审核（签章）　　制证（签章）

图 6.83　填制的记账凭证

总 分 类 账

账户名称：库存现金

20×5年		凭证		摘　要	借　方	贷　方	借或贷	余　额
月	日	字	号		亿千百十万千百十元角分	亿千百十万千百十元角分		亿千百十万千百十元角分
12	1			期初余额			借	5 0 0 0 0 0
	8	付	8	预借差旅费		3 0 0 0 0	借	4 7 0 0 0 0
	20	付	18	更正错账		2 7 0 0 0 0	借	2 0 0 0 0 0
				…				

图 6.84　登记的库存现金总账

总 分 类 账

账户名称：其他应收款

20×5年		凭证		摘　要	借　方	贷　方	借或贷	余　额
月	日	字	号		亿千百十万千百十元角分	亿千百十万千百十元角分		亿千百十万千百十元角分
12	8	付	8	预借差旅费	3 0 0 0 0		借	3 0 0 0 0
	20	付	18	更正错账	2 7 0 0 0 0		借	3 0 0 0 0 0

图 6.85　登记的其他应收款总账

由于记账凭证中会计科目、借贷方向均正确，只是金额少记了 2 700 元，因此应用补充登记法对少记金额进行补充。具体操作如下。

（1）按少记的金额用蓝字填写一张与原错误记账凭证应借、应贷科目完全相同的记账凭证，如图 6.86 所示。用蓝字登记入账，如图 6.84 和图 6.85 所示。

付 款 凭 证

贷方科目：*库存现金*　　　　　　　　20×5 年 12 月 20 日　　　　　　总字第＿＿号
付字第 18 号

摘　要	借方科目		金　额										记账√
	总账科目	明细科目	千	百	十	万	千	百	十	元	角	分	
补充12月8日付8号错误凭证少记金额	其他应收款	周林					2	7	0	0	0	0	√
附件　　张	合　计					¥	2	7	0	0	0	0	

会计主管（签章）　　　记账（签章）　　　出纳（签章）　　　审核（签章）　　　制证（签章）

图 6.86　用蓝字填写的记账凭证

（2）在原错误记账凭证的摘要栏内注明"已用 12 月 20 日付 18 号凭证更正"，如图 6.83 所示。

二、案例实操：滨海公司经济业务的错账更正

1. 案例案情

承接第五章第一节的实操案例，用正确的错账更正方法规范更正滨海股份有限公司 20×5 年 12 月经济业务在记账过程中产生的错账。

2. 示范操作

各种错账更正方法的规范运用见本节"一、错账更正方法"中的实例操作。

3. 自己动手

自己用正确的错账更正方法规范更正滨海股份有限公司20×5 年 12 月经济业务在记账过程中产生的错账。

教学做一体化训练

知识测试

一、单项选择题

1．在我国，总账要选用（　　　）。

　　A．活页式账簿　　　　　　　　　　　　B．自己认为合适的账簿

　　C．卡片式账簿　　　　　　　　　　　　D．订本式账簿

2．"应收账款""应付账款"明细账的账页格式一般是（   ）。

　　A．三栏式　　　　　B．多栏式　　　　　C．定表格式　　　　　D．数量金额式

3．下列账户适合采用多栏式明细账格式核算的是（   ）。

　　A．原材料　　　　　B．制造费用　　　　　C．应付账款　　　　　D．库存商品

4．下列账户的明细账采用三栏式账页的是（   ）。

　　A．管理费用　　　　B．销售费用　　　　　C．库存商品　　　　　D．应收账款

5．原材料等财产物资明细账一般采用（   ）明细账。

　　A．数量金额式　　　B．三栏式　　　　　C．多栏式　　　　　　D．任意格式

6．下列项目中，（   ）是连接会计凭证和会计报表的中间环节。

　　A．复式记账　　　　　　　　　　　　　　B．设置会计科目和账户

　　C．设置和登记账簿　　　　　　　　　　　D．编制会计分录

7．更正错账时，划线更正法的适用范围是（   ）。

　　A．记账凭证上会计科目或记账方向错误，导致账簿记录错误

　　B．记账凭证正确，在记账时发生错误，导致账簿记录错误

　　C．记账凭证上会计科目或记账方向正确，所记金额大于应记金额，导致账簿记录错误

　　D．记账凭证上会计科目或记账方向正确，所记金额小于应记金额，导致账簿记录错误

8．下列应该使用多栏式账簿的是（   ）。

　　A．应收账款明细账　B．管理费用明细账　C．库存商品明细账　D．原材料明细账

9．下列不可以作为总账登记依据的是（   ）。

　　A．记账凭证　　　B．科目汇总表　　　C．汇总记账凭证　　　D．明细账

10．下列选项中，（   ）不属于总账与明细账的平行登记要求。

　　A．依据相同　　　B．方向相同　　　　C．时间相同　　　　D．金额相等

11．各种不同账务处理程序之间的主要区别在于（   ）不同。

　　A．登记总账的程序和方法　　　　　　　　B．反映经济业务的内容

　　C．登记会计账簿的步骤　　　　　　　　　D．所采用的会计核算方法

12．适用于规模较小、经济业务量不多的单位的账务处理程序是（   ）。

　　A．记账凭证账务处理程序　　　　　　　　B．科目汇总表账务处理程序

　　C．汇总记账凭证账务处理程序　　　　　　D．多栏式日记账账务处理程序

13．采用科目汇总表账务处理程序，其登记总账的直接依据是（   ）。

　　A．汇总记账凭证　　B．科目汇总表　　　C．记账凭证　　　　D．原始凭证

14．采用科目汇总表账务处理程序时，月末不应将（   ）余额与有关总账的余额进行核对。

　　A．库存现金日记账　B．银行存款日记账　C．记账凭证　　　　D．明细账

15．以下关于科目汇总表账务处理程序的描述中，错误的是（   ）。

　　A．根据科目汇总表登记总账

　　B．不能反映账户间的对应关系

　　C．能反映各账户一定时期内的借方发生额和贷方发生额，进行试算平衡

　　D．由于科目汇总表的编制手续复杂，所以只适用于规模小、经济业务量少的企业

16．账务处理程序也叫会计核算组织程序，与之相结合的方式，不包括（   ）。

A．会计凭证　　　　　B．会计账簿　　　　　C．财务报表　　　　　D．会计科目

17．下列不属于记账凭证账务处理程序步骤的是（　　　）。

　　A．根据原始凭证或汇总原始凭证编制记账凭证

　　B．根据原始凭证或汇总原始凭证、记账凭证登记明细账

　　C．根据明细账和总账的记录编制会计报表

　　D．根据记账凭证编制有关汇总记账凭证和总账

二、多项选择题

1．会计账簿按用途不同，可分为（　　　）。

　　A．序时账簿　　　　B．订本账簿　　　　　C．分类账簿　　　　D．备查账簿

2．下列采用订本式账簿的有（　　　）。

　　A．库存现金日记账　B．银行存款日记账　C．原材料明细账　　D．总账

3．下列采用数量金额式明细账的账户有（　　　）。

　　A．生产成本　　　　B．库存商品　　　　　C．原材料　　　　　D．固定资产

4．下列属于序时账簿的有（　　　）。

　　A．普通日记账　　　B．银行存款日记账　C．明细账　　　　　D．库存现金日记账

5．账簿按其外表形式不同，可分为（　　　）。

　　A．三栏式账簿　　　B．活页式账簿　　　　C．订本式账簿　　　D．卡片式账簿

6．不同类型经济业务的明细账，可根据管理需要，依据（　　　）逐日逐笔登记或定期登记。

　　A．记账凭证　　　　B．科目汇总表　　　　C．原始凭证　　　　D．汇总原始凭证

7．必须逐日结出余额的账簿是（　　　）。

　　A．库存现金总账　　B．银行存款总账　　　C．现金日记账　　　D．银行存款日记账

8．对于划线更正法，下列说法正确的是（　　　）。

　　A．划红线注销时必须使原有字迹仍可辨认

　　B．对于错误的数字，应当全部划红线更正，不得只更正其中的错误数字

　　C．对于文字错误，可只划去错误的部分

　　D．对于错误的数字，可以只更正其中的错误数字

9．库存现金日记账属于（　　　）。

　　A．特种日记账　　　B．普通日记账　　　　C．订本式账簿　　　D．活页式账簿

10．下列可以作为库存现金日记账借方登记依据的是（　　　）。

　　A．库存现金收款凭证　　　　　　　　　　B．库存现金付款凭证

　　C．银行存款收款凭证　　　　　　　　　　D．银行存款付款凭证

11．下列关于账务处理程序的说法中正确的有（　　　）。

　　A．记账凭证账务处理程序的缺点是登记总账的工作量比较大

　　B．采用科目汇总表账务处理程序，由于其在科目汇总表中不反映科目对应关系，因而不便于分析经济业务的来龙去脉，不便于查账

　　C．采用科目汇总表账务处理程序可以大大减少登记总账的工作量

　　D．科目汇总表账务处理程序适用于规模较大、经济业务量较多的企业

12．在记账凭证账务处理程序下，需设置（　　　）。

　　A．收款、付款、转账凭证或通用记账凭证　B．科目汇总表或汇总记账凭证

C．库存现金日记账和银行存款日记账　　　　D．总账和明细账

13．在我国，采用的账务处理程序主要有（　　　）。

    A．科目汇总表账务处理程序　　　　　　　B．汇总记账凭证账务处理程序

    C．记账凭证账务处理程序　　　　　　　　D．日记总账账务处理程序

14．采用科目汇总表账务处理程序时，期末应将（　　　）余额与有关总账的余额进行核对相符。

    A．库存现金日记账　B．银行存款日记账　　C．汇总记账凭证　　　D．明细账

15．科目汇总表账务处理程序的优点有（　　　）。

    A．可减轻登记总账的工作量　　　　　　　B．可做到试算平衡

    C．简明易懂、方便易学　　　　　　　　　D．便于查对账目

三、判断题

1．库存现金日记账和银行存款日记账都必须采用订本式账簿。　　　　　　　　（　　　）

2．活页式账簿便于账页的重新排列和记账人员的分工，但账页容易散失和被随意抽换。

（　　　）

3．多栏式账簿主要适用于既需要记录金额，又需要记录实物数量的财产物资明细账户。

（　　　）

4．备查账簿可以为某些经济业务的内容提供必要的补充资料，它没有统一的格式，各单位可根据实际工作的需要来设置。　　　　　　　　　　　　　　　　　　　　　　（　　　）

5．登记账簿使用蓝黑墨水或者碳素墨水书写，不得使用圆珠笔（银行的复写账簿除外）或者铅笔书写。　　　　　　　　　　　　　　　　　　　　　　　　　　　　　　　（　　　）

6．为便于管理，"应收账款""应付账款"的明细账必须采用多栏式明细账格式。　（　　　）

7．由于编制的记账凭证会计科目错误，导致账簿记录错误，更正时，可以将错误的会计科目划红线注销，然后在划线上方填写正确的会计科目。　　　　　　　　　　　　（　　　）

8．登记账簿时，发生的空行、空页一定要补充书写，不得注销。　　　　　　　（　　　）

9．结账时，没有余额的账户，应当在"借或贷"栏内用"0"表示。　　　　　（　　　）

10．登记账簿要用蓝黑墨水或者碳素墨水书写，绝对不得使用圆珠笔或者铅笔书写。

（　　　）

11．各个企业的业务性质、组织规模、管理上的要求不同，企业应根据自身的特点，制定出恰当的会计账务处理程序。　　　　　　　　　　　　　　　　　　　　　　　　（　　　）

12．在我国，常用的账务处理程序主要有记账凭证账务处理程序、通用日记账账务处理程序和科目汇总表账务处理程序。　　　　　　　　　　　　　　　　　　　　　　　（　　　）

13．科目汇总表不仅可以起到试算平衡的作用，还可以反映账户之间的对应关系。（　　　）

14．科目汇总表账务处理程序的特点是直接根据记账凭证逐笔登记总账，是最基本的账务处理程序。　　　　　　　　　　　　　　　　　　　　　　　　　　　　　　　　　（　　　）

15．采用科目汇总表账务处理程序，可以在登记总账之前对发生额进行试算平衡，保证记账工作质量。　　　　　　　　　　　　　　　　　　　　　　　　　　　　　　　　（　　　）

16．记账凭证账务处理程序的特点是直接根据记账凭证逐笔登记总账，是最基本的账务处理程序。　　　　　　　　　　　　　　　　　　　　　　　　　　　　　　　　　　（　　　）

实训　错账的更正

（一）实训目的

掌握错账的更正方法。

（二）实训资料

大华实业有限责任公司 20×5 年 12 月部分凭证及账簿资料如下。

1. 原始凭证资料

（1）12 月 10 日，办公室用支票采购办公用品，取得发票一张，原始凭证如图 6.87 和图 6.88 所示。

			山东增值税普通发票					№002366108	
3700073240			发票联					开票日期：20×5 年 12 月 10 日	
购货单位	名　　称：大华实业有限责任公司 纳税人识别号：№150201000310047 地址、电话：山东省北海市东昌路 27 号 3758659 开户行及账号：中国工商银行北海市新兴路支行 86746532						密码区	略	第一联　发票联　购货方记账凭证
货物或应税劳务名称	规格型号	计量单位	数量	单价	金　额	税率	税　额		
笔记本 碳素笔 计算器 合　计		本 支 台	10 30 2	10.00 20.00 240.00	97.09 582.52 466.02 ¥1145.63	3%	2.91 17.48 13.98 ¥34.37		
价税合计（大写）		人民币壹仟壹佰捌拾元整					小写 ¥1180.00		
销货单位	名　　称：大丰百货公司 纳税人识别号：№150201012658709 地址、电话：山东省北海市文汇路 10 号 3808650 开户行及账号：中国工商银行北海市文化路支行 65436742					备注	150201012658709 发票专用章		
收款人：李军　　复核：刘英俊　　开票人：李明							销货单位：（章）		

图 6.87　销售统一发票

中国工商银行转账支票存根

支票号码 02821978

科　　目 _____

对方科目 _____

签发日期 20×5 年 12 月 10 日

收款人：大丰百货公司
金　额：1 180.00
用　途：购办公用品
备　注：

单位主管　　　　会计

复　核　　　　记账

图 6.88　转账支票存根

（2）12月12日，采购员周林预借差旅费，经领导批准支付现金3 000元，借款单如图6.89所示。

借 款 单

借款日期20×5年12月12日

单位或部门	供应科	借款事由	采购材料
申请借款金额	金额（大写）人民币叁仟元整		¥3000.00
批准金额	金额（大写）人民币叁仟元整		¥3000.00
领导批示	王强	财务主管	周明	借款人	周林

图6.89　借款单

（3）12月16日，收到华联商厦交来的转账支票一张，归还前欠货款，当日将支票送存银行，取得回单如图6.90所示。

中国工商银行进账单（收账通知）

20×5年12月16日　　第　　号

收款人	全　称	大华实业有限责任公司	付款人	全　称	华联商厦									
	账　号	86746532		账　号	028-368974212									
	开户银行	中国工商银行北海市新兴路支行		开户银行	中国工商银行北海市营业六部									
人民币（大写）		壹万柒仟元整				千	百	十	万	千	百	十	元	角	分
								¥	1	7	0	0	0	0	0
票据种类		银行转账支票		收款人开户行盖章										
票据张数		1张												
单位主管　　　复核			会计　　　记账											

图6.90　银行进账单

（4）12月31日，开出支票支付本月电话费，发票和支票存根如图6.91和图6.92所示。

中国联通A省分公司专用发票

客 户 名 称	大华实业有限责任公司	电 话 号 码	6666888
基本月租 20.00 本地区内 200.48 本地区内 236.35 国内长话 128.17			
实收金额（大写）人民币伍佰捌拾伍元整		¥585.00	
本次费用统计从 20×5/12/01—20×5/12/31		收款日期 20×5/12/31	

图6.91　专用发票

中国工商银行转账支票存根

支票号码 02821986

科　　目 ＿＿＿＿＿＿＿＿＿

对方科目 ＿＿＿＿＿＿＿＿＿

签发日期 20×5 年 12 月 31 日

收款人：	联通公司
金　额：	¥585.00
用　途：	通信费
备　注：	

单位主管　　　　会计

复　核　　　　　记账

图 6.92　转账支票存根

（5）12 月 31 日，采用信汇方式预付光明有限责任公司材料款 80 000 元，信汇凭证如图 6.93 所示。

图 6.93　信汇凭证（回单）

2. 记账凭证资料

（1）根据原始凭证资料第 2 笔业务的原始凭证填制的记账凭证如图 6.94 所示。

图 6.94　填制的记账凭证（一）

（2）根据原始凭证资料第2笔业务的原始凭证填制的记账凭证如图 6.95 所示。

付 款 凭 证

贷方科目：库存现金　　　　　20×5 年 12 月 12 日　　　　　付字第 20 号

摘　要	借 方 科 目		金　　额									记账√
	总账科目	明细科目	百	十	万	千	百	十	元	角	分	
预借差旅费	其他应收款	周林				3	0	0	0	0	0	
附件 1 张					¥	3	0	0	0	0	0	
会计主管：周明 记账：李强 出纳：张娟 审核：王立 制证：张娟												

图 6.95　填制的记账凭证（二）

（3）根据原始凭证资料第3笔业务的原始凭证填制的记账凭证如图 6.96 所示。

收 款 凭 证

借方科目：银行存款　　　　　20×5 年 12 月 16 日　　　　　收字第 21 号

摘　要	贷 方 科 目		金　　额									记账√
	总账科目	明细科目	百	十	万	千	百	十	元	角	分	
收回货款	应付账款	华联商厦		1	7	0	0	0	0	0	0	
附件 1 张					¥	1	7	0	0	0	0	0	
会计主管：周明 记账：李强 出纳：张娟 审核：王立 制证：张娟												

图 6.96　填制的记账凭证（三）

（4）根据原始凭证资料第4笔业务的原始凭证填制的记账凭证如图 6.97 所示。

付 款 凭 证

贷方科目：银行存款　　　　　20×5 年 12 月 31 日　　　　　付字第 52 号

摘　要	借 方 科 目		金　　额									记账√
	总账科目	明细科目	百	十	万	千	百	十	元	角	分	
支付话费	管理费用	电话费				5	8	5	0	0	0	
附件 2 张	合　　计					¥	5	8	5	0	0	0	
会计主管：周明 记账：李强 出纳：张娟 审核：王立 制证：张娟												

图 6.97　填制的记账凭证（四）

（5）根据原始凭证资料第5笔业务的原始凭证填制的记账凭证如图 6.98 所示。

付 款 凭 证

总字第 ___ 号

贷方科目：银行存款　　　　　　　20×5 年 12 月 31 日　　　　　　　付字第 82 号

摘　　要	借 方 科 目		金　　额									记账√
	总账科目	明细科目	百	十	万	千	百	十	元	角	分	
预付货款	预付账款	光明有限责任公司		8	0	0	0	0	0	0	0	
附件 1 张	合　　计				¥	8	0	0	0	0	0	0

会计主管：周明　　　记账：李强　　　出纳：张娟　　　审核：王立　　　制证：张娟

图 6.98　填制的记账凭证（五）

3. 账簿资料

根据上述经济业务的原始凭证和记账凭证登记的账簿如图 6.99～图 6.105 所示。

银行存款日记账

种类：结算户存款　　　　　　　　　　　　　　　　　　　　　　　　　　　第　　页

20×5年		凭证		摘要	结算方式		对应科目	借　方								贷　方								借或贷	余　额							
月	日	字	号		种类	号数		十	万	千	百	十	元	角	分	十	万	千	百	十	元	角	分		十	万	千	百	十	元	角	分
				承前页																				借	1	6	6	9	0	0	0	0
12	10	付	18	购办公用品														1	1	8	0	0									
				…																												
	16	收	21	收贷款				1	7	0	0	0	0	0	0																
				…																												
	31	付	52	支付电话费													5	8	5	0	0	0									
	31	付	82	预付货款													8	0	0	0	0	0	0									
				…																												

图 6.99　登记的银行存款日记账

库存现金日记账

20×5年		凭证		摘要	对应科目	借　方								贷　方								借或贷	余　额							
月	日	字	号			十	万	千	百	十	元	角	分	十	万	千	百	十	元	角	分		十	万	千	百	十	元	角	分
				承前页																		借			4	2	0	0	0	0
12	12	付	20	预借差旅费													3	0	0	0	0	借			3	9	0	0	0	0

图 6.100　登记的库存现金日记账

管理费用明细账

20×5年		凭证		摘　要	办公费	水电费	保险费	其他	合计
月	日	字	号						
12	10	付	18	购办公用品	118				118
				...					
	31	付	52	支付电话费				5 850	5 850

图 6.101　登记的管理费用明细账

明细分类账

第　页　连续第　页

明细科目：周林　　　　　　　　　　　　　　　　　　总账科目　其他应收款

20×5年		凭证		摘要	借　方								贷　方								借或贷	余　额							
月	日	字	号		十	万	千	百	十	元	角	分	十	万	千	百	十	元	角	分		十	万	千	百	十	元	角	分
12	12	付	20	预借差旅费			3	0	0	0	0	0									借			3	0	0	0	0	0

图 6.102　登记的其他应收款明细账

明细分类账

第　页　连续第　页

明细科目：华联商厦　　　　　　　　　　　　　　　　总账科目　应付账款

20×5年		凭证		摘要	借　方								贷　方								借或贷	余　额							
月	日	字	号		十	万	千	百	十	元	角	分	十	万	千	百	十	元	角	分		十	万	千	百	十	元	角	分
				承前页																	贷		5	0	0	0	0	0	0
12	16	收	21	收货款										1	7	0	0	0	0	0	贷		6	7	0	0	0	0	0

图 6.103　登记的应付账款明细账

明细分类账

第　页　连续第　页

明细科目：光明有限责任公司　　　　　　　　　　　　总账科目　预付账款

20×5年		凭证		摘要	借　方								贷　方								借或贷	余　额							
月	日	字	号		十	万	千	百	十	元	角	分	十	万	千	百	十	元	角	分		十	万	千	百	十	元	角	分
12	31	付	82	预付货款		8	0	0	0	0	0	0									借		8	0	0	0	0	0	0

图 6.104　登记的预付账款明细账

明细分类账

明细科目：华联商厦

第　页　连续第　页

总账科目　应收账款

20×5年		凭证		摘　要	借　方								贷　方								借或贷	余　额							
月	日	字	号		十	万	千	百	十	元	角	分	十	万	千	百	十	元	角	分		十	万	千	百	十	元	角	分
				承前页																	借		8	0	0	0	0	0	0

图 6.105　登记的应收账款明细账

（三）实训要求

根据以上资料，请你找出差错并采用正确的错账更正方法进行更正。

更正错账所用的记账凭证如图 6.106～图 6.110 所示。

付　款　凭　证

总字第 __ 号

贷方科目：　　　　　　　　　　年　月　日　　　　　　　　付字第 __ 号

摘　要	借方科目		金　额									记账√
	总账科目	明细科目	百	十	万	千	百	十	元	角	分	
附件　　张	合　　计											

会计主管　　　记账　　　出纳　　　　　审核　　　　　制证

图 6.106　付款凭证（一）

付　款　凭　证

总字第 __ 号

贷方科目：　　　　　　　　　　年　月　日　　　　　　　　付字第 __ 号

摘　要	借方科目		金　额									记账√
	总账科目	明细科目	百	十	万	千	百	十	元	角	分	
附件　　张	合　　计											

会计主管　　　记账　　　出纳　　　　　审核　　　　　制证

图 6.107　付款凭证（二）

收 款 凭 证

总字第 ___ 号

收字第 ___ 号

借方科目：　　　　　　　　　　　　年　月　日

摘　　要	贷 方 科 目		金　　额									记账√
	总账科目	明细科目	百	十	万	千	百	十	元	角	分	
附件　　张	合　　计											

会计主管　　　记账　　　出纳　　　审核　　　制证

图 6.108　收款凭证（一）

收 款 凭 证

总字第 ___ 号

收字第 ___ 号

借方科目：　　　　　　　　　　　　年　月　日

摘　　要	贷 方 科 目		金　　额									记账√
	总账科目	明细科目	百	十	万	千	百	十	元	角	分	
附件　　张	合　　计											

会计主管　　　记账　　　出纳　　　审核　　　制证

图 6.109　收款凭证（二）

付 款 凭 证

总字第 ___ 号

付字第 ___ 号

贷方科目：　　　　　　　　　　　　年　月　日

摘　　要	借 方 科 目		金　　额									记账√
	总账科目	明细科目	百	十	万	千	百	十	元	角	分	
附件　　张	合　　计											

会计主管　　　记账　　　出纳　　　审核　　　制证

图 6.110　付款凭证（三）

第七章　对账与结账

【学习目标】

【知识目标】

熟悉对账的内容和结账的程序，掌握对账与结账的方法，掌握账实不符的账务处理。

【能力目标】

能对登记的各种账簿，规范地进行对账与结账。

第一节　对　　账

对账就是核对账目，是指在会计核算中，为保证账簿记录的真实、正确、可靠、完整，对账簿中的有关数据进行检查和核对的工作。

应坚持对账制度，通过对账工作，检查账簿记录内容是否完整、有无错记或漏记，以做到账证相符、账账相符、账实相符。

对账工作每年至少进行一次，具体包括账证核对、账账核对和账实核对。

一、账证核对

账证核对是指对各种账簿记录与记账凭证及其所附原始凭证进行核对，以检查账证是否相符。账证核对主要核对会计账簿记录与原始凭证、记账凭证的时间、凭证字号、内容、金额是否一致，记账方向是否相符。

账证核对主要在平时记账过程中逐笔进行。由于账证逐笔核对工作量较大，一般月末结账时采用抽查核对的方法。

二、账账核对

账账核对是指对各种账簿之间的有关数据进行核对，以检查不同会计账簿记录是否相符。账账核对包括总账的核对、总账与明细账的核对、总账与日记账的核对、会计部门的财产物资明细账与财产物资保管和使用部门的有关明细账核对等。具体方法如下。

1. 总账的核对

总账的核对主要包括三个方面的内容，可用公式表示如下。

全部总账的期初借方余额合计 = 全部总账的期初贷方余额合计

全部总账的本期借方发生额合计 = 全部总账的本期贷方发生额合计

全部总账的期末借方余额合计 = 全部总账的期末贷方余额合计

以上核对通过编制总账发生额及余额试算平衡表进行，可从总体上检查总账记录的正确性。

2. 总账与明细账的核对

总账与明细账的核对主要包括四个方面的内容，可用公式表示如下。

总账的期初余额=所属明细账的期初余额合计

总账的本期借方发生额=所属明细账的本期借方发生额合计

总账的本期贷方发生额=所属明细账的本期贷方发生额合计

总账的期末余额=所属明细账的期末余额合计

以上核对通过编制总账与明细账发生额及余额对照表进行。

3. 总账与日记账的核对

库存现金、银行存款总账的本期发生额和期末余额应与库存现金、银行存款日记账的本期发生额和期末余额核对相符。此项核对主要检查库存现金、银行存款总账和库存现金、银行存款日记账双方的记账内容、记账方向及金额是否一致，若不一致，应进一步查找原因。

4. 明细账之间的核对

会计部门有关财产物资明细账的余额，应与财产物资保管和使用部门经管的有关明细账的余额核对相符。此项核对，一般是将会计部门各财产物资明细账的期末结存数量与金额，直接与财产物资保管和使用部门经管的有关明细账的期末结存数量与金额核对，若不相符，应进一步查找原因。

三、账实核对

账实核对是指对各种财产物资的账面余额与实存数额进行核对，以检查会计账簿记录与各种财产物资实有数额是否相符。账实核对的内容有很多，主要包括：库存现金日记账账面余额与库存现金实际库存数的核对，银行存款日记账账面余额与银行对账单的核对，存货明细账账面余额与存货实存数额的核对，固定资产明细账账面余额与固定资产实存数额的核对，各种应收、应付款明细账账面余额与有关债务、债权单位或者个人的核对等。下面介绍几种典型财产物资的账实核对方法及账务处理。

（一）库存现金的账实核对及账务处理

1. 库存现金的账实核对

库存现金的账实核对是指通过实地盘点的方法来确定库存现金的实存数，将实存数与库存现金日记账的账面余额进行核对，以检查库存现金是否账实相符。

库存现金的账实核对主要包括两种情况：一是由出纳员每日清点库存现金的实存数，并与库存现金日记账的账面余额进行核对，即"日清"。这种方法省时省力，但不够严密，容易出现漏洞。二是由清查小组对库存现金进行定期或不定期的清查，具体操作如下。

（1）清查前，出纳员先将库存现金收、付业务全部登记入账，并结出余额。

（2）清查盘点时，出纳员必须在场，将库存现金逐张清点，查明是否账实相符。同时，清查人员还要查明有无违反库存现金管理制度规定的现象，如有无"白条抵库""坐支"等违规现象，库存现金是否超过银行核定的限额等。

（3）清点结束后，清查人员填写库存现金盘点报告表，并由清查人员、出纳员及有关负责人签章。库存现金盘点报告表是反映库存现金实有数和调整账簿记录的重要原始凭证，其格式如图 7.1 所示。

库存现金盘点报告表

单位名称：　　　　　　　　　　　　　年　月　日　　　　　　　　　　　　　单位：元

实 存 金 额	账 存 金 额	对 比 结 果		备 　 注
		盘 　 盈	盘 　 亏	

负责人：　　　　　　盘点人：　　　　　　出纳员：

图 7.1　库存现金盘点报告表

2. 库存现金账实不符的账务处理

（1）账户设置。为反映和监督企业在账实核对中查明的各种财产物资的盘盈、盘亏及处理情况，应设置"待处理财产损溢"账户。该账户是资产类账户，借方登记发生的盘亏及毁损数和结转已批准处理的盘盈数，贷方登记发生的盘盈数和结转已批准处理的盘亏及毁损数。其借方余额表示尚未处理的财产净损失，贷方余额表示尚未处理的财产净溢余。该账户期末应无余额，在期末无论是否批准，都要将余额全部转销；若经批准后处理的金额与原转销的金额不一致，则调整会计报表有关项目的年初数。该账户设置"待处理固定资产损溢"和"待处理流动资产损溢"两个明细账户。

（2）库存现金盘盈的账务处理。盘盈的库存现金，在报经有关领导审批之前，根据库存现金盘点报告表，借记"库存现金"账户，贷记"待处理财产损溢"账户。经批准后，根据盘盈的原因及批准处理意见，分别作如下账务处理：属于应支付给有关人员或单位的现金长款，借记"待处理财产损溢"账户，贷记"其他应付款"账户；属于无法查明原因的现金长款，借记"待处理财产损溢"账户，贷记"营业外收入"账户。

【例 7.1】　某企业在现金清查中发现库存现金溢余 500 元，无法查明原因。

在报经批准前，编制会计分录如下。

借：库存现金　　　　　　　　　　　　　　　　　500
　　贷：待处理财产损溢——待处理流动资产损溢　　　500

在报经批准后，编制会计分录如下。

借：待处理财产损溢——待处理流动资产损溢　　　500
　　贷：营业外收入——现金溢余　　　　　　　　　　500

（3）库存现金盘亏的账务处理。盘亏的库存现金，在报经有关领导审批之前，根据库存现金盘点报告表，借记"待处理财产损溢"账户，贷记"库存现金"账户。经批准后，根据盘亏的原因及批准处理意见，分别作如下账务处理：属于应由出纳个人或保险公司赔偿的现金短款，借记"其他应收款"账户，贷记"待处理财产损溢"账户；属于无法查明原因的现金短款，借记"管理费用"账户，贷记"待处理财产损溢"账户。

【例 7.2】　某企业在现金清查中发现库存现金短缺 350 元，经查属于出纳员李明的责任，应由其赔偿。

在报经批准前，编制会计分录如下。

借：待处理财产损溢——待处理流动资产损溢　　　350
　　贷：库存现金　　　　　　　　　　　　　　　　350

在报经批准后，编制会计分录如下。

借：其他应收款——李明　　　　　　　　　　　　　　350

　　贷：待处理财产损溢——待处理流动资产损溢　　　350

★**提炼点睛**★

库存现金账实不符的账务处理要点如下。

（1）批准前的账务处理思路。借助"待处理财产损溢"账户调整为账实相符，注意调账不调实。

（2）批准后的账务处理思路。转销"待处理财产损溢"账户，根据批准处理意见记入相应的对方科目。库存现金盘亏，责任人应赔偿的记入"其他应收款"账户，无法查明原因的记入"管理费用"账户；库存现金盘盈，应支付给相关人员的记入"其他应付款"账户，无法查明原因的记入"营业外收入"账户。

（二）银行存款的账实核对及账务处理

银行存款的账实核对是将企业的银行存款日记账与银行转来的对账单逐笔核对，以检查账款是否相符。

企业银行存款日记账和银行对账单至少每月核对一次，如果两者余额不一致，则其原因有两个：一是企业和银行任何一方或双方记账错误；二是存在未达账项。

所谓未达账项，是指由于结算凭证在企业与银行之间传递入账时间不一致，出现一方收到凭证并已入账而另一方因尚未收到凭证未能入账的款项。未达账项一般包括以下四种情况：①企业已经收款入账，银行尚未入账的款项；②企业已经付款入账，银行尚未入账的款项；③银行已经收款入账，企业尚未入账的款项；④银行已经付款入账，企业尚未入账的款项。

企业与银行对账时，应首先检查是否存在未达账项。如存在未达账项，应编制银行存款余额调节表进行调整，清除未达账项的影响，以便检查双方记账有无差错。

银行存款余额调节表的编制方法，是企业与银行双方都补记对方已入账而自己未入账的未达账项，登记后看双方余额是否相等。

【例7.3】 某公司在中国工商银行（账号：9633000）的账户20×6年1月31日的银行存款日记账余额为15 681元，中国工商银行提供的银行对账单的余额为25 233元，经逐笔核对，发现如下未达账项。

（1）公司1月31日送存银行的兴华有限责任公司开来的偿还购货款的转账支票8 386元，银行尚未入账。

（2）公司委托银行代收明达有限责任公司货款6 638元，银行收妥后已经入账，公司因未收到银行的收账通知而尚未入账。

（3）公司已经于1月30日签发0213063号转账支票（金额为11 368元）向三丰有限责任公司支付购货款并已经登记入账；因收款单位尚未到银行办理转账手续，银行尚未入账。

（4）银行1月收取的手续费68元已经在对账单上扣除，企业尚未扣除。

根据以上未达账项，出纳人员编制的银行存款余额调节表如图7.2所示。

如果经银行存款余额调节表调整后，企业银行存款日记账余额和银行对账单余额相等，则说明双方记账无差错；如果经银行存款余额调节表调整后，企业银行存款日记账余额和银行对账单余额仍不相等，则说明双方记账有差错，应进一步查找原因。

银行账户：人民币户		20×6 年 1 月 31 日	账号：9633000	单位：元
企业日记账余额	15 681	银行对账单余额		25 233
加：（2）银行已收的货款	6 638	加：（1）企业已收的支票款		8 386
减：（4）银行已扣的手续费	68	减：（3）企业已付的支票款		11 368
调整后余额	22 251	调整后余额		22 251

图 7.2 银行存款余额调节表

> **总结与说明**：编制银行存款余额调节表只是为了核对账目，银行存款余额调节表不是据以编制记账凭证的原始凭证，也不能作为记账凭证，即不能根据银行存款余额调节表编制会计分录或调整银行存款账面记录。对于未达账项，需等双方收到有关凭证后，才能据以记账。

（三）存货的账实核对及账务处理

1. 财产物资的盘存制度

财产物资的盘存制度有永续盘存制和实地盘存制等两种。在不同的盘存制度下，企业各项财产物资的记录和盘点方法是不同的。

（1）永续盘存制又称账面盘存制，是指对各种财产物资的收入和发出数，都必须根据会计凭证在有关账簿中进行连续登记，并随时结出各种财产物资的账面结存数的一种方法。在这种方法下，账面结存数的计算公式为

> 期末账面结存数 ＝ 期初账面结存数 ＋ 本期增加数－本期减少数

采用永续盘存制的存货盘存制度，可以在账簿中反映存货的收入、发出和结存情况，并从数量和金额两方面进行管理控制。账簿上的结存数量可以通过盘点加以核对，如果账簿中的结存数量与实存数量不符，可以及时查明原因。但是这种盘存制度要求每一品种的存货都要开设一个明细账，存货的明细分类核算工作量较大。

（2）实地盘存制是指对于各种财产物资的增减变化，平时只记收入、不记发出，期末采用实地盘点的方法来确定财产物资的实际数量，从而计算出结存余额，倒挤出本期发出的财产物资的金额并予以入账的一种方法。在这种方法下，本期减少数的计算公式为

> 期末存货价值 ＝ 期末存货盘点数量×存货单价

> 本期减少数 ＝ 期初账面结存数＋本期增加数－期末实际结存数

采用实地盘存制的存货盘存制度，平时只记录购进的数量、金额，不记录发出的数量、金额，可以简化存货的核算工作。但这种盘存制度不能从账面上随时反映存货的收入、发出和结存情况，只能通过定期盘点，计算、结转发出存货的成本。由于倒挤发出存货的成本，结转的发出成本中可能包含非正常耗用的成本。

一般情况下，企业的财产物资大多数采用永续盘存制，只有那些自然消耗大、数量不稳定的鲜活产品才使用实地盘存制。

2. 存货的账实核对

由于存货的种类很多，不同存货的实物形态、体积重量、堆放方式、堆放地点等各不相同，所以不同存货的账实核对方法也不相同。常用的存货账实核对方法有以下两种。

（1）实地盘点法。实地盘点法就是对各种存货逐一盘点或通过计量仪器来确定其实存数量。

这种方法易于操作、数字准确，但工作量较大。大多数存货的账实核对采用这种方法。

（2）技术推算法。技术推算法就是对那些大量的、成堆的存货，采用量方、计尺等技术方法，通过推算来确定其实存数量。这种方法主要适用于一些体积较大、不易搬动和无法逐一清点的存货，如堆放的煤、粮食等。

需要说明的是，清点存货时，除了确定实存数量外，还要检查其质量及保管上是否存在问题。

存货清点完毕后，要如实填写盘存单，并由盘点人员和保管人员签章，以明确经济责任。盘存单是记录存货盘点结果的原始凭证，其格式如图 7.3 所示。

盘 存 单

单位名称：		盘点时间：		编号：		财产类别：		存放地点：	
编 号	名 称	计量单位	数 量	单 价	金 额	备 注			
盘点人签章：			保管人签章：						

图 7.3　盘存单

根据盘存单和有关会计账簿的记录，编制账存实存对比表，以确定实物资产的盘盈或盘亏情况。账存实存对比表是反映实物资产的账存实存差异、调整账簿记录的重要原始凭证，其格式如图 7.4 所示。

账存实存对比表

单位名称：				年　月　日								
编号	类别及名称	计量单位	单价	实　存		账　存		对 比 结 果				备　注
				数量	金额	数量	金额	盘　盈		盘　亏		
								数量	金额	数量	金额	
会计人员签章：				稽核人签章：								

图 7.4　账存实存对比表

在实际工作中，账存实存对比表通常只列账实不符的财产物资，主要反映财产物资的盘盈、盘亏情况。

3. 存货账实不符的账务处理

（1）存货盘盈的账务处理。企业盘盈的存货通常是由企业日常收发计量或计算上的差错所造成的。盘盈的存货，在报经有关领导审批之前，先根据账存实存对比表等资料，借记"原材料""库存商品"等账户，贷记"待处理财产损溢"账户。按规定手续报经批准后，借记"待处理财产损溢"账户，贷记"管理费用"账户。

【例 7.4】　某企业在存货账实核对中，盘盈原材料 1 000 元。

批准前根据账存实存对比表确定的库存商品盘盈数，作如下会计分录。

借：原材料　　　　　　　　　　　　　　　　　　1 000

　　贷：待处理财产损溢——待处理流动资产损溢　1 000

上述盘盈库存商品，经查明原因，批准冲减管理费用。根据批准的处理意见，作如下会计分录。

借：待处理财产损溢——待处理流动资产损溢　　1 000
　　贷：管理费用　　　　　　　　　　　　　　　　1 000

（2）存货盘亏的账务处理。企业盘亏的存货，在报经有关领导审批之前，先根据账存实存对比表等资料，借记"待处理财产损溢"账户，贷记"原材料""库存商品"等账户。报经批准后，根据盘亏的原因及批准处理意见，分别作如下账务处理：对于入库的残料价值，借记"原材料"等账户，贷记"待处理财产损溢"账户；对于应由保险公司或过失人支付的赔款，借记"其他应收款"账户，贷记"待处理财产损溢"账户。扣除残料价值和应由保险公司、过失人赔款后的净损失，属于一般经营损失的部分，借记"管理费用"账户，贷记"待处理财产损溢"账户；属于非常损失的部分，借记"营业外支出"账户，贷记"待处理财产损溢"账户。

【例7.5】　某企业在存货账实核对中，盘亏库存商品5 000元。

批准前，根据实存账存对比表确定的库存商品盘亏数，作如下会计分录。

借：待处理财产损溢——待处理流动资产损溢　　5 000
　　贷：库存商品　　　　　　　　　　　　　　　　5 000

上述库存商品经批准作如下处理：库存商品盘亏中有1 000元为定额内损耗，列为管理费用；另4 000元属于自然灾害造成的非常损失，其中保险公司赔偿2 500元，其余1 500元列为营业外支出。

根据批准的处理意见，作如下会计分录。

借：管理费用　　　　　　　　　　　　　1 000
　　其他应收款——保险公司　　　　　　　2 500
　　营业外支出　　　　　　　　　　　　　1 500
　　贷：待处理财产损溢——待处理流动资产损溢　　5 000

★提炼点睛★

存货账实不符的账务处理要点如下。

1. 批准前的账务处理思路

借助"待处理财产损溢"账户调整为账实相符，注意调账不调实。

2. 批准后的账务处理思路

转销"待处理财产损溢"账户，根据批准处理意见记入相应的对方科目。存货盘亏时，残料收入记入"原材料"账户，应赔偿部分记入"其他应收款"账户，一般损失记入"管理费用"账户，非常损失记入"营业外支出"账户；存货盘盈属于收发计量差错的记入"管理费用"账户。

（四）固定资产的账实核对及账务处理

1. 固定资产的账实核对

固定资产的账实核对通常采用实地盘点的方法，即将固定资产卡片上的记录情况与固定资产实物逐一核对。清查人员根据核对中的盘盈、盘亏情况编制固定资产盘盈、盘亏报告单，其格式如图7.5所示。

编号	名称	规格及型号	盘　盈			盘　亏			毁　损			备注
			数量	重置价值	累计折旧	数量	原值	已提折旧	数量	原值	已提折旧	
处理意见		审批部门			清查小组				使用保管部门			

部门：　　　　　　　　　　　　　　　　　　年　月　日

盘点人签章：　　　　　　　　　　　　　　　　清查人员签章：

图 7.5　固定资产盘盈、盘亏报告单

2. 固定资产账实不符的账务处理

（1）固定资产盘盈的账务处理。盘盈的固定资产，应作为前期差错处理，在按管理权限报经批准处理前，应先通过"以前年度损益调整"账户核算，按同类或类似固定资产的市场价格，减去按该项固定资产的新旧程度估计的价值损耗后的余额，借记"固定资产"账户，贷记"以前年度损益调整"账户。批准处理后，借记"以前年度损益调整"账户；按企业所得税税率计算应交的所得税，贷记"应交税费——应交所得税"账户；按提取的盈余公积，贷记"盈余公积——法定盈余公积"账户；其余贷记"利润分配——未分配利润"账户。

【例 7.6】　某企业在年末对全部的固定资产进行盘查时，盘盈 1 台七成新的机器设备。该设备同类产品市场价格为 100 000 元，企业所得税税率为 25%，盈余公积提取比例为 10%。

批准处理前，根据固定资产盘盈盘亏报告单，作如下会计分录。

借：固定资产　　　　　　　　　　　　　　70 000
　　贷：以前年度损益调整　　　　　　　　　　　70 000

批准处理后，根据批复意见，作如下会计分录。

借：以前年度损益调整　　　　　　　　　　70 000
　　贷：应交税费——应交所得税　　　　　　　　17 500
　　　　盈余公积——法定盈余公积　　　　　　　5 250
　　　　利润分配——未分配利润　　　　　　　　47 250

> 提示：固定资产盘盈的账务处理对于初学者有一定的难度，可根据学生的接受程度作为选学内容。

（2）固定资产盘亏的账务处理。盘亏的固定资产，报经批准处理前，按其账面净值，借记"待处理财产损溢"账户；按已提折旧，借记"累计折旧"账户；按固定资产原值，贷记"固定资产"账户。批准转销时，由过失人或保险公司赔偿的部分，借记"其他应收款"账户，其余部分借记"营业外支出"账户，贷记"待处理财产损溢"账户。

【例 7.7】　某企业在年末对固定资产进行盘查时，发现丢失 1 台电机。该设备原价 100 000 元，已计提折旧 50 000 元。经查，该设备丢失的原因在于设备管理员看守不当。经董事会批准，由设备管理员赔偿 15 000 元。

批准处理前，根据固定资产盘盈、盘亏报告单，作如下会计分录。

借：待处理财产损溢　　　　　　　　　　　50 000
　　累计折旧　　　　　　　　　　　　　　50 000
　　贷：固定资产　　　　　　　　　　　　　　100 000

批准处理后，根据批复意见，作如下会计分录。

借：其他应收款   15 000

  营业外支出   35 000

  贷：待处理财产损溢   50 000

（五）往来款项的账实核对及账务处理

1. 往来款项的账实核对

往来款项的账实核对一般采用发函询证的方法进行，具体步骤如下。

（1）将往来款项的全部结算凭证登记入账，并核对账户记录以保证无误。

（2）编制一式两份的往来款项对账单，寄往各有关往来单位，其中一联作为回单。如对方核对相符，则可在回联单注明"核对无误"并加盖公章退回；如对方核对有误，则需注明不符情况，或另附对账单退回清查单位，双方进一步查明原因，直至相符为止。

（3）收到上述回单后，编制往来款项清查表。

往来款项对账单和往来款项清查表的格式如图7.6和图7.7所示。

往来款项对账单

×××单位：

  你单位20××年10月18日在我公司购入甲材料1 000千克，货款12 800元尚未支付，请核对后将回联单寄回。

清查单位：（盖章）
20××年12月25日

沿此虚线裁开，将以下回联单寄回！

- -

往来款项对账单（回联）

×××清查单位：

  你单位寄来的"往来款项对账单"已收到，经核对相符无误。

×××单位：（盖章）
20××年12月29日

图7.6 往来款项对账单

往来款项清查表

总账名称：   年 月 日

明 细 账		清 查 结 果		核对不符原因			备注
名 称	账面余额	核对相符金额	核对不符金额	未达账项金额	有争议款金额	其他	

清查人员签章：   记账人员签章：

图7.7 往来款项清查表

2. 往来款项账实不符的账务处理

在往来款项的账实核对中，若发现无法收回的应收账款，则报经批准后列作管理费用或冲减已提取的坏账准备；若有无法支付的应付账款，则报经批准后转作营业外收入。

【例7.8】 某企业在往来款项的核对中发现有无法收回的应收账款2 000元，报经批准后冲减坏账准备；有无法支付的应付账款3 000元，报经批准后转作营业外收入。作如下会计分录。

借：坏账准备　　　　　　　　　　　　　　2 000
　　贷：应收账款　　　　　　　　　　　　　　2 000
借：应付账款　　　　　　　　　　　　　　3 000
　　贷：营业外收入　　　　　　　　　　　　　3 000

通过上述对账工作，做到账证相符、账账相符和账实相符，可使会计核算资料真实、正确、可靠、完整。

四、案例实操：滨海公司经济业务的对账

1. 案例案情

承接第六章模拟案例，滨海股份有限公司20×5年12月经济业务全部登记入账后，进行总账的核对、总账与日记账的核对、总账与明细账的核对。

2. 示范操作

（1）以12月1—10日经济业务为例，根据第六章中登记的总账，编制发生额及余额试算平衡表进行总账的核对，如表7.1所示。

表 7.1　发生额及余额试算平衡表

编制单位：滨海股份有限公司　　　　　　　　20×5 年 12 月 10 日　　　　　　　　　　单位：元

账户名称	期初余额		本期发生额		期末余额	
	借　方	贷　方	借　方	贷　方	借　方	贷　方
库存现金	3 400		45 780	44 380	4 800	
银行存款	530 940		530 000	309 902	751 038	
交易性金融资产	120 000				120 000	
应收账款	230 000		429 400	30 000	629 400	
原材料	1 370 000		140 000	380 000	1 130 000	
周转材料	483 100				483 100	
库存商品	1 543 600				1 543 600	
债权投资	100 000				100 000	
长期股权投资	356 000				356 000	
固定资产	6 400 000		180 000		6 580 000	
累计折旧		2 618 000				2 618 000
无形资产	500 000				500 000	
短期借款		200 000				200 000
应付账款		237 000				237 000
应付票据		160 000				160 000
应付职工薪酬		55 620	43 780			11 840
应交税费		187 200	18 122	49 400		218 478
长期借款		480 000		300 000		780 000
股本		5 070 000		200 000		5 270 000

账户名称	期初余额		本期发生额		期末余额	
	借　方	贷　方	借　方	贷　方	借　方	贷　方
资本公积		315 000				315 000
盈余公积		616 720				616 720
本年利润		1 354 320				1 354 320
利润分配		343 180				343 180
营业外收入				180 000		180 000
销售费用			6 000		6 000	
主营业务收入				380 000		380 000
营业外支出			100 000		100 000	
其他应收款			600		600	
生产成本			320 000		320 000	
制造费用			60 000		60 000	
合　　计	11 637 040	11 637 040	1 873 682	1 873 682	12 684 538	12 684 538

（2）以12月1—10日经济业务为例，根据第六章中登记的明细账，编制明细账发生额及余额对照表，进行总账与明细账的核对，如表7.2～表7.4所示。

表7.2　应收账款明细账发生额及余额对照表　　　　　　单位：元

明细账户	期初余额		本期发生额		期末余额	
	借　方	贷　方	借　方	贷　方	借　方	贷　方
南方经贸有限责任公司	200 000		429 400		629 400	
宏光有限责任公司	30 000			30 000	0	
合　　计	230 000		429 400	30 000	629 400	

表7.3　原材料明细账发生额及余额对照表　　　　　　金额单位：元

明细账户	期初余额		本期发生额				期末余额	
	数　量	金　额	收　入		发　出		数　量	金　额
			数　量	金　额	数　量	金　额		
甲材料	25 200	504 000	5 000	100 000	6 000	120 000	24 200	484 000
乙材料	56 000	560 000	4 000	40 000	20 000	200 000	40 000	400 000
丙材料	20 400	306 000			4 000	60 000	16 400	246 000
合　　计		1 370 000		140 000		380 000		1 130 000

表7.4　生产成本明细账发生额及余额对照表　　　　　　单位：元

明细账户	期初余额		本期发生额		期末余额	
	借　方	贷　方	借　方	贷　方	借　方	贷　方
A产品			120 000		120 000	
B产品			200 000		200 000	
合　　计			320 000		320 000	

（3）以12月1—10日经济业务为例，根据第六章中登记的总账和日记账，将库存现金、银

行存款总账的发生额及余额与库存现金、银行存款日记账的发生额及余额核对相符，如第六章中库存现金总账与库存现金日记账核对相符（如图 6.37 和图 6.71 所示），银行存款总账与银行存款日记账核对相符（如图 6.27 和图 6.72 所示）。

3．自己动手

仿照以上操作，在滨海股份有限公司 20×5 年 12 月经济业务全部登记入账后，进行总账的核对、总账与日记账的核对、总账与明细账的核对。

第二节　结　账

结账是在把一定时期内发生的全部经济业务登记入账的基础上，计算并记录本期发生额和期末余额。结账的内容通常包括两个方面：一是结清各种损益类账户，并据以计算确定本期利润；二是结清各资产、负债和所有者权益类账户，分别结出本期发生额合计和余额。

一、结账的程序

（1）将本期发生的经济业务事项全部登记入账，并保证其正确性。
（2）根据权责发生制的要求，调整有关账项，合理确定本期应计的收入和应计的费用。
（3）将损益类账户发生额转入"本年利润"账户，结平所有损益类账户。
（4）结算出资产、负债和所有者权益账户的本期发生额和余额，并结转下期。

二、结账的方法

不同账户、不同时期的结账方法不同，分别介绍如下。

（一）日记账的结账

库存现金日记账和银行存款日记账要按日结出余额，按月结计本月发生额，但不需要结计本年累计发生额。

日结可自然进行，即每日的最后一笔自然结出当日余额，不必另起一行。日结也可以逐笔结余额，或者每隔几笔结一次余额，如图 7.8 所示。

月结是在本月最后一笔记录下面画一条通栏单红线，并在下一行的摘要栏中用红字居中书写"本月合计"，同时在该行结出本月发生额合计及余额；然后，在"本月合计"行下面再画一条通栏单红线，如图 7.8 所示。

年末结账时，在 12 月"本月合计"行下面画通栏双红线，表示封账，如图 7.8 所示。

（二）明细账的结账

1．月结

明细账在月结时应区别以下几种情况。

（1）本月没有发生额的账户，不必进行月结（不画结账线）。

库存现金日记账

币种：人民币　　　　　　　　　　　　　　　　　　　　　　　第12页

20×5年		凭证		摘要	对应科目	借 方											贷 方											余 额										
月	日	字	号			亿	千	百	十	万	千	百	十	元	角	分	亿	千	百	十	万	千	百	十	元	角	分	亿	千	百	十	万	千	百	十	元	角	分
11	1			期初余额																													3	0	0	0	0	0
	2	收	1	收到罚款	管理费用						5	0	0	0	0																	3	5	0	0	0	0
	3	付	1	借差旅费	其他应收款																1	0	0	0	0	0						2	5	0	0	0	0
	4	付	2	付办公费	管理费用																	3	5	0	0	0						2	1	5	0	0	0
	5	付	3	提取现金	银行存款						2	0	0	0	0	0																4	1	5	0	0	0
				……																																		
	30			本月合计							6	8	5	0	0	0						2	3	0	0	0	0						7	5	5	0	0	0
12	5	付	2	付办公费	管理费用																	3	0	0	0	0						7	2	5	0	0	0
				……																																		
	31			本月合计							2	8	0	0	0	0						3	2	0	0	0	0						7	1	5	0	0	0

图7.8　库存现金日记账

　　注："本月合计"行上、下的双线，其中各有一条是通栏单红线，表示月结；12月的"本月合计"行下的三条线，其中两条是通栏单红线，表示年结。以下表格中相同，此后不再赘述。

视野拓展

日记账、明细账、总账的结账（图）

　　（2）不需按月结计本月发生额的账户，如各项应收、应付款及各项财产物资明细账等，每次记账都要随时结出余额，在月末最后一笔业务结出余额后，只需在本月最后一笔记录下面画一条通栏单红线，表示"本月记录到此结束"（如图7.9所示）。

　　（3）需要按月结计本月发生额的账户，如生产成本、制造费用及各损益类明细账等，都要结计"本月合计"，具体结账方法与库存现金、银行存款日记账的月结方法相同（如图7.8所示）。

　　（4）需要结计本年累计发生额的账户，如损益类明细账等，要按月结出本年累计发生额，在"本月合计"行下结出自年初至本月末止的累计发生额，登记在月份发生额下面，"摘要"栏内注明"本年累计"，并在下面画一条通栏单红线（如图7.10所示）。

2. 年结

年末各账户按前述方法进行月结的同时，在各账户的本年最后一笔记录下面画通栏双红线，表示"年末封账"。

（三）总账的结账

1. 月结

总账月末一般可不结计"本月合计"，只需结计月末余额。结出月末余额后，只需在本月最后一笔记录下面画一条通栏单红线，表示"本月记录到此结束"。但若是需要结计"本月合计"及本年累计发生额的账户，如损益类账户，

> **注意**：需要说明的是，需要结计本月发生额的账户，如果本月只发生一笔经济业务，由于这笔记录的金额就是本月发生额，结账时只要在此行记录下画一条通栏单红线，表示与下月的发生额分开就可以了，不需另结出"本月合计"数。

其结账方法与上述明细账所述结账方法相同（如图 7.11 所示）。

2. 年结

年终结账时，为了反映全年各项资产、负债及所有者权益增减变动的全貌，便于核对账目，要将所有总账结计全年发生额和年末余额，在"摘要"栏内注明"本年合计"字样，并在合计数下画通栏双红线（如图 7.11 所示）。

👓 视野拓展

结转下年

年度终了结账时，有余额的账户，要将其余额结转下年。在通栏双红线下面"摘要"栏居中用红字注明"结转下年"字样，在下一会计年度新建有关会计账户的第一行"余额"栏内填写上年结转的余额，并在"摘要"栏注明"上年结转"字样。建新账时不需要编制记账凭证。

对于新的会计年度建账，一般来说，总账、日记账和多数明细账应每年更换一次；但有些明细账由于更换新账时重抄一遍工作量较大，可以跨年度连续使用，不必每年更换，如变动较小的固定资产明细账、品种和规格较多的财产物资明细账、往来单位较多的债权债务明细账等。各种备查簿也可以连续使用。

三、案例实操：滨海公司经济业务的结账

1. 案例案情

承接第六章模拟案例，滨海股份有限公司 20×5 年 12 月经济业务全部登记入账后，在账证、账账、账实核对相符的基础上，完成日记账、明细账和总账的结账工作。

2. 示范操作

（1）日记账的结账方法如图 7.8 所示。

（2）明细账的结账方法。不需按月结计本月发生额的明细账户，其结账方法如图 7.9 所示；需要按月结计本月发生额的明细账户，其结账方法与日记账的结账方法相同，如图 7.8 所示；需要结计本年累计发生额的明细账户，其结账方法如图 7.10 所示。

明细分类账　　第　页　连续　页

明细科目　东方有限责任公司　　　总账科目　应收账款

20×5年		凭证		摘要	对应科目	借　方	贷　方	借或贷	余　额
月	日	字	号			亿千百十万千百十元角分	亿千百十万千百十元角分		亿千百十万千百十元角分
10	1			期初余额				借	3 0 0 0 0 0 0
	5	收	4	收回欠款	银行存款		2 0 0 0 0 0 0	借	1 0 0 0 0 0 0
	31	收	10	销售产品	主营业务收入等	5 8 5 0 0 0 0		借	6 8 5 0 0 0 0
				...					
12	31	收	20	收回欠款	银行存款		6 0 0 0 0 0	借	3 2 0 0 0 0 0

图 7.9　应收账款明细账

（3）总账的结账方法如图 7.11 所示。

明细分类账

明细科目　A产品　　　　　　　　　　　　　　　　总账科目　主营业务收入

20×5年 月	日	凭证 字	号	摘要	对应科目	借方 (亿千百十万千百十元角分)	贷方 (亿千百十万千百十元角分)	借或贷	余额 (亿千百十万千百十元角分)
				承前页			7 5 0 0 0 0 0 0	贷	7 5 0 0 0 0 0 0
10	5	收	4	销售产品	银行存款		2 0 0 0 0 0 0	贷	7 7 0 0 0 0 0 0
	31	收	10	销售产品	应收账款		5 8 0 0 0 0 0	贷	8 2 8 0 0 0 0 0
	31			本月合计			7 8 0 0 0 0 0	贷	8 2 8 0 0 0 0 0
				本年累计			8 2 8 0 0 0 0 0	贷	8 2 8 0 0 0 0 0

图 7.10　主营业务收入明细账

总 分 类 账

账户名称：银行存款

20×5年 月	日	凭证 字	号	摘要	借方 (亿千百十万千百十元角分)	贷方 (亿千百十万千百十元角分)	借或贷	余额 (亿千百十万千百十元角分)
				承前页	6 4 3 0 0 0 0 0	5 6 0 0 0 0 0 0	借	3 6 4 8 0 0 0 0
11	30	科汇	3	21—30日汇总	1 2 3 2 0 0 0 0	8 6 4 5 0 0 0	借	4 0 1 5 5 0 0 0
12	10	科汇	1	1—10日汇总	5 3 0 0 0 0 0	3 1 5 4 7 8 0 0	借	6 1 6 0 7 2 0 0
	20	科汇	2	1—20日汇总	2 0 0 0 0 0 0	1 6 0 0 0 0 0	借	6 2 0 0 7 2 0 0
	31	科汇	3	21—31日汇总	3 0 0 0 0 0 0	4 0 0 0 0 0 0	借	6 1 0 0 7 2 0 0
	31			本年合计	1 3 4 6 2 0 0 0 0	1 0 1 7 9 2 8 0 0	借	6 1 0 0 7 2 0 0

图 7.11　银行存款总账

3. 自己动手

仿照以上操作，在滨海股份有限公司20×5年12月经济业务全部登记入账后，在账证、账账、账实核对相符的基础上，完成全部日记账、明细账和总账的结账工作（使用真实的账簿）。

教学做一体化训练

知识测试

一、单项选择题

1. 下列说法不正确的是（　　　）。

A．出纳人员不得兼任稽核、会计档案保管和收入、支出、费用、债权债务账目的登记工作

B．库存现金日记账由出纳人员根据现金收款凭证、现金付款凭证、银行付款（提现业

务）凭证，逐日逐笔顺序登记

    C．银行存款日记账应该定期或者不定期与开户银行提供的对账单进行核对，每月至少核对三次

    D．库存现金日记账和银行存款日记账，应该定期与会计人员登记的库存现金总账和银行存款总账核对

2．下列说法不正确的是（　　　）。

    A．凡需要结出余额的账户，结出余额后，应当在"借或贷"等栏内写明"借"或者"贷"等字样

    B．没有余额的账户，应当在"借或贷"等栏内写"－"，并在余额栏内用"0"表示

    C．库存现金日记账必须逐日结出余额

    D．银行存款日记账必须逐日结出余额

3．对账时，账账核对不包括（　　　）。

    A．总账的核对   B．总账与明细账之间的核对

    C．总账与记账凭证之间的核对   D．总账与日记账之间的核对

4．下列单据中，由财会部门编制并可作为调整账簿记录的原始凭证是（　　　）。

    A．银行存款余额调节表   B．存货盘存单

    C．账存实存对比表   D．银行对账单

5．在记账无误的情况下，银行对账单与银行存款日记账账面余额不一致的原因有可能是（　　　）。

    A．应付账项   B．应收账项   C．盘盈、盘亏账项   D．未达账项

二、多项选择题

1．对账工作主要包括（　　　）。

    A．账证核对   B．账账核对   C．账实核对   D．账表核对

2．下列需要画双红线的是（　　　）。

    A．在"本月合计"的下面   B．在"本年累计"的下面

    C．在12月末的"本年累计"的下面   D．在"本年合计"下面

3．下列属于账实核对的是（　　　）。

    A．库存现金日记账账面余额与库存现金实际库存数的核对

    B．银行存款日记账账面余额与银行对账单的核对

    C．存货明细账账面余额与存货实存数额的核对

    D．各种应收、应付款明细账账面余额与有关债务、债权单位或者个人的核对

4．账证核对指的是核对会计账簿记录与原始凭证、记账凭证的（　　　）是否一致，记账方向是否相符。

    A．时间   B．凭证字号   C．内容   D．金额

5．关于企业编制的银行存款余额调节表，下列（　　　）的说法是正确的。

    A．应及时据以调节账面余额

    B．通过对未达账项调整后才能确定双方记账是否一致

    C．能确定企业可实际动用的款项

    D．调节后双方余额相等，说明双方记账相符

三、判断题

1．任何单位，对账工作应该每年至少进行一次。   （　　　）

2．固定资产明细账不必每年更换，可以跨年度连续使用。 　　　　　　　（　　）

3．结账时，没有余额的账户，应当在"借或贷"栏内用"0"表示。 　　　　（　　）

4．所有明细账年末时都必须更换。 　　　　　　　　　　　　　　　　　（　　）

5．年末结账时，应当在全年累计发生额下面画通栏双红线。 　　　　　　（　　）

实务操作

实训一　银行存款余额调节表的编制

（一）实训目的

掌握银行存款余额调节表的编制方法。

（二）实训资料

东方有限责任公司20×5年9月25—30日银行存款日记账及银行对账单如图7.12和图7.13所示。

银行存款日记账

种类：结算户存款　　　　　　　　　　　　　　　　　　　　　　　　　　第　页

20×5年		凭证		摘要	结算方式		借　方									贷　方									余　额								
月	日	字	号		种类	号数	十	万	千	百	十	元	角	分	十	万	千	百	十	元	角	分	十	万	千	百	十	元	角	分
9	24			余额																				2	6	3	2	0	0	0	0
9	25	付	28	付料款	转支	045										2	0	0	0	0	0	0		2	4	3	2	0	0	0	0
9	26	付	29	购文具	转支	046											1	0	4	5	0	0		2	4	2	1	5	5	0	0
9	27	收	08	收货款	电汇		2	3	0	0	0	0	0	0										4	7	2	1	5	5	0	0
9	30	付	30	付货款	电汇											9	0	0	0	0	0	0		3	8	2	1	5	5	0	0
9	30	付	31	付修理费	转支	047											2	5	0	0	0	0		3	7	9	6	5	5	0	0
9	30	收	09	收货款	转支	127		4	7	0	0	0	0	0										4	2	6	6	5	5	0	0
9	30			本月合计			2	7	7	0	0	0	0	0		1	1	3	5	4	5	0	0	4	2	6	6	5	5	0	0

图7.12　银行存款日记账

银行对账单

户名：东方有限责任公司

20×5年		摘　要	结算凭证		借　方	贷　方	余　额
月	日		种类	号数			
9	24	余额					263 200.00
9	26	东江公司	电汇		230 000.00		493 200.00
9	29	利丰公司	转支	045		20 000.00	473 200.00
9	29	中天公司	电汇			90 000.00	383 200.00
9	30	电费	托收			3 562.00	379 638.00
9	30	三环公司	汇票	186	28 000.00		407 638.00
9	30	本月存款利息			368.00		408 006.00

图7.13　银行对账单

（三）实训要求

根据以上资料，找出未达账项，编制银行存款余额调节表（见表7.5）。

表 7.5 银行存款余额调节表

银行账户：人民币户　　　　　　　　　　　　　年　月　日　　　　　　　　　　账号：6230355

企业日记账余额		银行对账单余额	
加：（2）银行已收的款项		加：（1）企业已收的款项	
减：（4）银行已付的款项		减：（3）企业已付的款项	
调整后余额		调整后余额	

实训二　存货的账实核对及账务处理

（一）实训目的

掌握存货的账实核对方法及账实不符的账务处理。

（二）实训资料

东方有限责任公司 20×5 年年末对原材料进行清查后，账面结存和实际结存资料如表 7.6 和表 7.7 所示。

表 7.6　原材料明细账账面结存汇总表　　　　　金额单位：元

材料类别	仓　库	材料名称及规格	计量单位	账面结存量	单　价
原料及主要材料	1 号库	A 材料	千克	1 000	30.00
原料及主要材料	1 号库	B 材料	千克	1 300	15.00
辅助材料	1 号库	C 材料	千克	500	10.00
燃料	2 号库	D 材料	千克	850	6.50
燃料	2 号库	E 材料	千克	500	5.20

表 7.7　原材料盘存单　　　　　金额单位：元

仓　库	材料名称	计量单位	盘点数量	单　价	金　额	备　注
1 号库	A 材料	千克	100	30.00	3 000	自然灾害
1 号库	B 材料	千克	1 310	15.00	19 650	计量差错
1 号库	C 材料	千克	450	10.00	4 500	被盗，属保管责任
2 号库	D 材料	千克	830	6.50	5 395	自然损耗
2 号库	E 材料	千克	520	5.20	2 704	自然升溢

上列材料的盘盈、盘亏，经领导审核，批复意见如下。

（1）因自然灾害毁损的材料，由保险公司赔偿 80%，尚未收到赔偿款；余者列入营业外支出。

（2）计量差错和自然损溢列入管理费用。

（3）因保管不善而造成的损失，由保管员赔偿 10%，余者列入管理费用。

（三）实训要求

编制原材料账存实存对比表（见表 7.8），并进行账务处理。将账务处理的会计分录填入表 7.9 中。

表7.8 账存实存对比表

单位名称： 年 月 日 金额单位：元

编号	类别及名称	计量单位	单价	实 存		账 存		对 比 结 果				备 注
				数量	金额	数量	金额	盘 盈		盘 亏		
								数量	金额	数量	金额	

会计人员签章： 稽核人签章：

表7.9 账实不符账务处理的会计分录

项目	摘要	会 计 分 录
A材料	批准前	
	批准后	
B材料	批准前	
	批准后	
C材料	批准前	
	批准后	
D材料	批准前	
	批准后	
E材料	批准前	
	批准后	

第八章 编制财务报表

【学习目标】

【知识目标】

熟悉财务报表的种类和编制要求，掌握财务报表的编制方法。

【能力目标】

能按照编制要求和编制方法，规范编制各种财务报表。

第一节 财务报表概述

财务报表是企业对外提供的综合反映其在某一特定日期财务状况、某一会计期间经营成果和现金流量的书面文件。编制财务报表是会计核算的一种专门方法，也是会计核算的最终环节。

一、财务报表的构成

《企业会计准则》规定，企业的财务报表由四张主要报表和一个附注构成，即资产负债表、利润表、现金流量表、所有者权益变动表和财务报表附注。四张报表是财务报表的主体，财务报表附注是对财务报表所作的解释，它们都是财务报表不可缺少的组成部分。

财务报表按编制时间的不同，可分为年度报表和中期报表。年度报表在年度终了后编制，中期报表又分为半年度、季度、月度报表，分别在半年末、季度末和月末编制。资产负债和利润表既是月度报表，又是年度报表，现金流量表和所有者权益变动表是年度报表。

二、财务报表的编制要求

编制财务报表有以下几项要求。

（1）内容完整。财务报表要提供全面的会计信息，不得少报、漏报，某些重要信息要在附注中披露。

（2）计算准确。财务报表中的各项目要按照《企业会计准则》的规定进行合理的确认与计量，做到数字准确。

（3）数字真实。财务报表反映的各种数据要真实可靠，不得弄虚作假、掩盖真相。

（4）编报及时。财务报表必须按照国家和有关部门规定的期限和程序及时编报。财务报表提供的信息有很强的时效性，如果编报不及时，则会失去它的应用价值。一般情况下，月度报表应于月份终了后 6 日内报出，季度报表应于季度终了后 15 日内报出，半年度报表应于半年度结束后 60 日内报出，年度报表应于年度终了后 4 个月内报出。

第二节　资产负债表的编制

一、资产负债表的结构和格式

资产负债表是反映企业在某一特定日期（月末或年末）全部资产、负债和所有者权益状况的财务报表。它是反映企业静态财务状况的一种基本报表，一般要求按月、按年编制。

资产负债表一般由表头、表体两部分组成。表头列示报表的名称、编制单位、编制时间、报表编号和计量单位等；表体是报表的主体部分，列示资产、负债和所有者权益的各个项目，并保持"资产＝负债＋所有者权益"的平衡关系。

资产负债表的格式一般有账户式和报告式两种。我国《企业会计准则》规定，企业的资产负债表采用账户式结构。

视野拓展

资产负债表（账户式）

1. 账户式资产负债表

账户式资产负债表采用左右对照的账户形式。左边列示资产项目，按资产的流动性大小依次列示流动资产和非流动资产；右边列示负债和所有者权益项目，负债又分为流动负债和非流动负债。左边的资产总额等于右边的负债总额和所有者权益总额之和。

2. 报告式资产负债表

报告式资产负债表从上到下依次列示资产、负债、所有者权益，根据"资产−负债=所有者权益"进行编制，其简化格式如表 8.1 所示。

二、资产负债表的编制方法

资产负债表的各项目均需填列"期末余额"和"上年年末余额"两栏数字。"上年年末余额"栏应根据上年年末资产负债表的"期末余额"栏数字填列，如果本年度资产负债表的各项目与上年度不一致，则应对上年年末资产负债表的各项目按本年度规定进行调整后再填入本年度"上年年末余额"栏。"期末余额"栏依据有关账户的期末余额直接计算和分析填列。具体填列方法如下。

1. 资产项目的填列说明

（1）"货币资金"项目。本项目应根据"库存现金""银行存款""其他货币资金"总账的期末余额之和填列。

（2）"交易性金融资产"项目。本项目应根据"交易性金融资产"明细账户的期末余额分析填列。

（3）"应收票据"项目。本项目应根据"应收票据"账户的期末余额，减去"坏账准备"账户中相关坏账准备期末余额后的金额分析填列。

（4）"应收账款"项目。本项目应根据"预收账款"和"应收账款"账户所属各明细账户

表 8.1　资产负债表（报告式）

（简化格式）　　　会企 01 表

编制单位：　　年　月　日　单位：元

项　　目	金　额
一、资产	
流动资产	
非流动资产	
资产合计	
二、负债	
流动负债	
非流动负债	
负债合计	
三、所有者权益	
实收资本（或股本）	
资本公积	
盈余公积	
未分配利润	
所有者权益（或股东权益）合计	

的期末借方余额合计数，减去"坏账准备"账户中相关坏账准备期末余额后的金额填列。

（5）"应收账款融资"项目，反映资产负债表日以公允价值计量且其变动计入其他综合收益的应收票据和应收账款等。

（6）"预付款项"项目。本项目应根据"预付账款"和"应付账款"账户所属各明细账户的期末借方余额合计数，减去"坏账准备"账户中有关预付账款计提的坏账准备期末余额后的净额填列。如"预付账款"账户所属明细账户期末有贷方余额的，应在资产负债表"应付账款"项目内填列。

（7）"其他应收款"项目。本项目应根据"应收利息""应收股利""其他应收款"账户的期末余额合计数，减去"坏账准备"账户中相关坏账准备期末余额后的金额填列。

（8）"存货"项目。本项目应根据"材料采购""在途物资""原材料""周转材料""生产成本""库存商品""委托代销商品""受托代销商品""委托加工物资"等账户的期末借方余额之和减去"存货跌价准备""受托代销商品款"账户的期末贷方余额后的金额填列。

（9）"合同资产"项目。本项目应根据"合同资产"账户的相关明细账户期末余额分析填列。

（10）"持有待售资产"项目。本项目应根据"持有待售资产"账户的期末余额，减去"持有待售资产减值准备"账户的期末余额后的金额填列。

（11）"一年内到期的非流动资产"项目。本项目应根据有关账户的期末余额分析填列。

（12）"债权投资"项目。本项目应根据"债权投资"账户的相关明细账户期末余额，减去"债权投资减值准备"账户中相关减值准备的期末余额后的金额分析填列。

（13）"其他债权投资"项目。本项目应根据"其他债权投资"账户的相关明细账户期末余额分析填列。

（14）"长期应收款"项目。本项目应根据"长期应收款"账户的期末余额，减去相应的"未实现融资收益"账户和"坏账准备"账户所属相关明细账户期末余额后的金额填列。

（15）"长期股权投资"项目。本项目应根据"长期股权投资"账户的期末余额，减去"长期股权投资减值准备"账户的期末余额后的净额填列。

（16）"其他权益工具投资"项目。本项目应根据"其他权益工具投资"账户的期末余额填列。

（17）"固定资产"项目。本项目应根据"固定资产"账户的期末余额，减去"累计折旧"和"固定资产减值准备"账户的期末余额后的金额，以及"固定资产清理"账户的期末余额填列。

（18）"在建工程"项目。本项目应根据"在建工程"账户的期末余额，减去"在建工程减值准备"账户的期末余额后的金额，以及"工程物资"账户的期末余额，再减去"工程物资减值准备"账户的期末余额后的金额填列。

（19）"无形资产"项目。本项目应根据"无形资产"账户的期末余额，减去"累计摊销"和"无形资产减值准备"账户期末余额后的净额填列。

（20）"开发支出"项目。本项目应根据"研发支出"账户中所属的"资本化支出"明细账户期末余额填列。

（21）"长期待摊费用"项目。本项目应根据"长期待摊费用"账户的期末余额，减去将于一年内（含一年）摊销的数额后的金额分析填列。

（22）"递延所得税资产"项目。本项目应根据"递延所得税资产"账户的期末余额填列。

（23）"其他非流动资产"项目。本项目应根据有关账户的期末余额填列。

2. 负债项目的填列说明

（1）"短期借款"项目。本项目应根据"短期借款"账户的期末余额填列。

（2）"交易性金融负债"项目。本项目应根据"交易性金融负债"账户的相关明细账户期末余额填列。

（3）"应付票据"项目。本项目应根据"应付票据"账户的期末余额填列。

（4）"应付账款"项目。本项目应根据"应付账款"和"预付账款"账户所属的相关明细账户的期末贷方余额合计数填列。

（5）"预收款项"项目。本项目应根据"预收账款"和"应收账款"账户所属各明细账户的期末贷方余额合计数填列，如"预收账款"账户所属明细账户期末有借方余额的，应在资产负债表"应收账款"项目内填列。

（6）"合同负债"项目。本项目应根据"合同负债"相关明细期末余额填列。

（7）"应付职工薪酬"项目。本项目应根据"应付职工薪酬"账户所属各明细账户的期末贷方余额分析填列。

（8）"应交税费"项目。本项目应根据"应交税费"账户的期末贷方余额填列，如"应交税费"账户期末为借方余额，应以"－"填列。

（9）"其他应付款"项目。本项目应根据"应付利息""应付股利""其他应付款"账户的期末余额合计数填列。

（10）"持有待售负债"项目。本项目应根据"持有待售负债"账户的期末余额填列。

（11）"一年内到期的非流动负债"项目。本项目应根据有关账户的期末余额分析填列。

（12）"长期借款"项目。本项目应根据"长期借款"账户的期末余额，减去"长期借款"账户所属的明细账户中将于一年内到期且企业不能自主将清偿义务展期的长期借款后的金额填列。

（13）"应付债券"项目。本项目应根据"应付债券"账户的期末余额分析填列。

（14）"租赁负债"项目。本项目应根据"租赁负债"账户的期末余额填列。

（15）"长期应付款"项目。本项目应根据"长期应付款"账户的期末余额，减去相关的"未确认融资费用"账户的期末余额后的金额，以及"专项应付款"账户的期末余额，再减去所属相关明细账户中将于一年内到期的部分后的金额填列。

视野拓展

一般企业财务报表格式

（16）"预计负债"项目。本项目应根据"预计负债"账户的期末余额填列。

（17）"递延收益"项目。本项目应根据"递延收益"账户的期末余额填列。

（18）"递延所得税负债"项目。本项目应根据"递延所得税负债"账户的期末余额填列。

（19）"其他非流动负债"项目。本项目应根据有关账户期末余额，减去将于一年内（含一年）到期偿还数后的余额分析填列。

3. 所有者权益项目的填列说明

（1）"实收资本（或股本）"项目。本项目应根据"实收资本（或股本）"账户的期末余额填列。

（2）"其他权益工具"项目。本项目反映资产负债表日企业发行在外的除普通股以外分类为权益工具的金融工具的期末账面价值，并下设"优先股"和"永续债"两个项目，分别反映企业发行的分类为权益工具的优先股和永续债的账面价值。

（3）"资本公积"项目。本项目应根据"资本公积"账户的期末余额填列。

（4）"其他综合收益"项目。本项目应根据"其他综合收益"账户的期末余额填列。

（5）"专项储备"项目。本项目应根据"专项储备"账户的期末余额填列。

（6）"盈余公积"项目。本项目应根据"盈余公积"账户的期末余额填列。

（7）"未分配利润"项目。本项目应根据"本年利润"账户和"利润分配"账户的期末余额计算填列。未弥补的亏损在本项目内以"－"号填列。

三、案例实操：滨海公司资产负债表的编制

1．案例案情

承接第七章模拟案例，在滨海股份有限公司20×5年12月经济业务全部登记入账并结账后，根据有关账户的期末余额，为滨海股份有限公司编制20×5年12月末的资产负债表。

2．示范操作

【例8.1】 东方有限责任公司20×5年12月31日的总账余额如表8.2所示，其中，部分明细账余额如下。

应收账款——长江公司	贷方余额	800
应收账款——宏伟公司	借方余额	4 000
预付账款——华丽服装厂	贷方余额	1 500
预付账款——百大公司	借方余额	11 500
应付账款——东风公司	贷方余额	40 000
应付账款——万华公司	借方余额	2 000
预收账款——泰山公司	贷方余额	8 500
预收账款——华山公司	借方余额	2 500

根据以上资料，为东方有限责任公司编制的20×5年12月31日的资产负债表如表8.3所示。

表8.2　东方有限责任公司总账期末余额表

20×5年12月31日

单位：元

账户名称	借方余额	账户名称	贷方余额	账户名称	借方余额	账户名称	贷方余额
库存现金	800	累计折旧	20 000	原材料	70 000	应交税费	10 800
银行存款	70 000	短期借款	90 000	库存商品	65 000	长期借款	50 000
应收账款	3 200	应付账款	38 000	生产成本	23 200	实收资本	550 000
交易性金融资产	15 000	预收账款	6 000	固定资产	640 000	盈余公积	24 000
预付账款	10 000	其他应付款	4 000			利润分配	74 000
其他应收款	2 000	应付职工薪酬	32 400	合　计	899 200	合　计	899 200

表 8.3　资产负债表

会企 01 表

编制单位：东方有限责任公司　　　　　　　20×5 年 12 月 31 日　　　　　　　　　单位：元

资　　　产	期末余额	上年年末余额	负债和所有者权益（或股东权益）	期末余额	上年年末余额
流动资产：			流动负债：		
货币资金	70 800.00		短期借款	90 000.00	
交易性金融资产	15 000.00		交易性金融负债		
衍生金融资产			衍生金融负债		
应收票据			应付票据		
应收账款	6 500.00		应付账款	41 500.00	
应收款项融资			预收款项	9 300.00	
预付款项	13 500.00		合同负债		
其他应收款	2 000.00		应付职工薪酬	32 400.00	
存货	158 200.00		应交税费	10 800.00	
合同资产			其他应付款	4 000.00	
持有待售资产			持有待售负债		
一年内到期的非流动资产			一年内到期的非流动负债		
其他流动资产			其他流动负债		
流动资产合计	266 000.00		流动负债合计	188 000.00	
非流动资产：			非流动负债：		
债权投资			长期借款	50 000.00	
其他债权投资			应付债券		
长期应收款			其中：优先股		
长期股权投资			永续债		
其他权益工具投资			租赁负债		
其他非流动金融资产			长期应付款		
投资性房地产			预计负债		
固定资产	620 000.00		递延收益		
在建工程			递延所得税负债		
生产性生物资产			其他非流动负债		
油气资产			非流动负债合计	50 000.00	
使用权资产			负债合计	238 000.00	
无形资产			所有者权益（或股东权益）：		
开发支出			实收资本（或股本）	550 000.00	
商誉			其他权益工具：		
长期待摊费用			其中：优先股		
递延所得税资产			永续债		
其他非流动资产			资本公积		
非流动资产合计	620 000.00		减：库存股		
			其他综合收益		
			专项储备		
			盈余公积	24 000.00	
			未分配利润	74 000.00	
			所有者权益（或股东权益）合计	648 000.00	
资产总计	886 000.00		负债和所有者权益（或股东权益）总计	886 000.00	

编制说明如下。

（1）货币资金：800 + 70 000 = 70 800（元）。

（2）应收账款：4 000 + 2 500 = 6 500（元）。

（3）预付款项：11 500 + 2 000 = 13 500（元）。

（4）存货：70 000 + 65 000 + 23 200 = 158 200（元）。

（5）应付账款：40 000 + 1 500 = 41 500（元）。

（6）预收款项：800 + 8 500 = 9 300（元）。

其他项目的数额根据总账期末余额直接填列。

3. 自己动手

仿照以上操作，在滨海股份有限公司 20×5 年 12 月经济业务全部登记入账并结账后，根据总账及有关明细账的期末余额，为滨海股份有限公司编制 20×5 年 12 月末的资产负债表。（依据真实的账簿资料编制）

第三节 利润表的编制

一、利润表的结构和格式

利润表是反映企业在一定期间（月度、季度、半年度、年度）的收入、费用状况及其经营成果的财务报表。它是反映企业动态经营成果的一张主要报表。

利润表一般由表头和表体两部分组成。表头列示报表的名称、编制单位、编制时间、报表编号和货币计量单位等；表体是报表的核心部分，列示收入、费用和利润的各个项目，并体现"收入－费用＝利润"的利润形成过程。

利润表的格式主要有单步式和多步式两种，我国企业的利润表采用多步式格式。

1. 单步式利润表

单步式利润表是当期全部收入一次性抵减当期全部支出，计算出当期损益的一种利润表。因其只有一个相减的计算步骤，故称单步式。其格式如表 8.4 所示。

表 8.4　利润表（单步式）　　　　　　　　　　　　　　会企 02 表

编制单位：　　　　　　　　　　　　　　年　　月　　　　　　　　　　　　单位：元

项　　目	行次	本期金额	上期金额	项　　目	行次	本期金额	上期金额
一、收入				管理费用			
营业收入				财务费用			
投资收益				销售费用			
营业外收入				营业外支出			
收入合计				所得税费用			
二、费用				费用合计			
营业成本				三、净利润			
税金及附加							

2. 多步式利润表

多步式利润表是按照利润的性质，将企业利润的构成内容分别列示，分层次计算出利润的一种利润表。因其计算过程有多个计算步骤，故称多步式。

二、利润表的编制方法

多步式利润表的各项目均需填列"本期金额"和"上期金额"两栏。其中，"上期金额"栏内各项数字，应根据上年该期利润表的"本期金额"栏数字填列。"本期金额"栏内各项数字，除"基本每股收益"和"稀释每股收益"项目外，依据有关损益类账户的本期发生额填列。具体填列方法如下。

（1）"营业收入"项目。本项目应根据"主营业务收入"和"其他业务收入"账户的本期发生额分析填列。如果有借方发生额，应予以扣减，按收入净额填列。

（2）"营业成本"项目。本项目应根据"主营业务成本"和"其他业务成本"账户的本期发生额分析填列。如果有贷方发生额，应予以扣减，按实际成本填列。

（3）"税金及附加"项目。本项目应根据"税金及附加"账户的本期发生额分析填列。

（4）"销售费用"项目。本项目应根据"销售费用"账户的本期发生额分析填列。

（5）"管理费用"项目。本项目应根据"管理费用"账户的本期发生额分析填列。

（6）"研发费用"项目。本项目应根据"管理费用"账户下的"研发费用"明细账户的本期发生额以及"管理费用"账户下"无形资产摊销"明细账户的发生额分析填列。

（7）"财务费用"项目。本项目应根据"财务费用"账户的本期发生额分析填列。其中，"利息费用"项目和"利息收入"项目，应根据"财务费用"账户的相关明细账户的本期发生额分析填列。

（8）"其他收益"项目。本项目应根据"其他收益"账户的本期发生额分析填列。

（9）"投资收益"项目。本项目应根据"投资收益"账户的本期发生额分析填列，如为投资损失，则以"-"填列。

（10）"净敞口套期收益"项目。本项目应根据"净敞口套期损益"账户的发生额分析填列，如为套期损失，则以"-"填列。

（11）"公允价值变动收益"项目。本项目应根据"公允价值变动损益"账户的本期发生额分析填列，如为净损失，则以"-"填列。

（12）"信用减值损失"项目。本项目应根据"信用减值损失"账户的本期发生额分析填列。

（13）"资产减值损失"项目。本项目应根据"资产减值损失"账户的本期发生额分析填列。

（14）"资产处置收益"项目。本项目应根据"资产处置收益"账户的本期发生额分析填列，如为处置损失，则以"-"填列。

（15）"营业利润"项目。本项目应根据以上各项目加减计算后的所得额填列。

（16）"营业外收入"项目。本项目应根据"营业外收入"账户的本期发生额分析填列。

（17）"营业外支出"项目。本项目应根据"营业外支出"账户的本期发生额分析填列。

（18）"利润总额"项目。本项目应根据以上各项目加减计算后的所得额填列。

（19）"所得税费用"项目。本项目应根据"所得税费用"账户的本期发生额分析填列。

（20）"净利润"项目。本项目应根据以上各项目加减计算后的所得额填列。

（21）"其他综合收益的税后净额"项目。本项目反映企业根据《企业会计准则》规定未在损益中确认的各项得利和损失扣除所得税影响后的净额。

（22）"综合收益总额"项目。本项目反映企业净利润与其他综合收益（税后净额）的合计金额。

（23）"每股收益"项目。本项目包括基本每股收益和稀释每股收益两项指标，反映普通股或潜在普通股已公开交易的企业，以及正处在公开发行普通股或潜在普通股过程中的企业的每股收益信息。

需要注意的是，利润表"本期金额"是指从年初到本期期末的累计发生额；"上期金额"是指上年同期数，即从上年年初到上年同期期末的累计发生额。

三、案例实操：滨海公司利润表的编制

1. 案例案情

承接第七章模拟案例，在滨海股份有限公司20×5年12月经济业务全部登记入账并结账后，根据有关损益类账户的本期发生额，为滨海股份有限公司编制20×5年12月的利润表。

2. 示范操作

【例8.2】 东方有限责任公司20×5年10月各损益类账户发生额如表8.6所示。假定该公司无纳税调整项目。根据表8.5的资料，为东方有限责任公司编制的20×5年10月的利润表，如表8.6所示。

表8.5 各损益类账户发生额

20×5年10月

单位：元

账户名称	本月借方发生额	本月贷方发生额	账户名称	本月借方发生额	本月贷方发生额
主营业务收入		16 1000	财务费用	1 200	
主营业务成本	128 000		营业外收入	800	
税金及附加	4 830		营业外支出	300	
销售费用	1 850		所得税费用	4 455	
管理费用	7 800				

表8.6 利润表

会企02表

编制单位：东方有限责任公司　　　　　　20×5年10月　　　　　　单位：元

项　　目	本 期 金 额	上 期 金 额
一、营业收入	161 000.00	
减：营业成本	128 000.00	
税金及附加	4 830.00	
销售费用	1 850.00	
管理费用	7 800.00	
研发费用		
财务费用	1 200.00	
加：其他收益		
投资收益（损失以"-"号填列）		

项　　目	本 期 金 额	上 期 金 额
其中：对联营企业和合营企业的投资收益		
以摊余成本计量的金融资产终止确认收益（损失以"-"号填列）		
净敞口套期收益（损失以"-"号填列）		
公允价值变动收益（损失以"-"号填列）		
信用减值损失（损失以"-"号填列）		
资产减值损失（损失以"-"号填列）		
资产处置收益（损失以"-"号填列）		
二、营业利润（亏损以"-"号填列）	17 320.00	
加：营业外收入	800.00	
减：营业外支出	300.00	
三、利润总额（亏损总额以"-"号填列）	17 820.00	
减：所得税费用	4 455.00	
四、净利润（净亏损以"-"号填列）	13 365.00	
（一）持续经营净利润（净亏损以"-"号填列）		
（二）终止经营净利润（净亏损以"-"号填列）		
五、其他综合收益的税后净额		
六、综合收益总额		
七、每股收益		

3．自己动手

仿照以上操作，在滨海股份有限公司 20×5 年 12 月经济业务全部登记入账并结账后，根据有关损益类账户的本期发生额为滨海股份有限公司编制 20×5 年 12 月的利润表。（依据真实的账簿资料编制）

教学做一体化训练

知识测试

一、单项选择题

1．反映企业在某一特定日期全部资产、负债和所有者权益状况的报表是（　　　）。
    A．资产负债表　　　　B．利润表　　　　C．所有者权益变动表　　D．现金流量表
2．资产负债表"年初余额"栏数字是根据（　　）填写的。
    A．总账余额　　　　　　　　　　　　B．明细账余额
    C．上期期末余额　　　　　　　　　　D．上年年末余额
3．我国企业采用的利润表格式为（　　　）。
    A．账户式　　　　B．报告式　　　　C．单步式　　　　　D．多步式

4. 下列资产负债表项目，可直接根据有关总账余额填列的是（　　）。

    A．货币资金　　　　　　B．短期借款　　　　　　C．存货　　　　　　　　D．应收账款

5. 下列会计报表中属于月报的有（　　）。

    A．资产负债表　　　　　　　　　　　　　　B．利润表

    C．现金流量表　　　　　　　　　　　　　　D．资产负债表和利润表

二、多项选择题

1. 下列各项，可以通过资产负债表反映的有（　　）。

    A．某一时点的财务状况　　　　　　　　　　B．某一时点的偿债能力

    C．某一期间的经营成果　　　　　　　　　　D．某一期间的获利能力

2. 资产负债表中"存货"项目应根据（　　）等账户的期末余额汇总填列。

    A．库存商品　　　　　　B．原材料　　　　　　C．生产成本　　　　　　D．周转材料

3. 资产负债表中"货币资金"项目应根据（　　）账户的期末余额汇总填列。

    A．应收票据　　　　　　B．库存现金　　　　　　C．银行存款　　　　　　D．其他货币资金

4. 编制资产负债表时，需要根据若干明细账户的期末余额计算填列的有（　　）。

    A．存货　　　　　　B．应收账款　　　　　　C．预付账款　　　　　　D．应付账款

5. 资产负债表的格式有（　　）。

    A．报告式　　　　　　B．账户式　　　　　　C．单步式　　　　　　D．多步式

三、判断题

1. 反映企业某一特定日期财务状况的会计报表是利润表。　　　　　　　　　　（　　）

2. 如果"预付账款"账户所属各明细账户期末有贷方余额，则应在资产负债表"应付账款"项目内填列。　　　　　　　　　　　　　　　　　　　　　　　　　　　　　　（　　）

3. 资产负债表中的"其他应收款"项目应根据"其他应收款"总账科目的期末余额填列。　　　　　　　　　　　　　　　　　　　　　　　　　　　　　　　　　　　　　（　　）

4. 利润表中的"净利润"数额与资产负债表中的"未分配利润"项目的期末数应相等。　　　　　　　　　　　　　　　　　　　　　　　　　　　　　　　　　　　　（　　）

5. 利润表是反映企业在一定期间的经营成果及其分配情况的报表。　　　　　（　　）

第九章 整理与保管会计档案

【学习目标】

【知识目标】

熟悉会计档案的内容，掌握会计档案的整理与保管方法。

【能力目标】

能按照规定规范整理与保管会计档案。

第一节 会计档案的整理

一、会计档案的内容

会计档案是指会计凭证、会计账簿和财务会计报告以及其他会计资料等会计核算的专业材料。它是记录和反映经济业务的重要历史资料和证据，是经济决策者进行经济决策所需要依据的重要资料，同时也是进行会计检查所需要依据的重要资料。

会计档案的内容是指会计档案的范围，具体包括会计凭证、会计账簿、财务会计报告和其他会计核算资料四个部分。

（1）会计凭证包括自制原始凭证、外来原始凭证、原始凭证汇总表、记账凭证、记账凭证汇总表簿等。

（2）会计账簿包括总账、各种明细账、库存现金日记账、银行存款日记账以及备查账簿等。

（3）财务会计报告分为财务指标快报、中期财务会计报告（包括月度、季度、半年度财务会计报告）和年度财务会计报告，具体包括资产负债表、利润表、现金流量表和所有者权益变动表等主要会计报表及其会计报表附注等。

（4）其他会计核算资料是指属于经济业务范畴，与会计核算、会计监督紧密相关，由会计部门负责办理的有关凭证及数据资料，包括银行存款余额调节表、银行对账单、会计档案移交清册、会计档案保管清册和会计档案销毁清册等。

二、会计档案的整理

（一）会计档案的装订

1. 会计凭证的装订

会计凭证一般每月装订一次。会计凭证装订好后，应在每本凭证封面上填上凭证种类、起讫号码、凭证张数，会计主管人员和凭证装订人员在封面上签章；同时，应在凭证封面上编好卷号，按卷号顺序入柜，并应在显露处标明凭证种类编号，以便调阅。

你会装订会计凭证吗？

会计凭证的装订方法如下。

（1）将凭证封面和封底裁开，分别附在凭证前面和后面，再拿一张质地相同的纸放在封皮上角，做护角线。

（2）用夹子夹住凭证，用装订机在凭证的左上角均匀地打两个孔，形成一个等腰三角形。

（3）用大针引线穿过两个孔，然后两端折向同一个方向，折时将线绳夹紧，并把线引过来，最后在凭证的背面打结。

（4）将护角向左上侧面折，并将一侧剪开至凭证的左上角，然后抹上胶水，向上折叠，将侧面和背面的线结粘牢。

（5）待晾干后，在凭证本的侧脊上写上"某年某月第几册共几册"的字样。装订人在装订线封签处签名或盖章。

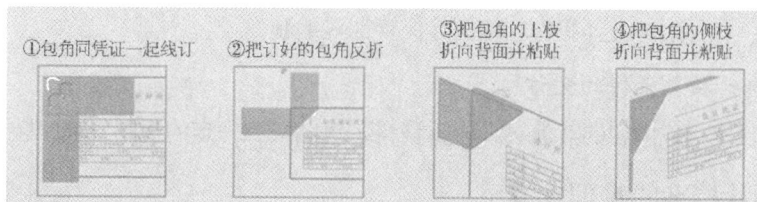

2. 会计账簿的装订

各种会计账簿在年终办理了年度结账后，除跨年度连续使用的账簿外，其他账簿都应及时整理立卷。

账簿装订前，首先按账簿启用表的使用页数核对各个账户是否相符，账页数是否齐全，序号排列是否连续；然后按会计账簿封面、账簿启用表、账户目录、该账簿按页数顺序排列的账页、会计账簿封底的顺序装订。

对于活页式账簿，保留已使用过的账页，将账页数填写齐全，去除空白页并撤掉账夹，用质地好的牛皮纸做封面、封底，装订成册；多栏式活页账、三栏式活页账、数量金额式活页账等不得混装，应按同类业务、同类账页装订在一起；在该账的封面上填写好账目的种类，编好卷号，会计主管人员和装订人（经办人）签章。

账簿装订后，封口要严密，封口处要加盖有关印章；封面应齐全、平整，并注明所属年度及账簿名称、编号。

你会装订会计账簿吗？

账簿在使用过程中，应妥善保管。账簿的封面颜色，同一年度内应力求统一，且逐年更换颜色，以便于区别年度。这样，在查账时就会比较方便。账簿中应编好目录，建立索引。注意贴上相应数额的印花税票。

如果是活页账本，则可以用线绳系起来。下面介绍活页摇夹的使用方法。

（1）将摇手插入账簿侧面的孔中，向右旋转，开启摇夹。

（2）旋开螺帽，取掉簿盖。

（3）将账簿活页装入，可随意装订，最多可装300页。

（4）覆上簿盖，旋上螺帽，将摇手向左旋转，锁紧摇夹。

在过次年后，应将账簿装订整齐，活页账要编好科目目录、页码，用线绳系死，然后贴上封皮，在封皮上写明账簿的种类、单位、时间，同时也要在账簿的脊背上写明账簿的种类和时间。

3. 财务会计报告的装订

财务会计报告编制完成并及时报出后，留存的财务会计报告应按月装订成册。财务会计报告的装订要求如下。

（1）核对整理。装订前，要按编报目录核对财务会计报告是否齐全，整理报表页数，上边和左边对齐压平，并防止折角。

（2）按顺序进行装订。财务会计报告的装订顺序为：封面→编制说明→各种会计报表（按会计报表的编号顺序排列）→会计报表附注→封底。

（3）编号。各种财务会计报告应根据其保管期限编制卷号。

4. 其他会计核算资料的装订

属于会计档案构成内容的其他会计核算资料，也应按照一定的规则、顺序装订成册。

（二）会计档案的整理立卷

各单位每年形成的会计档案，都应由会计机构按照归档的要求，整理立卷、装订成册，并编制会计档案保管清册。会计档案的整理要求有以下几点。

（1）分类标准要统一。一般将财务会计资料分成一类会计账簿、二类会计凭证、三类会计报表、四类文字资料及其他会计核算资料。

（2）档案形成要统一。卷册封面、档案卡夹、存放柜和存放序列都要统一。

（3）管理要求要统一。建立会计资料档案簿、会计资料档案目录。会计凭证要装订成册，报表和文字资料应分类立卷，其他零星资料也要按年度排序装订成册。

（三）会计档案的归档

根据《会计档案管理办法》的规定，单位当年形成的会计档案，在会计年度终了后，可暂由本单位会计机构保管一年。期满之后，应由会计机构编制移交清册，移交本单位的档案机构统一保管。未设立档案机构的，应当在会计机构内部指定专人保管，但出纳人员不得兼管会计档案。单位会计机构向单位档案机构移交会计档案的程序如下。

（1）编制移交清册，填写交接清单。

（2）在账簿使用日期栏填写移交日期。

（3）交接人员按移交清册和交接清单对所列项目核查无误后签章。

移交本单位档案机构保管的会计档案，原则上应当保持原卷册的封装，一般不得拆封；个别需要拆封重新整理的，档案机构应当会同会计机构和经办人员共同拆封整理，以分清责任。

三、案例实操：滨海公司会计档案的整理归档

承接第六章模拟案例，在滨海股份有限公司 20×5 年经济业务全部核算完毕并出具财务会计报告后，将会计凭证、会计账簿、财务会计报告等会计资料整理归档。

第二节　会计档案的保管

一、会计档案的保管要求和期限

（1）会计档案的保管要求。会计档案是重要的历史资料，必须妥善保管。电算化会计档案的保管还要注意采取防盗、防磁措施。

（2）会计档案的保管期限。会计档案的保管期限可分为永久和定期两类。其中，定期保管期限分为10年和30年两类。会计档案保管期限，从会计年度终了后的第一天算起。各类会计档案的具体保管期限按照《会计档案管理办法》的规定执行。企业和其他经济组织的会计档案保管期限如表9.1所示。

表9.1　企业和其他经济组织的会计档案保管期限

档案名称	保管期限	备注	档案名称	保管期限	备注
一、会计凭证类			8. 月、季、半年财务会计报告	10年	包括文字分析
1. 原始凭证	30年		9. 年度财务报告（决算）	永久	包括文字分析
2. 记账凭证	30年		四、其他类		
二、会计账簿类			10. 会计档案移交清册	30年	
3. 总账	30年		11. 会计档案保管清册	永久	
4. 明细账	30年		12. 会计档案销毁清册	永久	
5. 日记账	30年		13. 银行存款余额调节表	10年	
6. 固定资产卡片	固定资产报废清理后保管5年		14. 银行对账单	10年	
7. 辅助账簿	30年		15. 纳税申报表	10年	
三、财务报告类			16. 会计档案鉴定意见书	永久	

二、会计档案的查阅和复制

会计档案只供本单位使用，各单位保存的会计档案不得借出。如有特殊需要，经本单位负责人批准，可供查阅或者复制，但应办理登记手续。外单位人员查阅或复制会计档案时，应持有单位正式介绍信，经单位负责人批准后，方可办理查阅或复制手续。本单位内部人员查阅或复制会计档案时，也应经单位负责人批准后，才能办理有关手续。查阅人应认真填写档案查阅、复制登记簿，查阅人姓名和单位、查阅内容和数量、借阅及归还日期等情况都必须填写清楚。查阅或者复制会计档案的人员，严禁在会计档案上涂画、拆封和抽换。各单位应当建立健全会计档案查阅、复制登记制度，严格履行查阅、复制和收回手续，以保证会计档案的安全和完整。

三、会计档案的销毁

1. 会计档案的销毁程序和办法

单位会计档案保管期满需要销毁的，应按照以下程序和办法进行。

（1）本单位档案机构会同会计机构共同鉴定，严格审查，提出销毁意见，编制会计档案销毁清册，列明需要销毁的会计档案的名称、卷号、册数、起止年度和档案编号，以及应保管期限、销毁时间等内容。

（2）单位负责人在会计档案销毁清册上签署意见。

（3）单位销毁会计档案时，单位档案机构和会计机构应共同派员监销；国家机关销毁会计档案时，应当由同级财政部门和审计部门派员监销；财政部门销毁会计档案时，应当由同级审计部门派员监销。

（4）会计档案销毁前，监销人应当按照会计档案销毁清册所列内容清点核对所要销毁的会计档案；会计档案销毁后，监销人和经办人员应当在会计档案销毁清册上签名盖章，并注明"已销毁"字样和销毁日期，同时依据监销情况写出书面报告一式两份，一份报告本单位负责人，另一份归入档案备查。

视野拓展
《会计档案管理办法》

2. 保管期满不得销毁的会计档案

对于保管期满但未结清的债权债务原始凭证和涉及其他未了事项的原始凭证，不得销毁，应单独抽出立卷，由档案机构保管到未了事项完结时为止。单独抽出立卷的会计档案应当在会计档案销毁清册和会计档案保管清册中列明。

正在项目建设期间的建设单位，其保管期满的会计档案不得销毁。

教学做一体化训练

知识测试

一、单项选择题

1. 下列说法正确的是（　　　）。
   A. 会计档案销毁清册需要保管 15 年　　　B. 银行存款余额调节表需要保管 10 年
   C. 固定资产卡片账应保管 15 年　　　　　D. 现金日记账需要保管 15 年
2. 会计档案由单位会计机构负责整理立卷归档，并保管（　　　），期满后移交给单位的档案机构，没有专门档案机构的单位，应由会计机构指定专人继续保管。
   A. 半年　　　　　B. 1 年　　　　　C. 2 年　　　　　D. 3 年
3. 原始凭证和记账凭证的保管期限为（　　　）。
   A. 30 年　　　　　B. 25 年　　　　　C. 3 年　　　　　D. 10 年

二、多项选择题

1. 会计档案包括（　　　）。
   A. 会计凭证　　　B. 会计账簿　　　C. 财务会计报告　　　D. 其他会计核算资料
2. 下列会计档案中需要永久保管的有（　　　）。
   A. 会计档案移交清册　　　　　　　　B. 会计档案保管清册
   C. 库存现金和银行存款日记账　　　　D. 年度财务报告决算
3. 下列属于会计档案内容的是（　　　）。
   A. 原始凭证　　　B. 总账　　　C. 财务情况说明书　　　D. 会计档案保管清册

三、判断题

1. 当年形成的会计档案，在会计年度终了后，可暂由本单位会计机构保管 5 年。（　　　）
2. 各单位保存的会计档案原则上不得借出，但如有特殊需要，经本单位负责人批准，可以借出。
   （　　　）
3. 对于保管期满的会计档案可以直接销毁。（　　　）

附　　录

教学综合模拟案例需用材料清单

一、会计凭证

1. 收款凭证 8 张
2. 付款凭证 17 张
3. 转账凭证 26 张

二、账簿

1. 总账 42 页
2. 三栏式明细账 5 页

3. 数量金额式明细账 6 页
4. 多栏式明细账 5 页
5. 库存现金日记账 1 页
6. 银行存款日记账 1 页

三、表

1. 科目汇总表 3 张
2. 试算平衡表 1 张

3. 资产负债表 1 张
4. 利润表 1 张

四、其他

1. 会计凭证封面 1 张
2. 档案袋 1 个

更新勘误表和配套资料索取示意图

说明 1：本书配套资料可在人邮教育社区（www.ryjiaoyu.com）本书页面内下载。

说明 2：本书配套教学资料的下载受教师身份、下载权限限制。教师认证、下载权限需网站后台审批，参见示意图。

说明 3："用书教师"，是指学生订购本书的授课教师。

说明 4：本书配套教学资料将不定期更新、完善，新资料会随时上传至人邮教育社区本书页面内。

说明 5：扫描二维码可查看本书现有"更新勘误记录表""意见建议记录表"。如发现本书或配套资料中有需要更新、完善之处，望及时反馈，我们将尽快处理。

更新勘误及意见建议记录表

咨询邮箱：
13051901888@163.com

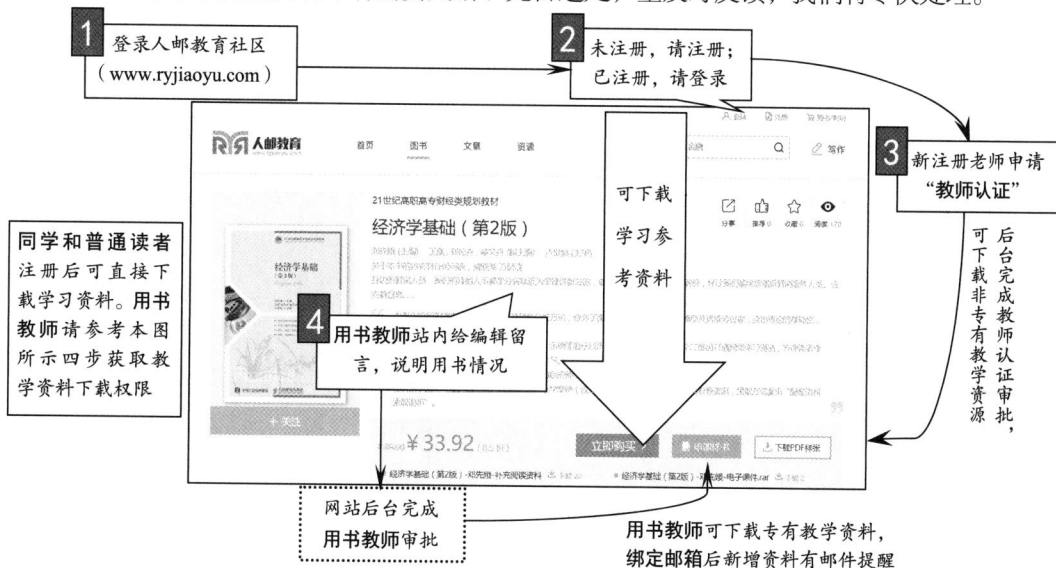

主要参考文献

[1] 财政部会计资格评价中心，2024. 初级会计实务[M]. 北京：经济科学出版社.

[2] 杨桂洁，2022. 会计基础与实务[M]. 5 版. 北京：人民邮电出版社.

[3] 杨桂洁，2022. 基础会计[M]. 北京：人民邮电出版社.

[4] 中华人民共和国财政部，2018. 企业会计准则[M]. 上海：立信会计出版社.

[5] 中华人民共和国财政部，2018. 企业会计准则应用指南[M]. 上海：立信会计出版社.